「ルアー」「友釣り」「毛バリ」「エサ」

ぜんぶわかる！アユ釣り超入門

「ルアー」「友釣り」「毛バリ」「エサ」

ぜんぶわかる！ アユ釣り超入門

016…**第一章　アユの生態と釣りのルール**

017…**アユの一生と習性**
日本に暮らす川と海で生きる魚／琵琶湖のコアユの話／アユの食性とナワバリ

022…**アユ釣りのシーズンとルール**
早期河川は5月に解禁／アユ釣り用の遊漁券を購入する／放流アユと天然遡上アユ／出かける前に釣り方の制限を確認する／シーズン前半は放流河川、後半は天然遡上河川が釣りやすい

026…**第二章　アユを釣る準備**

027…**アユ釣りの種類**
2タイプのアユ釣り／アユ釣り道具の購入先

030…**アユ釣りのウエア**
TPOに合わせて準備／アユタイツ&アユタビ／アユタイツを履かないスタイル／上半身は速乾性を重視／アユベルトやタモなどの装備品

037…**第三章　アユを釣ってみよう**

038…アユのルアーフィッシング

040…**アユルアーの道具と仕掛け**

044…**アユルアーの釣り方**

瀬の中にある石をダウンでねらう／遠投はせずにサオによる操作も多用／石の周りをねらう操作／アタリの取り方とファイト／ハリ掛かりしない時はアワセも有効／アユの居場所を捜してこまめに移動する／クロスのアプローチも有効。小さなスポットも積極的に釣る／ノベザオを使ったアユのルアーフィッシング／アクションは付けずに川底をトレース

054…アユの友釣り

056…**友釣りの道具と仕掛け**

060…**友釣りの釣り方**

オトリを購入する／オトリの水合わせ／オトリ缶の沈め方／引き舟にオトリを移す／サオを伸ばし仕掛けを張る／サオを伸ばす時のコツ／オトリにハナカンを通す／尻ビレに逆バリを打つ／オトリを泳がせる／オトリは川底にキープ／アタリと取り込み／瀬釣りで良型をねらう／複数のポイントがある場合の探り方／川や石の観察方法／友釣り1年目はここをチェック

086…アユの毛バリ釣り

088…**毛バリ釣りの道具と仕掛け**

092…**毛バリ釣りの釣り方**

毛バリ釣りでねらう場所／釣りに適した時間帯／底をゆっくり確認しながら毛バリを流す／毛バリの選び方

098…アユ毛バリの工房
受け継がれる伝統の技

100…アユのチンチン釣り
102…チンチン釣りの道具と仕掛け
106…チンチン釣りの釣り方
石と石の間にバケバリを通す

108…アユのエサ釣り
110…エサ釣りの道具と仕掛け
114…エサ釣りの釣り方
仕掛けを上流に振り込みまっすぐ流す／小さな分流なども積極的にねらってみる

119…第四章　アユの持ち帰りと焼き方
120…釣ったアユを締める
124…アユを冷凍保存する
126…家庭用グリルを使った塩焼き
130…炭火を使った塩焼き

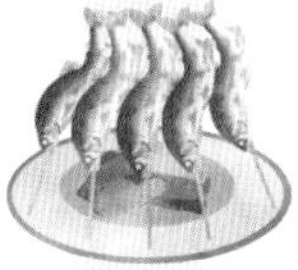

135…**第五章　アユ釣りに役立つ結びと仕掛け作り**

136…**8の字結び**

137…**たわら結び、8の字チチワ**

138…**チチワぶしょう付け**

139…**投げ縄結び、ユニノット**

140…**FGノット**

142…**友釣りの仕掛け作り**

折り返し式遊動天井イトの作り方／水中イトの接続部の作り方／下付けイトの取り付け部の作り方／下付けイトの作り方／ハナカンの編み付け方法／逆バリの取り付け方法／下付けイトと中ハリスの接続方法／イカリバリの巻き方／ヤナギバリの巻き方

154…**第六章　地域別アユ釣り河川事情**

155…**北海道、東北**

156…**関東甲信越**

157…**東海中部**

158…**北陸、近畿**

159…**中国、四国、九州**

写真・編集　月刊つり人編集部
協力　葛島一美　高橋勇夫
デザイン　水川達哉（ねこきちデザイン室）
イラスト　石井正弥／石井まり子

日本の川には、アユ、ウグイ、オイカワ、フナ、コイ、ヤマメ、アマゴ、イワナなどいろいろな魚がいるが、アユはその中でも「美しく」「美味しく」「楽しい」魚だ。そして「夏の川を満喫できる」魚でもある。

春に海から遡上してきた時は5㎝ほどだった稚アユは、夏の終わりまでに20㎝を超える。その成長スピードは他の川魚と比べても非常に速く、釣ったアユを手にするといつまでも身をくねらせて休むことがない。1尾の魚に満ちる生命力の大きさに驚かされる。

輝く天然アユ。「鮎」は俳句でも夏の季語だ

アユは神話の時代から日本人に親しまれてきた魚で、朝鮮半島の新羅に遠征しようとした神功皇后が「西の財（たから）の国（＝新羅）を得られるなら、魚はこの針を飲むだろう」と言って釣りあげたのがアユだった。そこで日本では、魚へんに占うで「鮎」と書くようになった。手にするとスイカのように甘い香りがするので、「香魚」の字を当てることもある。

日本の原風景のような夏の川。
その中にアユがいる

アユ釣りは、初めのうちは数尾の釣果でも満足できるし、上達すれば数釣りを楽しむこともできる。そんなことは当たり前ではないかと思われるかもしれないが、釣りの中には場所がわかりにくかったり、そもそもの魚の数が限られていて、ステップアップすることが意外に難しいものも珍しくない。

その点、アユ釣りは「誰にでも釣り場がわかりやすい」「場所によっては魚もたくさんいる」「入門者が最初からたくさん釣れる釣りもある」といった特徴がある。

強い流れの中から天然アユがルアーにヒット

そして江戸時代の文章には「近年、友釣り(現在も人気があるアユの釣り方)が流行して農業の妨げになっています。ぜひ、友釣り禁止のお触れを出してください」と役所に訴えるものがある。言葉は少々悪いが、大の大人を惑わせる中毒性まであるのだ。

釣れるアユの姿や味は川ごとに違う

VARIVAS
PREMIUM QUALITY
VARIVAS
PREMIUM QUALITY
VARIVAS
VARIVAS

釣っても食べても楽しい魚。新しい道具や釣り方も登場し、アユ釣りは今まさに楽しみの幅が広がっている

そんな魅力あふれるアユ釣りには、いろいろな方法がある。本書は昔から人気の釣り方、今注目されている釣り方、さらには今見直されている釣り方など、「アユを釣って楽しむのに役立つ情報を丸ごと」紹介する。それらを入口として、日本の川で楽しめる最高の川遊びを、一人でも多くの人に味わってほしいと思うからだ。

第一章

アユの生態と釣りのルール

アユの一生と習性

【日本に暮らす川と海で生きる魚】

アユはサケ目アユ科アユ属に分類される魚だ。分布域の中心は日本列島で、朝鮮半島や中国大陸の一部にもいるが、世界的に見ても日本の河川環境に適応した魚といえる。寿命は1年で、その短い時間の中で川と海の両方で生活する両側回遊の性質を持つ。アユの一生を知っておくことは釣りに役立つことはもちろん、本来のアユは川と海を自由に往来できる環境があって初めて生きられることがわかるので、天然遡上するアユがいる河川の貴重さを環境面からも理解することができる。そんなアユはおよそ次のような一生を送る。

(アユの一生)

①アユは秋に産卵する。夏まで川の中上流域にいた親魚は秋になると川を下り、オスとメスが下流域に集まって群れになる。そして集団で産卵・放精をする。

②産み落とされた卵は、水通しのよい川底の礫の中で10～14日ほどで孵化する。そして卵から生まれた仔魚は、すぐに川の流れに乗って海まで下る。

③海にたどり着いた仔魚は、穏やかな湾内で群れになって過ごす。この間はプランクトンなどをエサにし、翌年の春に体長5㎝ほどの稚アユになるまで海で過ごす。

④春になり川の水温が上がってくると、稚アユは河口に集まり、川の中上流域を目指して遡上を始める。稚アユが川を遡上するのは、成長してから主食にする藻類(川の石に生える苔)がよく育つ環境を求めてのことだといわれている。

⑤川に入った稚アユは夏にかけて栄養価の高い藻類を盛んに食べ急速に成長する。夏の終わりまでに20㎝を超える親魚になり、まれに30㎝(尺アユ)になるものもいる。

⑥親魚になったアユは、秋になると産卵のために川を下る。そして集団で産卵・放精をするとまもなく一生を終える。

川で生まれて海に下り、ふたたび川に遡上するという一生は、シロザケやサクラマスといった他のサケ科魚類とも共通するが、生まれてから親になるまでが1年しかなく、なおか

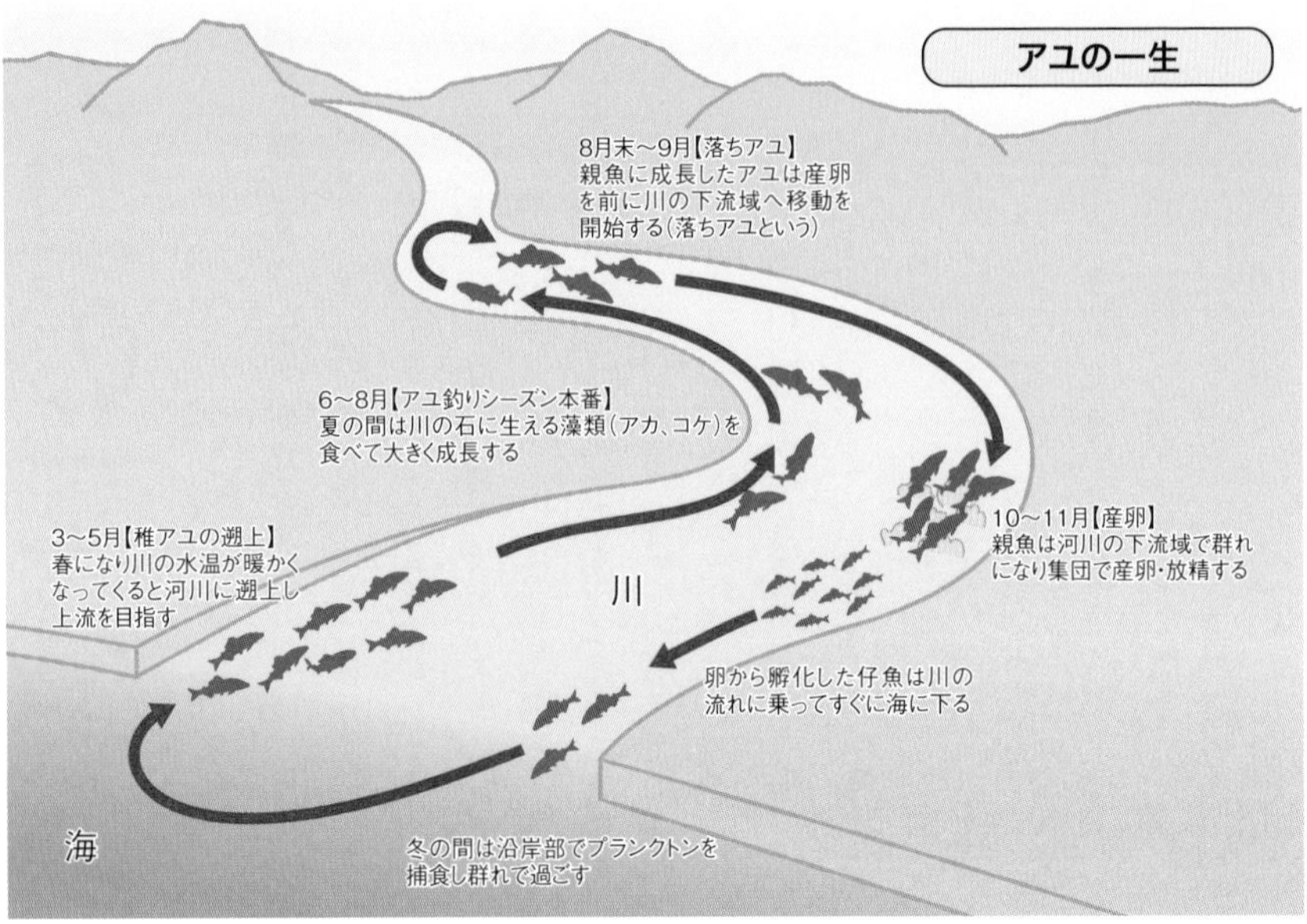

アユの一生
8月末～9月【落ちアユ】
親魚に成長したアユは産卵を前に川の下流域へ移動を開始する（落ちアユという）
6～8月【アユ釣りシーズン本番】
夏の間は川の石に生える藻類（アカ、コケ）を食べて大きく成長する
3～5月【稚アユの遡上】
春になり川の水温が暖かくなってくると河川に遡上し上流を目指す
川
10～11月【産卵】
親魚は河川の下流域で群れになり集団で産卵・放精する
卵から孵化した仔魚は川の流れに乗ってすぐに海に下る
海
冬の間は沿岸部でプランクトンを捕食し群れで過ごす

盛期の川でナワバリを主張するアユ。頭の後ろの黄斑（追い星）だけでなく頭部や尾ビレなども全体的に黄色みが強くなる（写真提供：高橋勇夫）

つ成魚の主食が藻類というのがアユの大きな特徴になっている。

【琵琶湖のコアユの話】

一般的なアユの生態は、このように海と川の両方で暮らすものだが、アユにはこのほかに琵琶湖の「コアユ（小アユ）」がいる。また奄美・沖縄地方のリュウキュウアユという亜種もいるが、リュウキュウアユは数が少なく（沖縄では一度絶滅）保護の対象になっており釣りはできない。

琵琶湖のコアユは海で過ごす生態を持っていたアユが、琵琶湖に陸封されたことで淡水のみで繁殖するようになったものだ。そのコアユにはさらに一生を琵琶湖で過ごすものと、琵琶湖を海の代わりにして、初夏になると流入河川に遡上するものとの2タイプがいる。琵琶湖の流入河川で夏に楽しまれているアユのエサ釣りは、このコアユを対象にした釣りになる。

琵琶湖のコアユは名前のとおり通常のア

ユに比べるとサイズが小さいのだが、大正時代に他の川に放流すると、通常のアユと同じように大きくなることが確認された。すると採捕による安定供給がしやすいこともあり、放流するアユの種苗として全国に広がっていった。これが「湖産アユ」と呼ばれるもので、湖産アユはナワバリ意識が強く、釣りの対象魚としても面白いことから今でも人気がある。ただし、近年は遺伝的多様性に配慮して、特にその土地の天然アユがいる川では湖産アユを放流しないといった対応も取られるようになっている。一方、各地のダム湖の中には、以前に放流された湖産アユが定着して繁殖したり、何らかの形で陸封されたアユが繁殖して、放流アユの種苗として活用されている場所もある。なお、最新の研究では、琵琶湖のコアユに塩分耐性があるらしいといった報告もあり、アユの生態には未知なこともまだ多く残されている。

ナワバリに侵入してきた他のアユを激しく追い立てる野アユ（写真提供：高橋勇夫）

【アユの食性とナワバリ】

そしてアユの生態の中でも、釣りに大きく関わってくるのが食性だ。アユの食性は基本的に2度変わり、海に下った仔魚はプランクトンで成長するが、川に上ったアユは夏を挟んだ盛期にかけて川の中の石に生える藻類（釣り人の間では「アカ／垢」ともいう）を食べる植物食になる。そして終期になり中下流まで下ったアユは、食べられる藻類が少なくなるという事情もあって、ふたたび動物性のエサも食べるようになる。ただ、それらの境は厳密なものではなく、川に入ってからも個体差や川の状況の変化によって動物性のエサ（川虫の幼虫など）を食べるアユもいる。

そのうえで、盛期にかけて藻類を盛んに食べるようになったアユは、良質な藻類が生える石に対して強くナワバリを主張するようになる。ナワバリを持つようになったアユは、他のアユが自分のテリトリーに侵入してくると（その広さはおよそ1m四方とされている）、ウロコを逆立て、口を開き、侵入者の腹をめがけて猛烈な体当たりをする。アユ釣りにはいくつかの方法があるが、現在人気が高い「ルアーフィッシング」や「友釣り」は、このハイシーズンのアユが持つナワバリ本能を利用する釣り方になる。

アユのユニークな食性は
釣りにも大きく影響する

アユ釣りのシーズンとルール

【早期河川は5月に解禁。多くの川では6〜7月から釣りができる】

アユ釣りは早い河川で5月から楽しむことができる。全国的には6月もしくは7月から釣りができるところが多く、川の水温の上昇が遅い北日本ほど解禁日は遅くなる。解禁日は天然遡上または放流のアユが川で一定の大きさに育ち、釣りの対象になるタイミングを考えて、その河川を管轄する漁協（漁業協同組合）が決めている。ちなみに漁協は都道府県ごとに定められている漁業調整規則の範囲内でその解禁日を決定している。

【アユ釣り用の遊漁券を購入する】

漁協は都道府県の知事により遊漁者（＝釣り人）から遊漁料を徴収することが認められており、それらの収入も利用して放流などの事業を行なっている。その遊漁料を支払うために購入するのが「遊漁券（遊漁証）」だ。遊漁券には1日有効な「日釣券」とシーズンをとおして有効な「年券」があり、現地の釣具店、漁協事務所、オトリ店などで購入できるほか、スマホのアプリから電子遊漁証を購入できる漁協も増えている。日釣券の値段は河川（漁協）によってことなり、1000円前後〜3000円と幅がある。いずれにしても、アユ釣りをする場合はこの遊漁券を購入し、釣り中は外から見えるところに付けておかなければならない。

なお、多くの漁協ではアユ釣り用とその他の雑魚（ざつぎょ）用で遊漁券の種類を分けている。アユを釣る場合は、当然ながらアユ釣り用のものが必要だ。ただし、小規模な釣り場では両者の区別がない場合もある。また、管轄漁協がない河川でアユが釣れる場合は、遊漁券の購入は必要ないが、都道府県の漁業調整規則で決められているアユ釣りができる期間や漁法の制限は守る必要がある。漁業調整規則はインターネットで「都道府県名　漁業調整規則」と検索すると確認できる。

【放流アユと天然遡上アユ】

アユには放流アユと天然遡上アユの2種類がいる。名前の

釣り中は遊漁券を外から見えるところに付けて常に携行する

とおり漁協が釣り人のために川に放すのが放流アユ、人の手を介さず海から遡上してくるのが天然遡上アユだ。

放流アユは多くの場合、解禁日から逆算して稚アユが川に放されるが、放流アユも天然遡上アユも、その年の成長具合いは川の状態（＝エサとなる藻類の生育具合）に大きく左右される。また、天然遡上アユの数は前年の産卵数や冬の間の海の状況など、さまざまな要因により変わるため、年によって大きな増減がある。そのためアユ釣りファンは、川の状態やアユの遡上数のニュースに常にアンテナを巡らせている。

基本的には天然遡上アユがいる川のほうが、アユの資源量が多いことは間違いない。ただし、放流アユの河川であっても、生育が上手く行った年は非常によく釣れる状態になる。そこでアユ釣りでは最新の状況を確認し、「その時に川の状態がよい川に行く」ことが非常に大切になる。

【出かける前に釣り方の制限を確認する】

現在の日本の多くの川では「友釣り」がアユ釣りの中心だ。これは昔から圧倒的に友釣りファンの数が多いことに由来しているが、河川（漁協）によってはルアーフィッシング、毛バリ釣り、エサ釣りなど、他の釣り方が禁止されている場合があるので、出かける前に確認しておく必要がある。なお、ル

許可されている漁法（釣り方）は遊漁券にも記載されているが、友釣り以外を楽しみたい場合は出かける前に確認しておきたい

アーフィッシングであれば「リールを使ったアユ釣りは禁止」、ルアーや毛バリであれば「疑似餌を使ったアユ釣りは禁止」など、独特の言い方がされる場合もあるので、不明な場合は管轄の漁協に直接問い合わせるのが確実である。そのうえで、近年は漁協も新しいアユ釣りファンを増やしたいと考えるところが増えており、従来は禁止していても区間を決めてルアーフィッシングを許可するケースなども増えている。

【シーズン前半は放流河川、後半は天然遡上河川が釣りやすい】

アユ釣りシーズンの初期は、放流アユが主な釣りの対象になる。放流アユは天然遡上のアユに比べると成熟が早い。

天然遡上のアユも解禁されれば初期から釣れるが、シーズン前半はサイズが小さいことが多く、一般的には7月頃からが天然遡上がよく釣れだす時期になる。そしてシーズンが進むほどさらに釣れるようになり、9月いっぱいまでコンディションのよい天然アユがよく釣れる。10月に入ると気温・水温の低下とともにアユも産卵態勢になり、下流への移動を始めるようになる。そうなると多くの川ではアユ釣りシーズンが終了する。

現在、日本の川の多くにはアユの遡上を妨げるダムや堰があり、天然アユが上がれない多くの川では漁協の放流により釣り場が維持されている

天然アユの遡上数や生育具合はその年によって大きく変動するが、釣りは大アユもねらえるシーズン終盤まで楽しめる

第二章

アユを釣る準備

アユ釣りの種類

【2タイプのアユ釣り】

アユ釣りには大きく分けて2つのタイプがある。

1つはアユがナワバリを持つことを利用する釣り方で「アユルアー」と「友釣り」がこれに当たる。前章でも触れたとおり、アユは藻類を食べて大きくなるが、その過程でよい藻類が生える石に対してナワバリを主張するようになる。この時、アユルアーならアユに似せたルアーを使い、友釣りなら生きたオトリのアユを使って、体当たりしてきたアユをハリに掛けて釣りあげる。

もう1つは、他の多くの釣りと同じように、直接ハリに食いつかせる釣り方だ。アユ釣りの中では「毛バリ釣り」「チンチン釣り(バケバリを使った釣り)」「エサ釣り」がこれに該当する。アユは遡上してしばらくは、川を流れる水生昆虫などをエサにしている時期があり、また、ある程度成長したアユであっても、淵などに群れてナワバリを持たないアユは、藻類以外のエサを食べるものがいる。そういうアユは毛バリやエサで釣れる。

このほかにもアユ釣りの中には、複数の掛けバリを並べた仕掛けを川底に流してアユを引っ掛ける「コロガシ釣り」などがあるが、職漁的な要素が強く、また禁止している河川も多いので本書では割愛する。

前述のとおり、日本のアユ釣り場で現在の主流となっている釣り方は友釣りだが、ルアーフィッシングは若い世代を中心に急速に人気を高めており、釣りができる河川も毎年予想以上のペースで増えている。また毛バリやエサといった釣り方も地域によっては根強いファンがいて、独自の面白さ、釣り文化、手軽さがある。いずれにしても大切なのは、それぞれの釣り方に面白さがあることを知り、釣り場のルールを守りながら譲り合って楽しむことだ。

【アユ釣り道具の購入先】

アユ釣りを楽しむうえで最初のハードルになるのが道具の購入である。アユ釣りには一定の専門性や地域性があるので、どの釣り方をするにしても、最初から通信販売だけでそろえ

アユルアーは人気の高まりとともに都市部の釣具量販店でも専用コーナーを設けるお店が増えている(写真はキャスティング246溝の口店)

るのはおすすめしない。一方で、身近な釣具店ではなかなか買い求められない場合もあるので、そうした時はインターネットによる検索も活用して、個人や個人商店で作っているものを購入するのもよいだろう。

現状に即していうと、「アユルアー」は都市部の釣具量販店でも販売コーナーを設ける店舗が増えており、ひととおりの道具をそろえやすい。「友釣り」の道具は、アユ釣り用品の品ぞろえに力を入れている地域店や地域の大型店が強く、いずれにしてもサオから仕掛けまで道具選びの選択肢が非常に広い釣りなので、買い物は必ずスタッフに相談できる店でするのがおすすめになる。

「ドブ釣り」「チンチン釣り」「エサ釣り」に関しては、日常的に扱っている釣具店が限られるのが実際のところだが、川釣りコーナーのある店であれば、ある程度の道具が手に入る場合がある。また、琵琶湖のコアユ釣りのように、シーズンが来ればその地域の釣具店に道具一式が置かれるものもある。まずはそうした店舗を捜してみて、あとはそれぞれの釣りの愛好者や個人商店がホームページ上で特製仕掛けなどを販売しているものを捜し、上手く活用して道具をそろえるとよい。

アユ釣りの人気河川がある地域の釣具店は品揃えが充実していることが多く、釣りの行き帰りに立ち寄っても面白い（写真はフィッシング相模屋上溝番田店）

多数のアイテムを実際に見られるほか、不明な点をスタッフに質問したり、ウエア類なら身体のサイズにしっかり合ったものを捜せるのが店舗のよさ

アユ釣りのウエア

【ＴＰＯに合わせて準備】

アユ釣りを楽しむウエアに関しては、怪我をしない程度に安全で、釣りの途中で身体が冷えたりしなければそれでよく、ある程度は自己判断で取捨選択することになる。

たとえばアユの友釣りを本格的に楽しむとなれば、川の中に安全に立ち込めるアユタイツはぜひそろえておきたいウエア（必需品）になるが、アユタイツがなければ友釣りができないわけではない。深く立ち込む必要がない清流の釣り場を選び、渓流釣り用のウエーダーを持っているならまずそれでやってみたり、短パンとロングタイツとウオーターシューズで挑戦できる釣り場も多くある。ただし、本格的な友釣りで、強い流れの中に立ち込んで釣りをする場面が想定されるのであれば、安全に釣りをするためにもアユタイツの着用は欠かせず、さらに上半身も仕掛け類を効率よく収納できて姿勢も安定するアユベスト（アユ釣り用のフィッシングベスト）を着用するなどそれに相応しい格好をする必要がある。

そうした判断も含めて、ウエアについても釣具店のスタッフにまず相談してみるのがおすすめだが、ここではアユ釣りならではのウエア類や、ＴＰＯに応じて快適に釣りを楽しむために役立つ基本を紹介する。

【アユタイツ＆アユタビ】

アユタイツは足の先まで覆って内部に水が入らないようにしているドライタイプ（涼しい季節用）と、足首までだけを覆って水に入れば内部が濡れるウエットタイプ（夏場用）がある。シーズンを通じてドライタイプを着用する人もいるが、いずれにしても生地は２㎜厚、３㎜厚などのバリエーションがあり、保温性、動きやすさ、丈夫さ、価格などの兼ね合いで好みのものを選ぶ。なお、アユタイツの下にはアンダーウエアとして化繊のロングタイツを着用する。アユタビはアユ釣り用のフットウエアで、靴底は濡れた川の石の上でも滑りにくいフェルトになっており、作りがシンプルで素足でも履ける。夏の川遊び用シューズとしても重宝するので、どんなアユ釣りをするにしても一足持っていると便利だ。

本格的な友釣りを含めて、強い流れの中に立ち込んで釣りをする可能性がある場合は、アユタイツとアユタビ（および上半身はアユベスト）の着用が欠かせない

アユタビ
アユタイツと合わせて着用する釣り用のタビ。シンプルな作りで柔軟性があり水の抵抗が小さい。底面はフェルトで濡れた川の石の上でも滑りにくくなっている。素足で履くことを前提にしており、サイズは足にしっかりフィットするものを選ぶ。このほかにより靴の形状をしたアユシューズもある

そのうえで、アユタビには親指と他の指との間に仕切りがある中割れタイプと、仕切りがない先丸タイプがある。ドライタイプのアユタイツは大半が先丸ソックスになっているので、その場合は足もとも先丸のアユシューズかサイズにややゆとりのある先丸タイプのアユタビを選ぶ。ただし、製品によっては中割れタイプのドライタイツもある。いずれにしてもタイツとタビは組み合わせをよく確認して購入する。中割れタイプのアユタビは中で足の踏ん張りが利くというメリットがある。

アユタイツ　ネオプレーン製で身体にフィットするもので、ドライタイツ（左）とウェットタイツ（右）がある。水の抵抗を受けにくくして川の流れの中に安全に立てるようにするだけでなく、冷たい水の中で身体を冷やさない、川で転倒した場合などの怪我を軽減するといった役割があり、自分の身体のサイズに合ったものを着用する

アユのルアーフィッシングでは、渓流釣りで着用するウエーダーを着る人も多い。また毛バリ釣りやエサ釣りでもウエーダーがあれば川での移動の自由度が増す

ウエーダー
ウエーダーは靴が一体になったブーツフットタイプ(写真)と、靴が別になっているソックスフットタイプがある。ソックスフットタイプの場合はウエーディングシューズを履くが、いずれにしてもアユタイツに比べると流れの中に立った時の水流抵抗は大きくなる

【アユタイツを履かないスタイル】

アユタイツを履かない場合は、他の釣りでも使用するウエーダーを着用したり、いわゆるウエットウエーディングのスタイルで釣りをする。

ウエーダーは価格や形も含めてさまざまなタイプがあるが、アユ釣りで着用する場合は、前提として靴底はフェルト底になる。ただ、ウエーダーはその形状から、流れの中に立ち込むと大きな水流抵抗を受ける。そこで最近は、アユタイツを履かない場合、ウエーダーを履くのでもなく、いわゆるウエットウエーディングのスタイルを取り入れる人が増えている。

ウエットウエーディングとは、もともと夏の山岳渓流を釣るトラウトフィッシングで行なわれていたもので、ウエーダーを履く代わりに、速乾性のあるショートパンツとアンダータイツを履き、そこにネオプレーン製のウエットゲーターとウエーディングシューズを着用して釣りをするというもの。水に濡れてもすぐに乾く夏の暑い時期に、動きやすさや身軽さを重視したスタイルで、ファッション的にも自由度が高いといった利点もあるため、最近はアユ釣りでも応用する人が増えている。

いずれにしても、まず下半身のウエアリングについては、こうしたアイテムの中から必要なものを選んで組み合わせ、

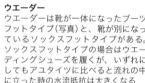

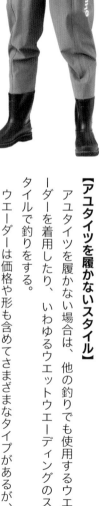

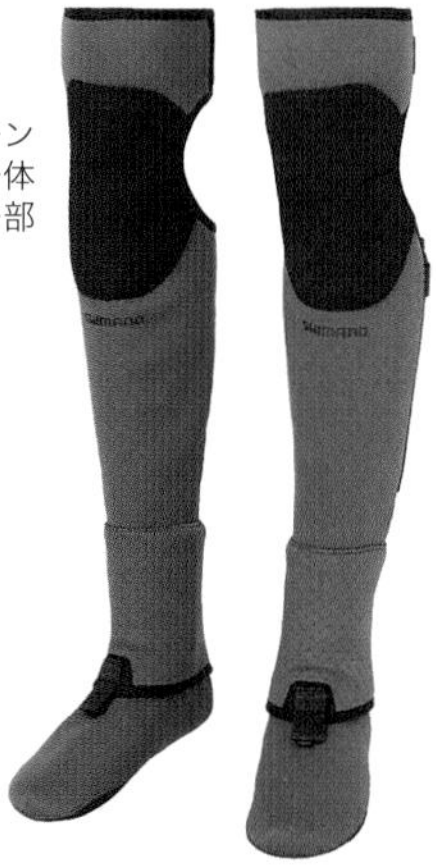

ウエットゲーター
ウエーディングシューズを履くためのネオプレーンソックスに脛や膝を保護するゲーターの機能を一体化させたもの。ソックス部だけのものやゲーター部だけものもあり、必要なものを選んで着用する

その他のアイテム
ウエットウエーディングスタイルの広がりによって、たとえば膝当ての付いたアンダータイツなども登場している。この場合は膝当て付きのアンダータイツとショートパンツを組み合わせて履いたら、足もとはシンプルなネオプレーンソックス＋ウエーディングシューズにするか、あるいはアユタビを履く方法がある

ウエーディングシューズ
多くは渓流釣り用だがアユ釣りで使用する場合はフェルト底のものを選ぶ。ウエーダーを履かない場合はネオプレーンソックス（もしくはその機能があるウエットゲーター）と合わせて履くことが前提で、サイズは少し大きめのものを選ぶ。なお、友釣り用でもドライタイツと組み合わせて履く靴タイプのものはウエーディングシューズと呼ばれる

安全に釣りができるようにする。

【上半身は速乾性を重視】

上半身のウエアリングについては、濡れても冷えないこと、日焼けや虫刺されを防ぐことが大前提だ。頭には帽子やサンバイザーを必ず着用。また偏光サングラスも必ず準備したい。川では水面からの照り返しも多くあることから、紫外線から目を保護することはもちろん、アユ釣りでは川の中の石の状態をよく見る。その際は水面の乱反射をカットできる偏光サングラスが役に立つ。

また、濡れても冷えないためには、肌着にあたるアンダーウエアには必ず吸湿速乾性のある素材のものを着用する。Tシャツなどの半袖を着用する場合でも、その下にはロングスリーブの機能性アンダーウエアを1枚着るようにしたい。それによって日焼けや虫刺されも防ぐことができる。そして、夏のアユ釣り河川は、日中は暑くても朝夕は思っている以上に冷えることがあり、コンパクトに折りたためるレインウエアを常に携行しておくと、夕立ちなどの雨対策だけでなく防寒着として役に立つ。

近年、取り入れる人が増えているのがウエットウエーディングスタイル。ラン&ガンの歩く釣りにも適していることから、特にルアーフィッシングでは主流のスタイルになっており、他の釣り方にも幅広く応用できる

【アユベルトやタモなどの装備品】

アユ釣りではウエア類のほかにも、釣りの種類に応じて必要になるアイテムがいくつかある。それが「アユベルト」「タモ」「引き舟」「ビク」などだ。

アユベルトは名前のとおり腰に装着するベルトで、タモを腰に差して携行するのに使ったり、釣ったアユを生かしておくための引き舟などを装着する。また、夏の水分補給に欠かせないドリンクホルダーなども取り付けられる。

タモはアユ釣り専用(友釣り用やルアーフィッシング用)のものがあるが、毛バリ釣りやエサ釣りであれば渓流釣り用も充分使える。いずれの場合も腰に差して持ち歩くが、流れの中で落としてもなくさないように紛失防止のドローコードなども取り付けておく。

ビクはさまざまなタイプがあるが、チンチン釣りやエサ釣りをする時は、肩に掛けたり腰に装着できるウエストクリールがあると便利で、釣具店で川釣り用のものが販売されている。詳しくはそれぞれの釣り方の解説ページで紹介しているが、いずれにしてもアユ釣りをする際は、これらの周辺アイテムも上手く組み合わせて、スムーズに釣りが楽しめるように準備する。

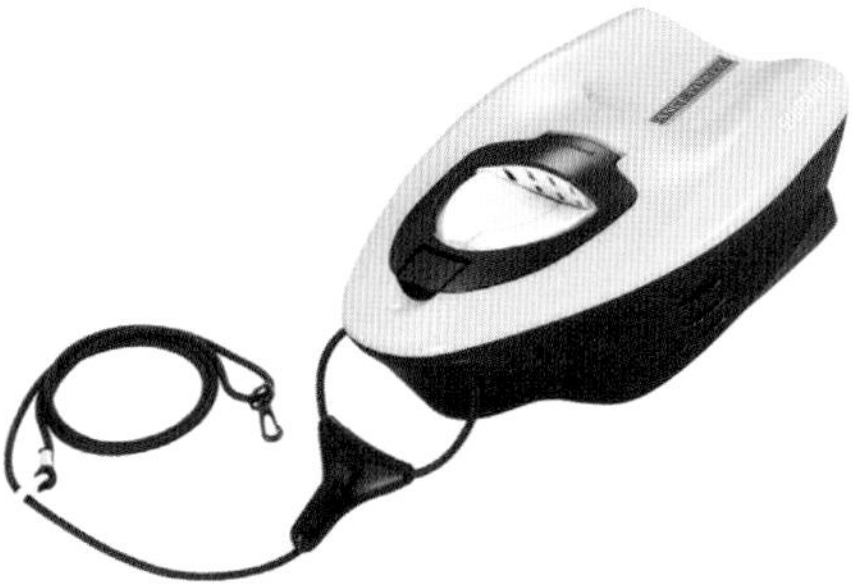

引き舟　友釣りで生きたオトリを手もとに置いておくためのアイテム。１つ持っていると他の釣りでも役立つ場面が多い

アユベルト　釣り方を問わず、アユ釣りで出番が多いのがアユベルト。タモ、引き舟、ドリンクホルダー、ロッドホルダーなど、ベルトがあるとさまざまなアイテムを安定して装着できる

ビク　チンチン釣りやエサ釣りでは、肩に掛けて(もしくは腰に巻いて)携行できる川釣り用のビク(ウエストクリール)があると釣り場での機動力がアップする

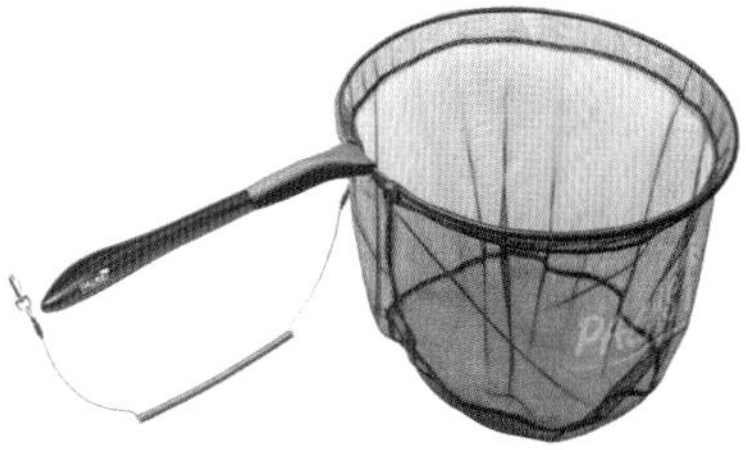

タモ　アユ釣りはタモの出番も多い。友釣りは専用のタモを使うが、ルアーフィッシング用(写真)もハリが引っ掛かりにくい細かい網目のものなど専用アイテムが出てきている。毛バリ釣りやエサ釣りの場合は渓流釣り用のものを流用できる

TPOに合ったウエアリングをすれば疲れも減り快適に釣りが楽しめる

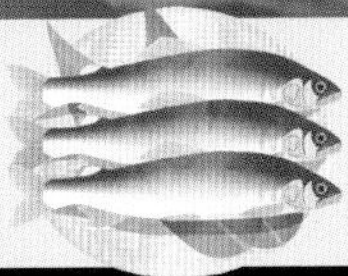

第三章

アユを釣ってみよう

アユのルアーフィッシング

アユをルアーで釣る「アユルアー」は、ここ数年で広がりを見せている新しい釣り方だ。本書では「アユルアー」で統一するが、「アユイング」「キャスティングアユ」「アユミノーイング」など、他にもいろいろな呼び方がある。

もともとは、アユの友釣りで生きたオトリを使う代わりに、ルアーを仕掛けの先に付けて最初の1尾を釣るという方法があった。いわゆる「オトリルアー」だが、そこから発展して、ルアータックルでもアユが釣れるのではないかと試されるようになり、多数のアングラーが実際にアユが釣れることを確認していく中で、基本的なメソッドが確立しつつある。

必要な道具も比較的少なく、条件によっては非常によく釣れるので、夏の楽しみとして始める人が増加している。バスフィッシング、トラウトフィッシング、エギングや海のライトゲームなど、何らかのルアーフィッシングに親しんでいる人には特に始めやすく、釣りの入門者にとっても道具類が入手しやすいアユ釣りとなっている。

季節と釣り場

数をねらうなら盛夏以降の天然遡上がある河川がよいが放流河川でも楽しめる。ただし、釣り場はルアーでアユを釣ることが許可されている河川を選ぶ。釣具店の「アユルアーコーナー」には、近隣のおすすめ釣り場情報も掲示されていることが大半なので、そうした情報も参考にするとよい。

アユを模したルアーをポイントに留めておくと野アユが勢いよくアタックしてくる。独特の釣趣が新しいアユ釣りファンを増やしている

アユルアーの広がりによって、これまであまり注目されなかった河川がアユ釣り場として楽しめるようになるという現象も起きている

アユルアーの道具と仕掛け

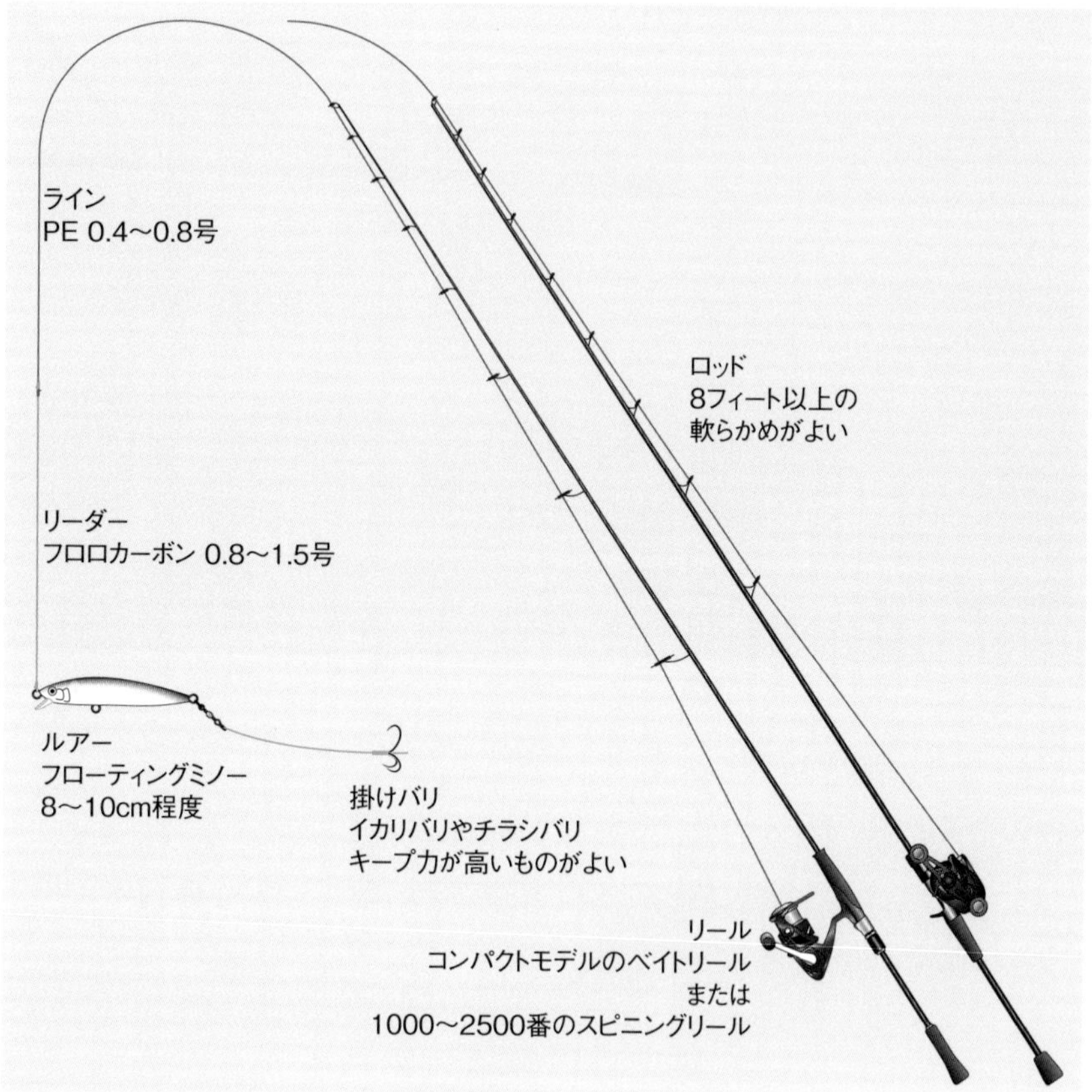

アユ釣りチョイ用語

Words

「チラシ、ヤナギ」：どちらも１本バリを連結させた形の掛けバリだが、ハリの向きを互い違いにしたものはチラシ、同じ向きにしたものはヤナギと呼んで区別することがある。

「ウォブリング、ローリング」：ルアーの基本的な動き。左右に揺れるような動きはウォブリング、傾いて起きるような動きはローリングという。両方の組み合わせはウォブンロールという。

【ロッド】

ロッドはアユルアー専用のモデルが発売されているが、シーバスロッドやエギングロッドも利用できる。ベイトロッドとスピニングロッドのどちらでも釣れるが、いずれの場合も8フィート以上の長さがあるものが使いやすく、ロッドが短いとルアーを操作できる範囲が極端に狭くなる。ティップは軟らかいほうが強い流れの中でもルアーが浮き上がりにくく、専用ロッドには柔軟性の高いソリッドティップを採用しているものもある。

【リール】

ロッドに合わせて小型のスピニングリール(1000〜2000番)もしくはコンパクトモデルのベイトリール(バスフィッシングや渓流トラウト用の小型軽量フィネスゲームモデル)を使用する。アユルアーではルアーをゆっくり動かすので、ハイギアモデルよりもローギアモデルが適している。

【ライン】

0・4〜0・8号のPEラインに0・8〜1・5号のフロロリーダーを80㎝ほど接続するラインシステムか、ナイロンラインの0・8〜1号(3〜4ポンド)が標準。ナイロンラインはラインシステムを組む必要がなく、ビギナーでも扱いやすいというメリットがある。

【ルアー】

アユルアー専用のものが各社から発売されている。アユの形を模したミノータイプが基本になっており、根掛かりした時も外れやすいフローティングミノーがまずは使いやすいが、シンキングミノーやバイブレーションなど他のルアーも使われる。アユは川底近くにいるため、いずれにしてもルアーはボトムをしっかりトレースできるものを選ぶ。それが可能な8〜10㎝程度のミノーであれば魚は反応してくるので、自分の手持ちのルアーをチューニングして使うこともできる。

ルアーの後方には自動ハリス止メを介してチラシバリやイカリバリといった、友釣りで使用するのと同じ掛けバリを取り付ける。アユルアー専用のものは自動ハリス止メが最初から付いているが、他のものを流用する場合は自分でパーツを購入して取り付ける。また、アユルアー用のチューニングパーツには、ルアーを川底になじませやすくするためのウエイト(オモリ)などもある。

ロッド、リール ロッドとリールはベイトタックルでもスピニングタックルでも問題ない。ただし、ロッドは川の中でルアーを操作しやすい8フィート以上の長さのあるものが向いている

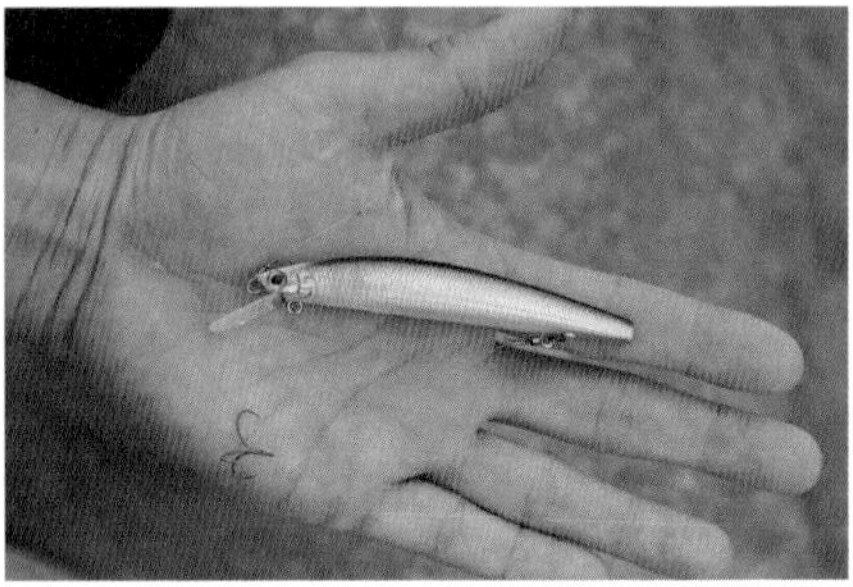

ルアー ルアーはミノー(右)が主流だが、バイブレーション(左)など他のルアーも使われるようになっている。どちらの場合もリアフックの位置には自動ハリス止メが付き、そこに掛けバリをセットして使う。掛けバリのハリスの長さ(チラシやヤナギの場合は1本目のハリまでの長さ)は指3本分にするのが1つの目安になり、あとは釣りをしながらアユの追いがよければ短く、悪ければ長くする

【掛けバリ】

大きく「チラシ(ヤナギ)」と「イカリ」の2タイプがある。チラシ(ヤナギ)バリは2〜3本の掛けバリを一直線に連結したもの。イカリバリは3本イカリと4本イカリがある。アユルアー用として販売されているものもあるが、友釣り用のものを流用することが多い。また自作することもできる。どのタイプがよく掛かるかは、その時の魚の大きさや活性にもよるので状況に応じて使い分ける。なお、釣り場によっては1つの仕掛けに配置できるハリの数に制限があるので、その場合は釣り場(漁協)のルールに従う。

【その他の道具】

掛けバリはスレバリなので、ヒットしたアユをばらさずに取り込むためのタモと、タモを腰に差しておくためのベルトは必要になる。ほかには引き舟があると便利だが、友釣りと違って釣ったアユを常に手もとに置いておかなければいけないわけではないので、たとえば岸際にビクを置いておき、釣れたらそのつどアユを入れておくなど、釣り終わりまでアユをキープできるものがあればそれで構わない。

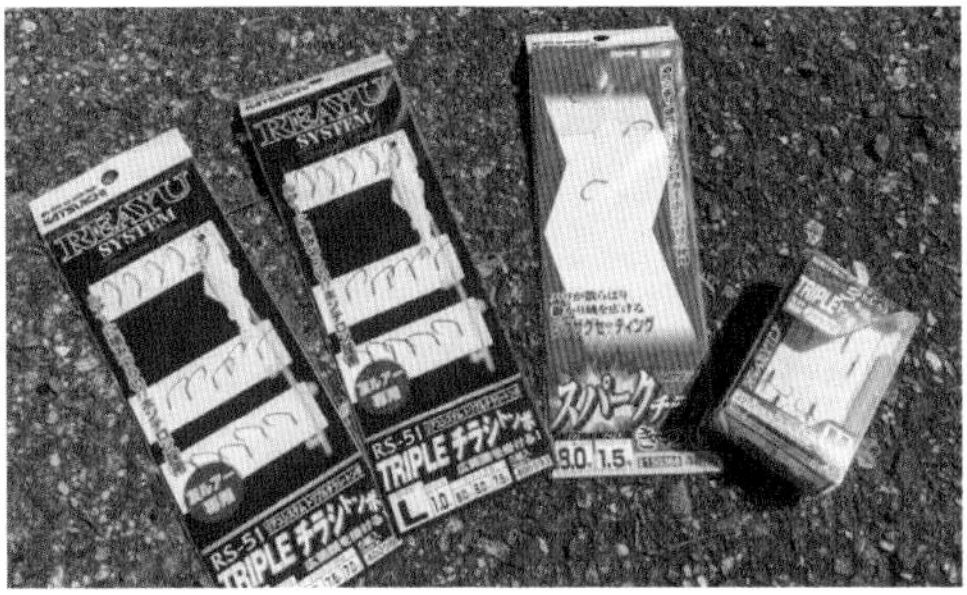

掛けバリ　掛けバリはハリスの付いたものが販売されており、アユルアー用のものでも友釣り用のものでも構わない。自作した場合を含めて、友釣り用に販売されているハリケースに入れて持ち運ぶと釣り場での取り出しもスムーズにできる

ウエア類　服装はウエットスタイルなどライトなもので楽しめることが大半。ショートパンツ、ゲーター、ウエーディングシューズやアユタビの組み合わせでオールシーズン楽しめるが、渓流用のウエーダーを着用する人もいる。ただし足もとは川で滑りにくいフェルト底のものを選びたい。ルアーや掛けバリはショルダーバッグやポーチに入れて携行する

タモ、ベルト、引き舟　アユをキャッチする時はタモを使う。タモを携行するためのベルトも身に着けるが、ウエーダーを着用する場合はそのベルトを使うこともできる。引き舟はなくても釣りはできるが、広範囲に歩いて移動する時はあったほうが便利

根掛かり外し
友釣り用の根掛かり外しはルアーが川底に引っ掛かってしまった時の回収に便利。写真は伸縮するタイプで持ち運びの時は短くなる

ウエイト
アユルアー用のウエイトはルアーをより流れの強い場所に入れたい時にフロント（ベリー）のアイに取り付けて利用する。必要以上に重くすると根掛かりしやすくなるが、こうした補助パーツを利用することでより多くのポイントをねらえる場面もある

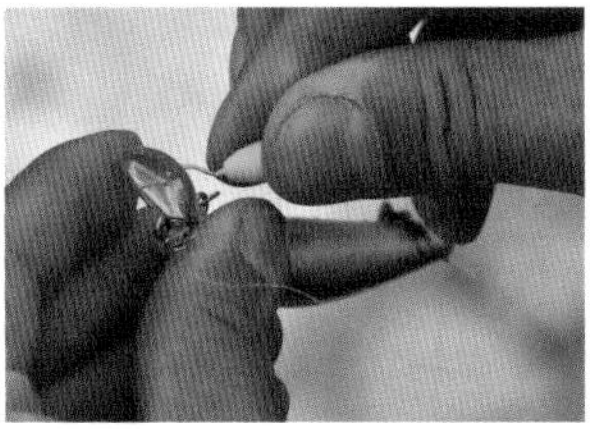

アユルアーの釣り方

アユルアーの釣り方はダウン(まっすぐ下流をねらう)が基本。底石があり深すぎずに流れがしっかり利いている瀬のポイントが最も釣りやすい。底石は必ずしも大きな石である必要はないが、アユは石が大きく白波が立っているような荒々しい瀬にもいるので、いろいろな場所をねらってみる

【瀬の中にある石をダウンでねらう】

アユルアーの基本的な釣り方は、「流れのある瀬を選び」「ねらうポイント(主に流れの中にある石の周り)の10mほど上流に立ったら」「下流にルアーをキャストしてすぐにリーリングで沈め」「あとはロッドでゆっくり引いたり、リールを巻いたりしながら」「ルアーを石の周りで動かしてアユ(野アユ)にアピールする」というもの。

ルアーは浮き上がらないことが大切で、潜らせた時にリップが底石にぶつる〝コン〟という感触(ノックもしくはボトムノック)を積極的に得るようにする。また、ぶるぶると震えるルアーの動きが、スッと抜けたように感じられる時は、川底のルアーが大きな石の裏の緩流帯に入った合図なので、そこからいかに石の周りにルアーを通すかを考える。

いずれにしてもアユは川の中の石に付いている。ねらった場所の石や岩盤をなめるようにルアーを通すことが、ナワバリを持ったアユを刺激しルアーに体当たりをさせるきっかけになる。

【遠投はせずにサオによる操作も多用】

アユのルアー釣りでは、思っている以上にキャスティングやリーリングをしない。一般的なルアーフィッシングのイメ

川の中のルアーはこのような状態。ちなみに写真のハリの下にある石にはアユが藻類を食んだ跡である「ハミ跡」が見られる

ージは、遠くにルアーを投げて巻いてくるというものだが、アユルアーはそれとは別物と考える。ルアーは10ｍ圏内に投げて沈め、あとはリールを巻き過ぎないようにしながら、1つのポイントや石の周りでねちねちとルアーを動かしてナワバリを持ったアユを刺激し、それで反応がなければ少しリールを巻いて、上流の次のポイントや石の周りを同じようにねらうという操作を繰り返す。

そこで1つのポイントや石の周りをねらう場合は、サオで上流にゆっくり引いて動かし、しばらく止めて流れの中で泳がせておいたら、それをまたゆっくり下流に戻すといった操作も多用する。また、同じ立ち位置のまま、右に傾けていたロッドを左に傾けるなどして、ルアーを左右にスライドさせて動かす操作も同じように多用する。

つまり、簡単にリールを巻いてルアーを上流側に引き上げてしまうのではなく、下流側からそれぞれの場所にアユが定位しているものと見なして、各場所でアユがいらいらしてルアーにアタックしてくるように、時間をかけながらねらっていくという釣り方をする。そうすることで、川にいる野アユからは、ルアーが自分のナワバリに侵入し、石に生えた藻類を食んでいるライバルのように見える。

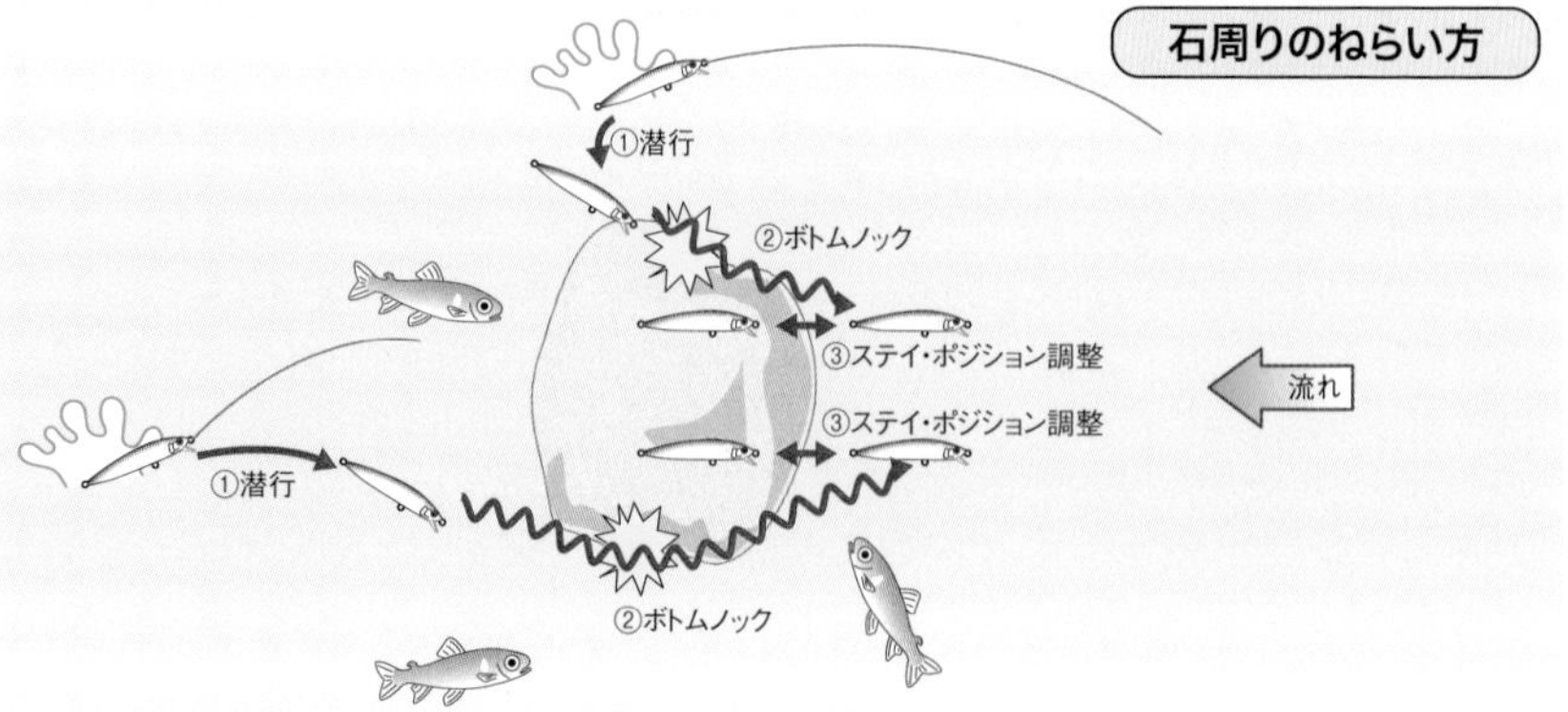

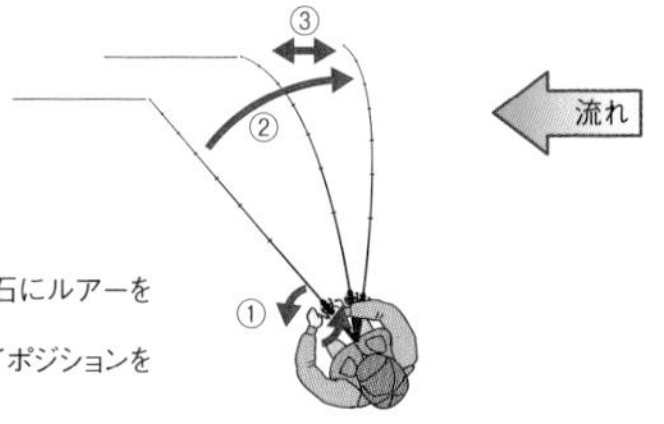

①リーリングで潜行させる
②ゆっくりリーリングしたりロッドをさびいたりして石にルアーを当てながら石の上流まで引く
③石の前まで来たらステイ。時おりロッドを使ってポジションを前後に調整したりアクションを掛けるのも有効

【石の周りをねらう操作】

ねらったポイントや石の周りでルアーを上流に動かす時は、リールを巻いて一度に長い距離を動かすのではなく、主にロッドでルアーを引き上げる。この操作のことは釣りでは「さびく」という。そしてアユの付いている可能性が高い石の上や横では、ルアーをさびいたあとに何度か止めて、野アユに長くルアーを見せるロングステイを入れる。目安としては30秒ほどルアーをステイさせ、ギラッと光る、コツンと当たるなどの野アユの気配があれば1分近く待つこともある。

野アユは川底から浮き上がってしまったルアーには反応しない。そこで一連の操作の間は、ルアーのリップが常にコツコツと底石にぶつかる感触を得られるようにロッドとラインの角度を調整する。水中のルアーは常に上流からの流れをリップに受けている状態なので、それだけでも細かくウォブリングやローリングなどのアクションをしている。そこにサオによるさびきや左右へのスライドが加わるので、あたかも生きているアユであるかのように動く。

あとはロングステイの最中に小さなトゥイッチを織り交ぜたり、サオで下流に送ったり、わずかにリールを巻いたり、いろいろな操作を加えてみる。いずれにしても、やるべきことは、あたかもナワバリに侵入して来たアユ(ルアー)が石に

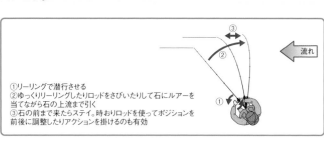

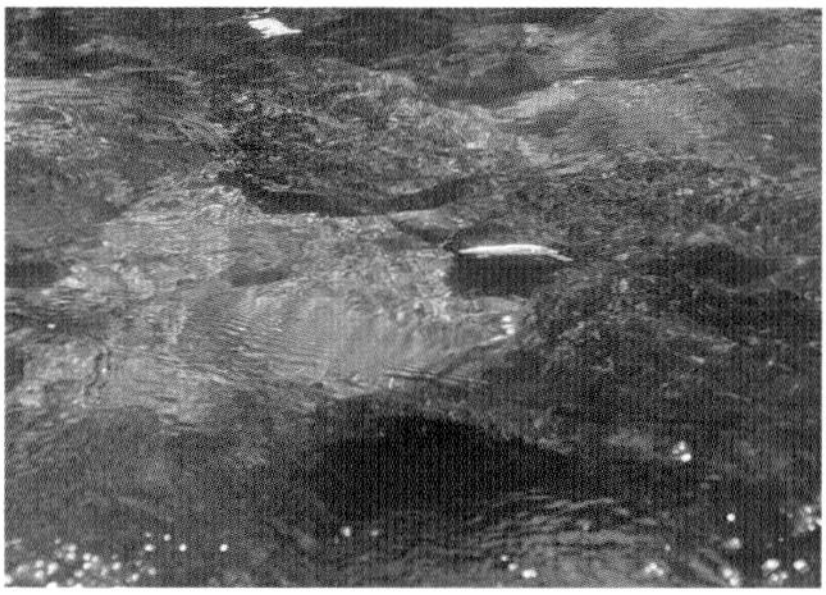

ルアーはリップに水流を当てながら石の周りでいろいろなアクションをさせてみる。仮にルアーが見えない状態でも、そのようすを頭の中でイメージしながら操作することが大切だ

手前の黒い石の前でルアーにアユがヒット。平坦な瀬の中の石だけではなく、こうしたピンポイントの石も同じ釣り方でねらうことができる

生えた藻類を食んでいるかのようにルアーを動かすこと。すると刺激された野アユが体当たりしてきて掛けバリに掛かる。

なお、ロッドでルアーをさびく時は、腕で動かすよりも腰の回転を使うようにするとルアーの動きが安定する。また、アユルアーの釣りに根掛かりは付き物だが、たいていは下流側から上流側に動いてきたルアーが石の間に挟まっているだけなので、無理に上流に引き上げず、一度ラインをフリーにして下流に送り、そのあとにロッドを立ててサオ先であおってやると簡単に外すことができる。

その日のアユは似たようなポイントで釣れることが多いので、1尾が釣れたら川の中の似たポイントを捜して釣っていくと数を伸ばせる

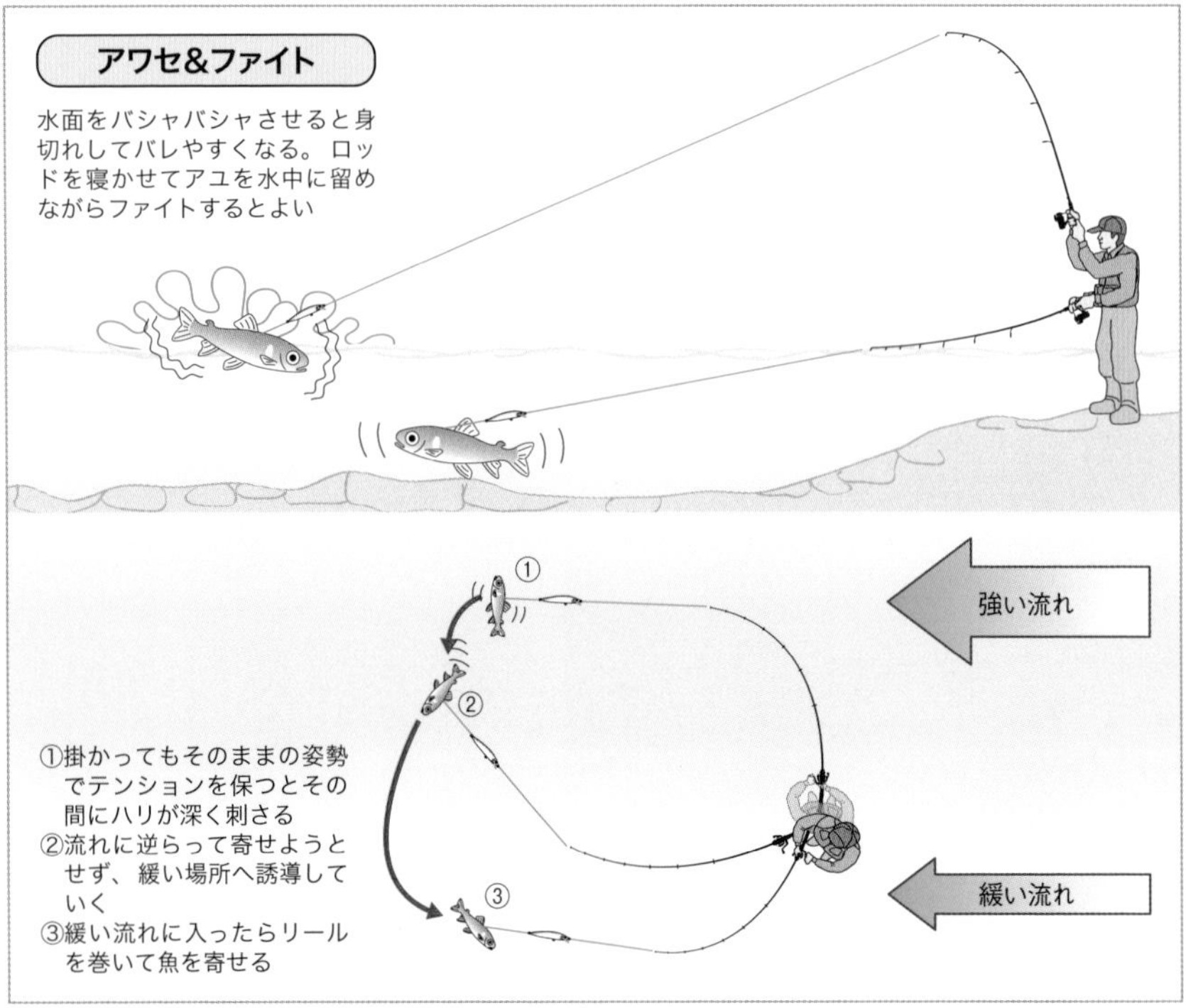
アワセ&ファイト
水面をバシャバシャさせると身切れしてバレやすくなる。ロッドを寝かせてアユを水中に留めながらファイトするとよい
①
②
③
強い流れ
緩い流れ
①掛かってもそのままの姿勢でテンションを保つとその間にハリが深く刺さる
②流れに逆らって寄せようとせず、緩い場所へ誘導していく
③緩い流れに入ったらリールを巻いて魚を寄せる

【アタリの取り方とファイト】

ルアーにアユがヒットすればすぐに手応えでわかる。その時に慌ててリールを巻くのはよくない。アユルアーはダウンの釣りなので流れに逆らうことになり、せっかくハリに掛かったアユが身切れでばれてしまうリスクが大きくなる。同様にロッドを立てて水面でバシャバシャさせてしまうのもバラシの原因になる。つまりファイトはいきなりリールを巻かず、サオをなるべく寝かせて行なう。

掛かったアユがよく引く場合は、自分自身も少し川を下ったりして流れの緩い場所までアユを誘導しつつ、少しずつリールを巻いてじわじわと距離を詰めていく。取り込みは、引き抜きでも手前まで寄せてランディングでもどちらでもよい。

引き抜きをする際はロッドとラインの長さが同じくらいになるようにしてから引き抜かないと、水面から出たアユが途中までしか飛んでこなかったり、宙吊りになったりしてバラシの原因になるので気を付ける。最後はタイミングを見計らってタモを差し出し、ルアーごとアユを中に入れるが、その際はルアーのことはあまり気にせず、掛かったアユのほうを最後まで注視してタモに入れるようにする。

取り込んだアユはハリの掛かりどころを確認して次の調整に生かす。ハリが背中に掛かる「背掛かり」になるのが理想だ

掛かったアユを取り込む時は、まずロッドとラインの長さを同じくらいにする。この間、掛かったアユを慌てて水面上に出さないのがコツ

自分のまっすぐ下流に誘導したところでロッドを立て、そのままタモに迎え入れる。目は掛かったアユだけを見るようにする

【ハリ掛かりしない時はアワセも有効】

アユルアーではアワセをしなくてもフッキングすることが大半だが、野アユがアタックしているのになかなかハリに掛からない場合は、まずはハリ先が鈍くなっていないかをチェックする。石に当たってハリ先が甘くなっているとアユはなかなか掛からない。何かおかしいなと思ったら、まずはハリを交換する。

それでもアユ自体の活性が低く、バラシが多く起きる場合はアワセの間（ま）を取る。この時はロッドを大きくあおるのではなく、アユの重みが乗ったら、そのままロッドを寝かせてテンションを保ち、動かさないで少し待つだけ。この待っている間にハリが深く刺さる。またシーズン終盤になるとアユの皮が硬くなるが、その時は小さくサオをあおって合わせるのも効果的だ。なお、掛けバリが頭のほうによく掛かっている場合は、ハリスが短い場合が多いのでハリスを長くとると背掛かりになりやすい。反対に尾のほうに掛かる時は短くしてみるとよい。

川の中で一定の波立ちがある場所を「瀬」と呼ぶ。実際には流れの速さや深さによって、チャラ瀬、早瀬、急瀬、平瀬、深瀬……とさまざまだが、前の瀬や淵が終わり次の場所へ向けて落ち込む直前の部分は「瀬肩」（丸く囲っている付近）と呼ばれ、ここにハミ跡が多く見られる場合は周辺にアユの数が多い可能性が高い

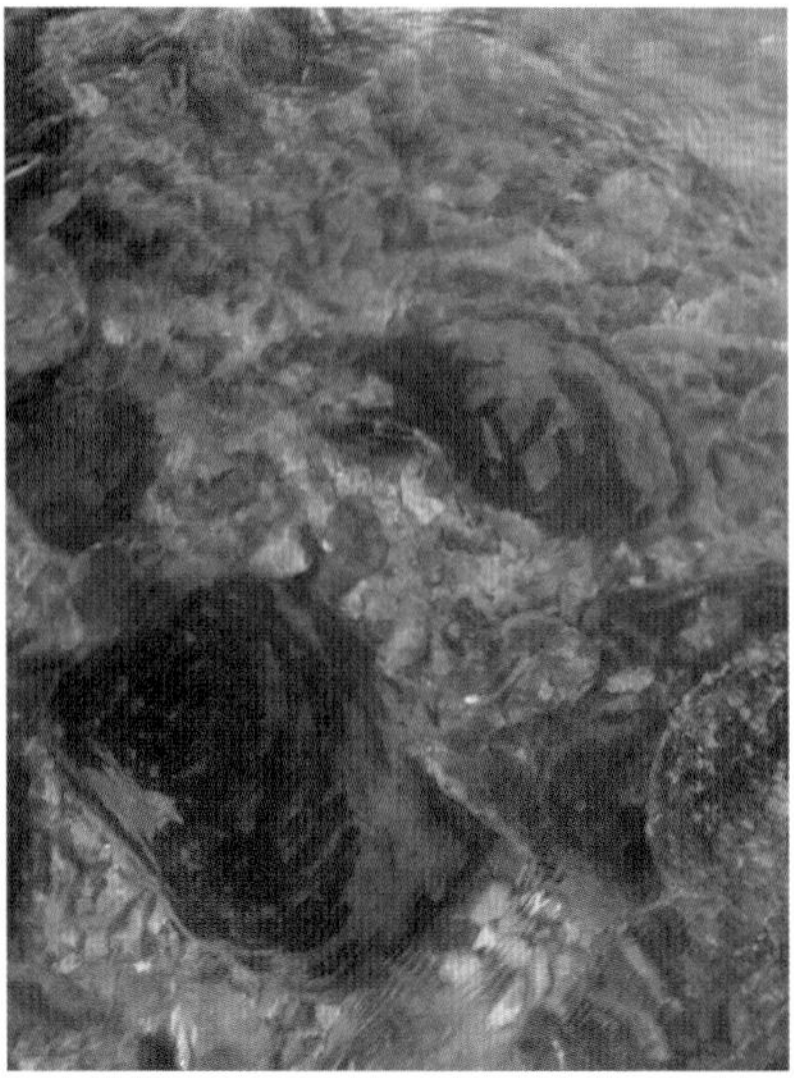

アユのハミ跡が付いた石。アユは時間帯によって移動するので、ハミ跡がある場所がそのままアユの居場所とは限らないが、流れの中に真新しいハミ跡があれば条件的にはよいことが期待できる

【アユの居場所を捜してこまめに移動する】

アユルアーで釣果を伸ばす一番のコツは「釣れるポイント」を見つけること。時にはナワバリを持ったアユがいる場所で粘ることも大切だが、1日を通して多くのアタリを得るためには、足を使って状況のよいポイントを捜し、ダメ元でどんどんルアーを通してみる。川の中にアユが全く見えなかったり、アユからの反応が全く得られない場合は、積極的にポイントを変えるほうが得策だ。移動がしやすいルアーフィッシングならではの機動力を生かした釣りをしたい。

たとえばアユの居場所を捜す代表的な手がかりに「ハミ跡」がある。ハミ跡はアユが藻類を食べた時に石の表面に「ノ」の字を書いたような跡がたくさん付くもので、その周辺にアユがいる目安になる。アユルアーは場所選びが非常に大切。なぜならナワバリを持った追い気のある野アユがいなければアユルアーでは釣れないからだ。特に瀬肩と呼ぶ瀬の始まり付近の川の石にハミ跡が多い場所は、その川の中でもアユが多くいる場所の可能性が高いので、釣りに入るエリアを決める際の参考にするとよい。

【クロスのアプローチも有効。小さなスポットも積極的に釣る】

アユルアーはダウンでまっすぐ下流をねらうのが基本だが、

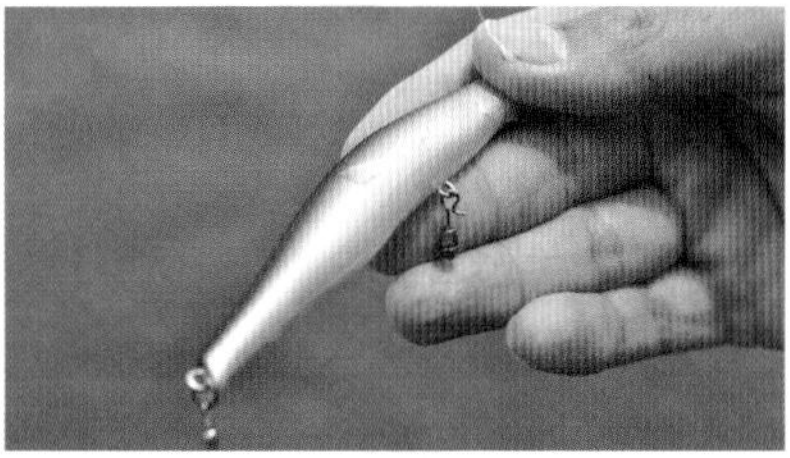

クロスからねらう場合は、フロント（ベリー）フックの位置に0.8〜1.5ｇ程度のシンカーをセットすると釣りやすくなる。ロッドによる操作も利用してルアーの頭を上流に向け、横方向への移動距離をなるべく抑えながら探ってみる

下流

アユが休める深場とエサ場になる浅瀬が隣接している写真のようなポイント（奥の流心側から手前の岸側に向けてのカケアガリ）も追い気のあるアユが入って来る可能性が高い場所

アユルアーは今まさに発展中の釣り。まだまだいろいろなアプローチで釣れる可能性がある

下流

澄んだ流れで石が目視できる場合はサイトフィッシングも有効。ルアーを通している段階でアユが反転するきらめきが確認できれば、じっくりねらうことで釣れる可能性が高い

それが難しい場所や広い釣り場ではクロスからのアプローチを利用してみるのもよい。この時はシンカーを利用すると釣りやすくなる。また、小さな分流、河畔林のオーバーハングの下、手前の岸寄りに1つだけある大きな石など、友釣りの人から見るとわざわざサオをだしにくい場所や釣りにくい場所は、いわゆるサオ抜けになって活性の高いアユがストックされていることがよくある。こうしたピンポイントを捜して釣るのもアユルアーでより多くのヒットを得るコツになる。

クロスにキャストするときの誘い方

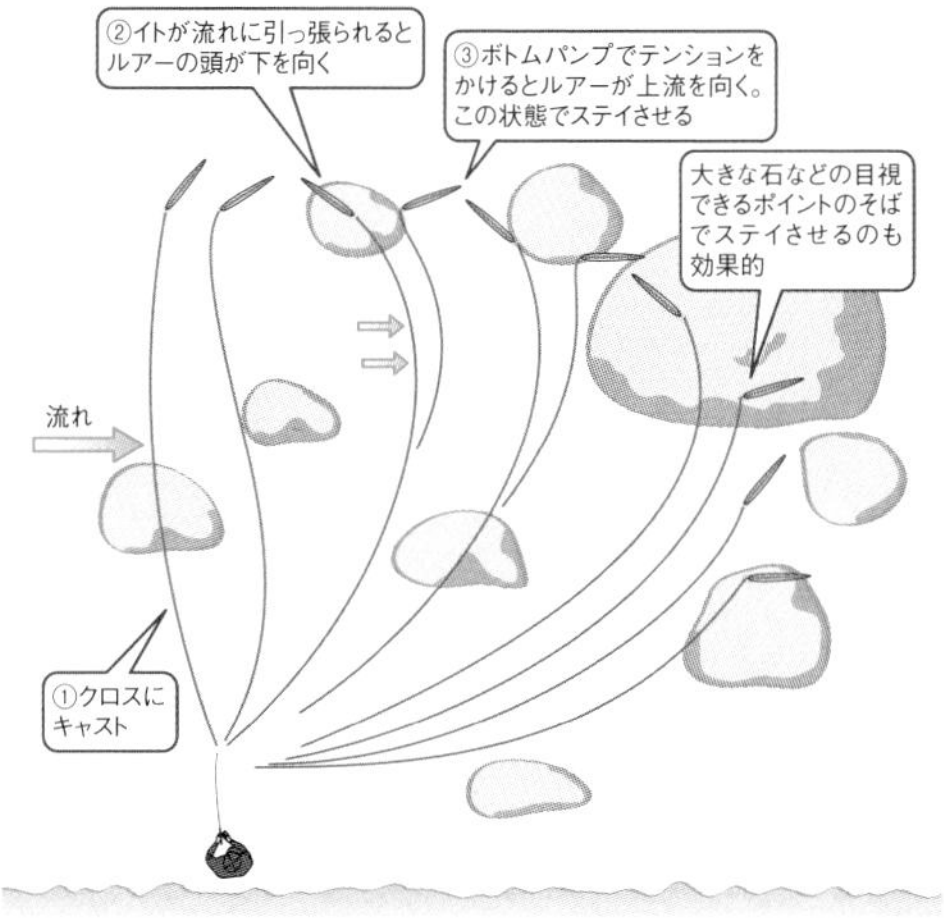
②イトが流れに引っ張られるとルアーの頭が下を向く
③ボトムパンプでテンションをかけるとルアーが上流を向く。この状態でステイさせる
大きな石などの目視できるポイントのそばでステイさせるのも効果的
流れ
①クロスにキャスト

サオは6mクラスの張りのあるノベザオなら幅広いものが使える

ノベザオで釣る時の仕掛け

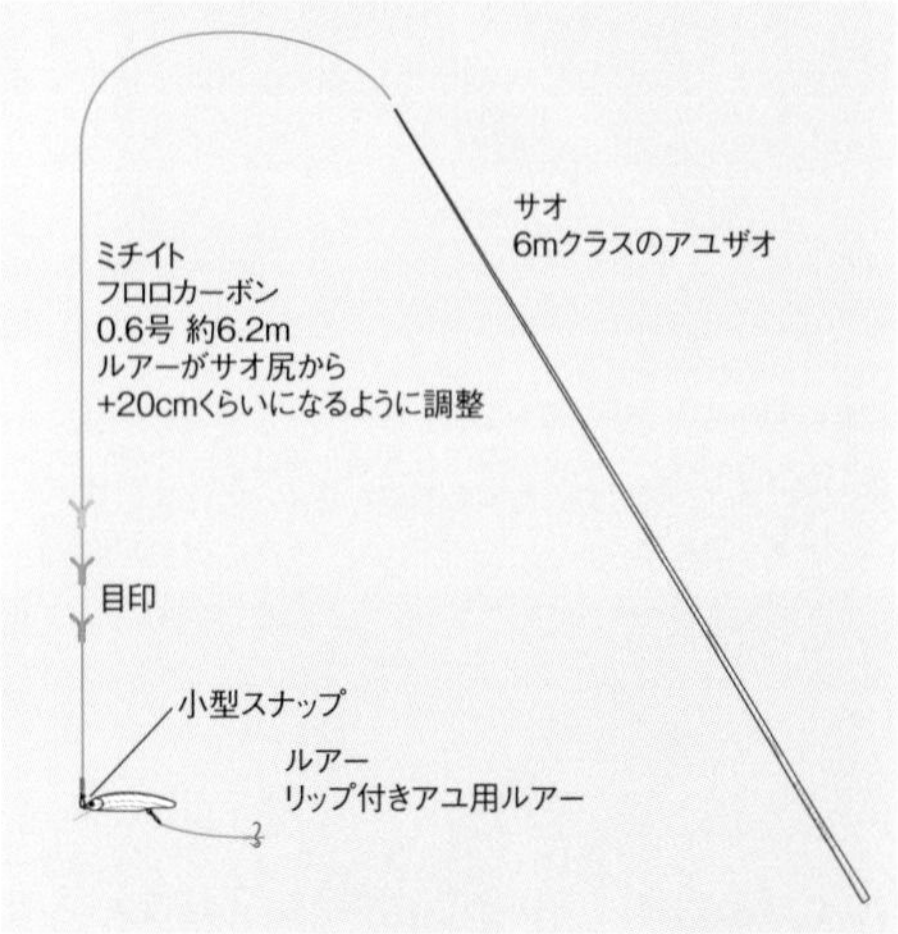

斜め上流からルアーをポイントに振り込んだら、サオ先でじわじわと引いて川底にルアーを通す

【ノベザオを使ったアユのルアーフィッシング】

ここまではルアータックルを使ったアユのルアーフィッシングを紹介してきたが、アユルアーを使う釣りには、もうひとつノベザオを使う釣り方がある。

この場合、サオは渓流ザオ、メバルザオ、あるいは短尺の友釣り用のサオなどで6mほどのものが使いやすい。ルアーはルアータックルで使用するものと同じものを使うが、ノベザオで釣りをする場合、ねらうポイントに対して立つ位置は斜め上流になる。そこからルアーを振り子の要領で下流にキャストしたら、サオ先でじわじわとルアーを上流に移動させてくる。

あとは「アユが反応してくる引き加減とテンション」があるので、それがどのくらいになるのかを確認するようにしてルアーを引いてみる。サオは水面から60度ほどに構えると、ルアーを川底になじませた状態をキープしながら上流に引き上げやすい。

ノベザオを使うとルアーをトレースしているコースを把握しやすく、同じテンションも再現しやすいので、コツを掴めば連続ヒットが味わえる

ミノー（リップ付き）の引き方

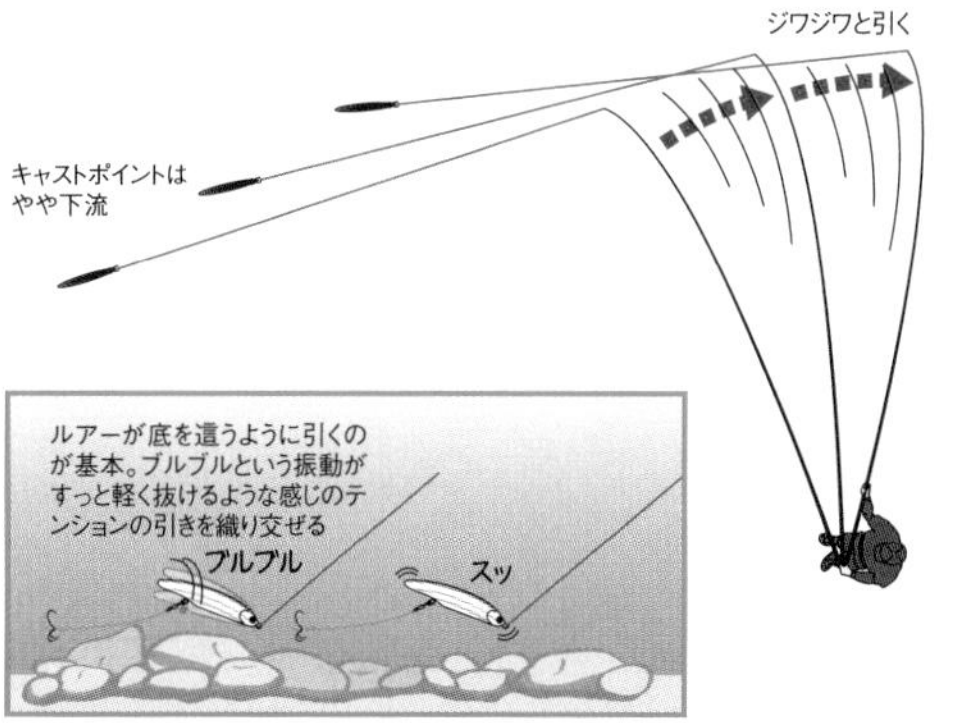
ジワジワと引く
キャストポイントはやや下流
ルアーが底を這うように引くのが基本。ブルブルという振動がすっと軽く抜けるような感じのテンションの引きを織り交ぜる
ブルブル
スッ

サオは水面から60度ほどに構えてルアーのリップがよく水を受けるようにする。そのサオ角度を維持してじわじわとルアーを引き上げつつ、少しずつテンションの加減を変えてみる

ノベザオならではのダイレクトな感覚も面白い

【アクションは付けずに川底をトレース】

実際にアユがよく掛かるタイミングは、最初はルアーのリップが水流を受けることでブルブルと震えるのを感じるくらいのテンションで引きつつ、時折りそのテンションをルアーが浮かない程度まで緩めて、水中のルアーを「スーッ」と静かに引いた時だ。

特に浅い瀬に多数のアユがいる状況などでは、ノベザオであればルアータックル以上にピンポイントでねらった筋にルアーを通せるので、パターンを掴めば連続ヒットになることもある。

ノベザオでルアーを操作する釣りは誰でもすぐにやってみることができるのと同時に操作もダイレクトで独特な面白さがある。ぜひ挑戦してみてほしい。

アユの友釣り

アユの「友釣り」は、ルアーフィッシングと同じように、川にいるアユがナワバリに侵入してきた他のアユ(=友釣りではオトリのアユ)を追い払う習性を利用する釣り方だ。ルアーフィッシングとの大きな違いは、何といってもオトリが生きていること。人の手では演出できない本物のアユの動きを利用するので、上達すれば50尾、100尾といった大きな釣果にも恵まれる。

友釣りをする際は、最初にオトリ店でオトリのアユを購入する。そしてオトリのアユで川にいる野アユを釣ったら、次は釣れたその野アユをオトリにする。オトリは元気がよいほど他の野アユがよく掛かるので、友釣りには「釣れば釣るほど、さらによく釣れる」という「循環の釣り」の性質がある。

友釣りの釣り道や仕掛けは独自のものが多く、使い方を含めてそれらに慣れる必要があるが、実際に始めてみると、誰でも上達を実感しやすい。そして川に放ったオトリに野アユが掛かり、オトリを交換するとすぐにまた鮮烈なアタリが来る……という循環を一度でも味わうと、誰もがこの釣りに夢中になる。

季節と釣り場

友釣りはアユ釣りのシーズン中であればいつでも楽しめる。各地のオトリ店や漁協のホームページに河川状況や釣果情報が日々アップされるので釣り場選びの参考にする。なお、これから友釣りを始める入門者には、川底が見える程度の中小規模の川のほうが釣りやすい。

生きたオトリをねらったスポットへ送り込むと激しいアタックで野アユが掛かってくる

オトリの動きは目印で把握する。慣れてくると目印の動き方からオトリの元気度や釣れる前兆も感じ取れる

友釣りの道具と仕掛け

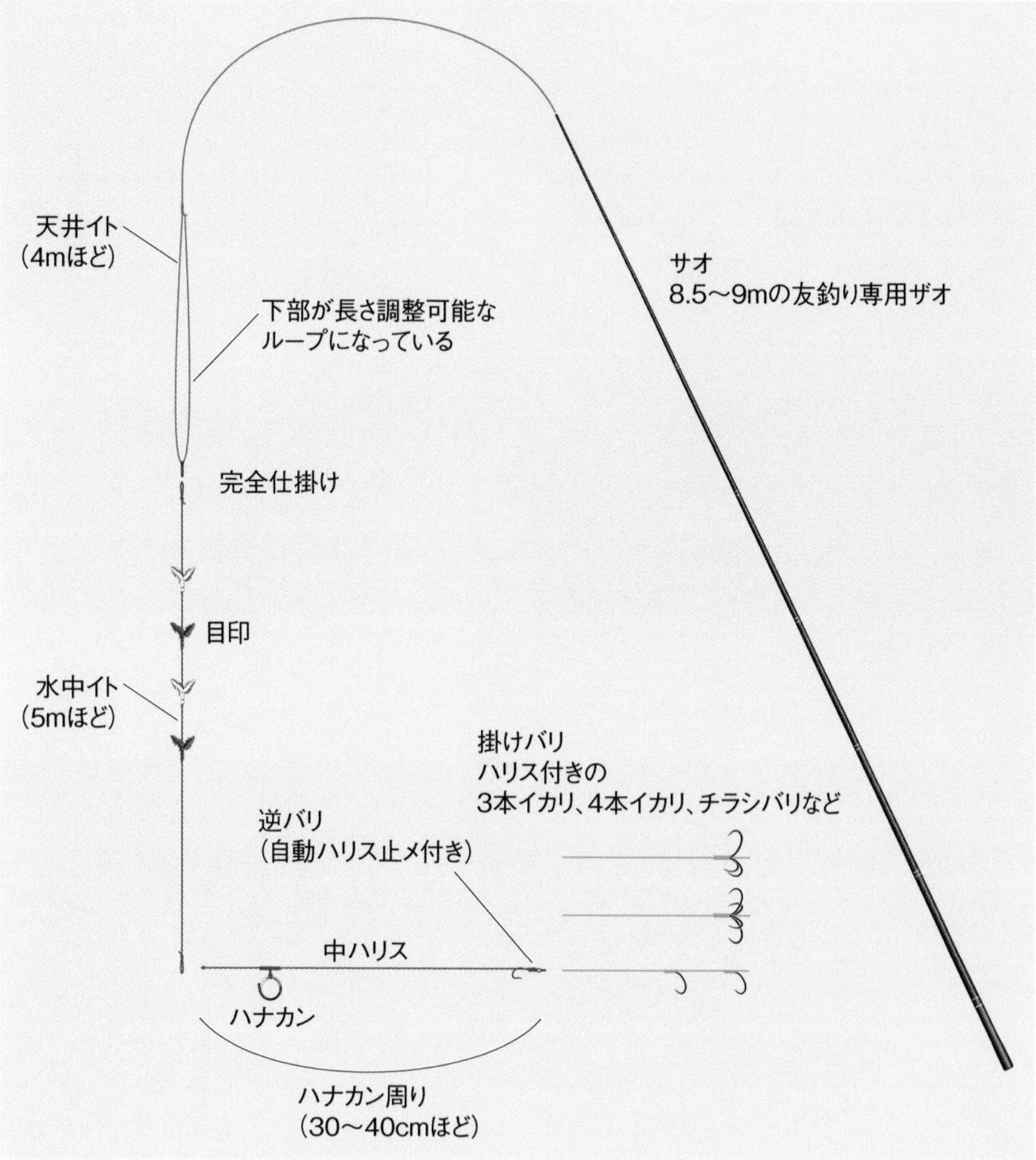

アユ釣りチョイ用語

「逆（さか）バリ」：オトリのアユに掛けバリを取り付けるためのパーツ。オトリの尻ビレに刺すスレバリ部分と自動ハリス止メが一体になっている。野アユが掛かったらその重さで外れる（切れる）のが正しい状態で、逆バリが外れることでオトリと掛かりアユの距離が適度に離れ取り込みがしやすくなる。

【サオ】

友釣り専用のサオ（長さが8〜9mあるアユザオ）を使う。ただし入門用のアユザオの中には扱いやすさを重視した6mクラスなどより短いタイプのものもある。サオが長いのは、オトリをコントロールしたうえでねらった場所まで泳がせていく必要があるため。価格は数万円で入手できるエントリーモデルから、数10万円する中上位モデルまで非常に幅がある。最近は釣り具メーカーも入門層の拡大を期待しており、エントリーモデルの品質向上に力を入れているので、まずは入手しやすいもので充分楽しめる。

サオの調子は釣り場の流れの強さ、釣れるアユの大きさによって選ぶが、最初の1本としては「早瀬」もしくは「急瀬」と呼ばれるクラスのものが使いやすく、「荒瀬」と名前が付くものは流れの強い場所での大アユ釣り用になる。ただし、表記の基準はメーカーによりさまざまで、他の説明がされている場合もある。

【仕掛け】

友釣りの仕掛けは上から「天井イト」「水中イト」「ハナカン周り」に分かれる。長さはサオと同じが標準でハナカンがサオ尻に来るようにする。なお、水中イトの種類によっては他に「上付けイト」や「下付けイト」が付く場合もある。

天井イトはサオとの接続部分で長さは4mほどにするが、あとで長さを調整できるように下部は編み付けを利用した折り返しのループにしておく。素材はフロロ、ナイロン、PEなどが使われる。

水中イトは仕掛けのメイン部分で長さは5mほど。素材はさまざまなものが使用され、主に「ナイロン（またはフロロ、エステル）などのモノフィラメント系ライン」「複合メタルライン」「メタルライン（金属ライン）」「PE系ライン」がある。

モノフィラメント系ラインはいわゆる泳がせ釣りの仕掛けでよく用いられる。また仕掛けがシンプルに作りやすく、キンク（よじれ）などのトラブルが起きにくいというメリットがある。対象的なのがメタルラインで、名前のとおり極細の金属線を釣りイトとして使うもので、水切れが非常によく比重も高いという特徴があり、強い流れの中にオトリを入れる瀬釣りで効果を発揮する。ただし、他のイトと直接結ぶことができないので仕掛けが複雑になり、キンクも発生しやすいといった扱いの難しさがある。複合メタルラインはそのいいとこ取りをねらったラインで、極細の芯イトに金属ラインを撚り付けたもの。ただしメタルラインと同じように他のイトと直接結ぶことはできない。PE系ラインは最近出てきたもの

サオ　標準は9m。取り回しのよい8mクラスのものも使いやすい。サオの調子はメーカーによってさまざまな表記があるが早瀬～急瀬クラスでオールラウンドなタイプのものを選ぶ

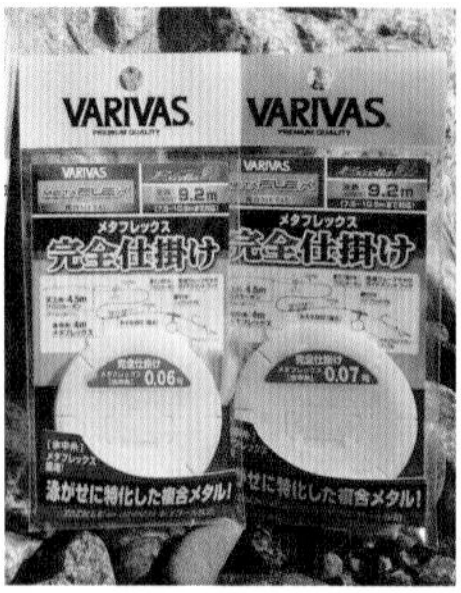

仕掛け
仕掛けは一式がそろった「完成仕掛け」が各社から発売されている。サオに取り付けたあとは天井イト部分で長さを調整する。水中イトの素材や太さには複数のタイプがあるので、釣具店のスタッフなどに相談しながら釣り場や釣れるアユの大きさに適したものを購入する

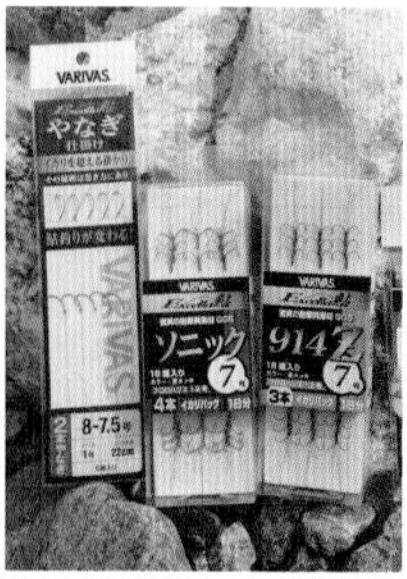

掛けバリ
主流は3本または4本のイカリタイプ(右)。その他に1本バリをつないだヤナギバリ(左)やチラシバリもある。友釣りはハリ先の鋭さが釣果に直結するので、釣りの途中で交換しながら1日で20本近くを使う

で一定の使いやすさがある。

ハナカン周りとはオトリを取り付ける部分のことで、ハナカン、中ハリス、逆バリの組み合わせになっており、釣りをする際は逆バリの自動ハリス止メの部分にハリス付きの掛けバリをセットする。掛けバリはシーズンを通じて主にイカリバリが使われるが、状況によっては1本バリを2本つなげた形のチラシやヤナギも使用される。ハリは釣れるアユの大きさや状態に合わせて大きさや形状を選ぶ。

仕掛けは釣具店でパーツを購入して自作するほか、すべてがそろった状態の「完成仕掛け」が販売されている。初めて友釣りをする場合は、完成仕掛けでまずやってみるとよい。

【オトリ】

オトリは川の近くのオトリ店で購入する。価格は1尾600円くらい。オトリは養殖のアユだが、川で釣られた「天然オトリ」が販売されている場合もある。慣れた人は釣り始めに2尾ほどを購入するが、入門者なら4～5尾買っておくほうがよい。

【その他の道具】

友釣りにはサオと仕掛け以外にも必要な道具がある。オト

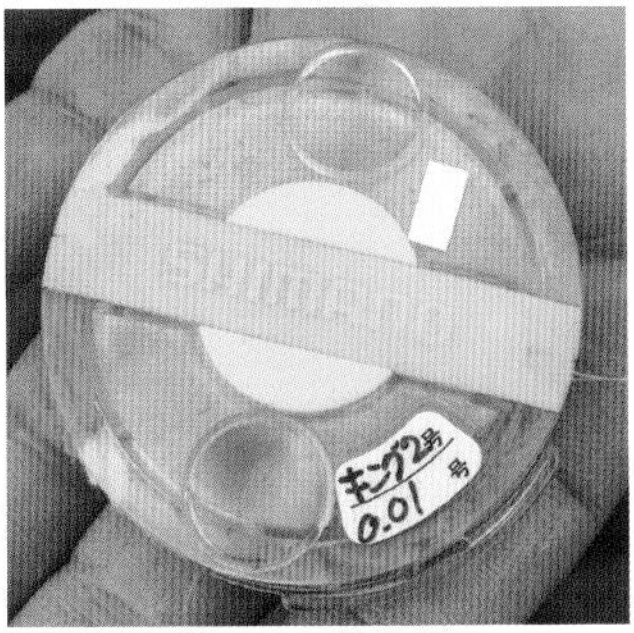

仕掛け巻き　友釣りの仕掛けは長いので仕掛け巻きに収納する。仕掛けを自作する場合も仕掛け巻きに巻いておき全長や水中イトの号数を記入しておく

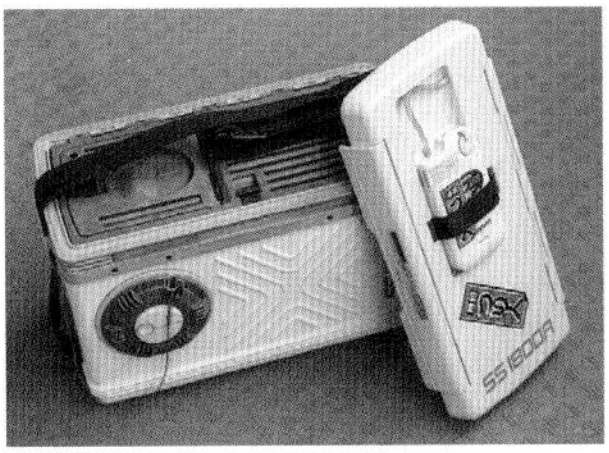

オトリ缶、エアポンプ
釣りの前後にアユを運搬するための容器。上蓋はエアポンプが取り付けられるようになっている。中蓋はスリットが入っており、上蓋を外したものは川の流れの中に沈めてアユを保管できる。エアポンプは予備の電池も必ず準備しておく

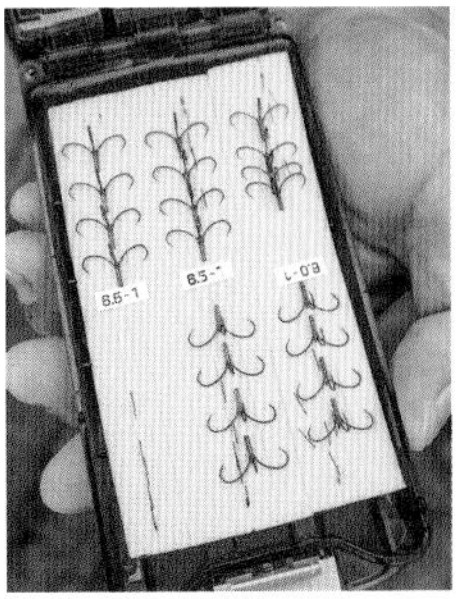

ハリケース　友釣り用のハリケースがあり、防水パッキンがされているので、市販品もここに移し変えておくと使い勝手がよい

アユベスト、アユタイツ、アユタビ、アユベルト、引き舟、タモ
頭部はキャップと偏光サングラス、上半身は速乾性のある長袖シャツとアユ釣り用ベストを着用し、下半身はアユタイツとアユタビを着用して、腰に付けたアユベルトにタモと引き舟を取り付けるのが友釣りの標準的なスタイル

その他のスタイル　釣り場によってはよりカジュアルなスタイルでも友釣りを楽しめる。上半身を軽快にして下半身は本格的なアユタイツを履くパターンや、速乾性のあるタイツ（レギンス）にショートパンツとアユタビの組み合わせでライトに装うパターンなど、釣り場に応じて柔軟に選べばよい

リ缶は購入したオトリを川に運ぶためのもの。釣り場では必要な数のオトリをオトリ缶から引き舟に移して持ち運ぶ。友釣り用のタモは他の釣り用のものよりも口径が大きく取られており、また網目も細かくなっていて、オトリアユの交換や仕掛けの着脱など、釣り中のさまざまな場面で使う。そして引き舟やタモの携行にはアユベルトが必要になる。

オトリ店の立地はさまざま。川沿いにないオトリ店の場合は井戸水を利用していたり山からの水でオトリを生かしている

遊漁券もオトリ店で購入。おすすめのポイントも忘れずに聞いておく

釣りを始めるまでの流れ

❶オトリ店でオトリを購入。釣り場へ移動する

❷オトリを水合わせして、着替えと支度を済ませる

❸オトリ缶から引き舟にオトリを移しポイントへ向かう

❹ポイントに着いたらサオを伸ばし仕掛けを張る

❺オトリにハナカンと掛けバリをセットして釣りを開始

【オトリを購入する】

友釣りの1日はオトリの購入から始まる。オトリ店は河川敷や川の近くにあり、オトリ店の駐車場に車を停めたらそのまま釣り場に入れる場合と、オトリ店から釣り場まで車で移動してから釣りを始める場合の両方がある。ここではオトリ店から釣り場まで移動する場合の流れを説明する。

オトリ店に着いたら、まずオトリ缶を用意してお店に入る。購入したいオトリの数をスタッフに伝え、遊漁券を購入する必要がある場合はあわせてお願いする。オトリは入門者なら4〜5尾買う。また、初めての釣り場の場合は、オトリ店に最新の釣果情報が集まっているので、おすすめのポイントや入川順路を詳しく教えてもらう。

オトリ缶に水を入れてもらったら、お店の水槽で飼われているオトリをスタッフが網ですくって数尾をタライなどに入れてくれるので、購入者はその中から好きなオトリを選んで自分のオトリ缶に入れる。

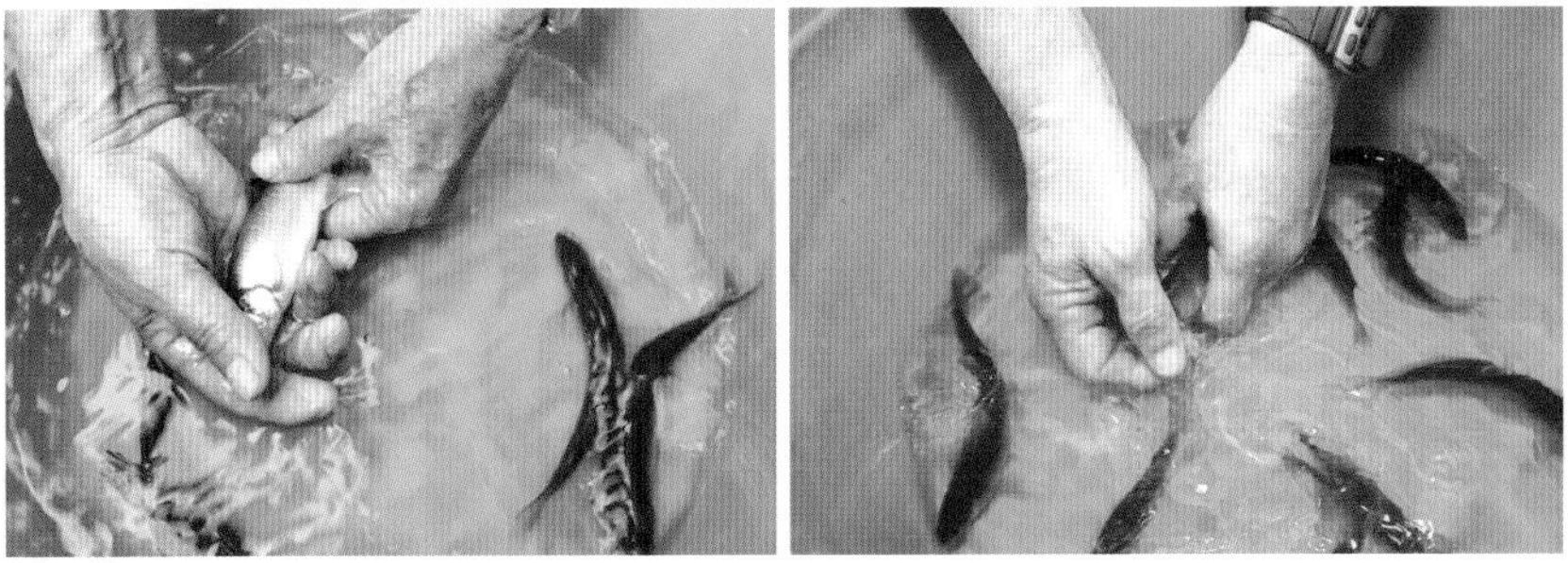

オトリの掴み方　タライに放されたオトリは勢いよく泳ぎまわる。最初は驚くがしばらくすると落ち着くので大きさや色をよく観察する。迷ったら「なるべく背中が黒く標準的な大きさ」のものをまず選ぶとよい。オトリは頭を隠すようにして両手で軟らかく握ると上手く捕まえられる。慣れてきたら目を隠すと大人しくなるので、そのままエラの状態などもチェックしてみる。この時は力を入れ過ぎないこと

月刊つり人
AIR PUMP 2300
Hapyson
YH-750
NO DAM!!
OGUNIGAWA

選んだオトリをオトリ缶に移したら、 中蓋と上蓋を閉めてすぐにエアポンプを稼働させる

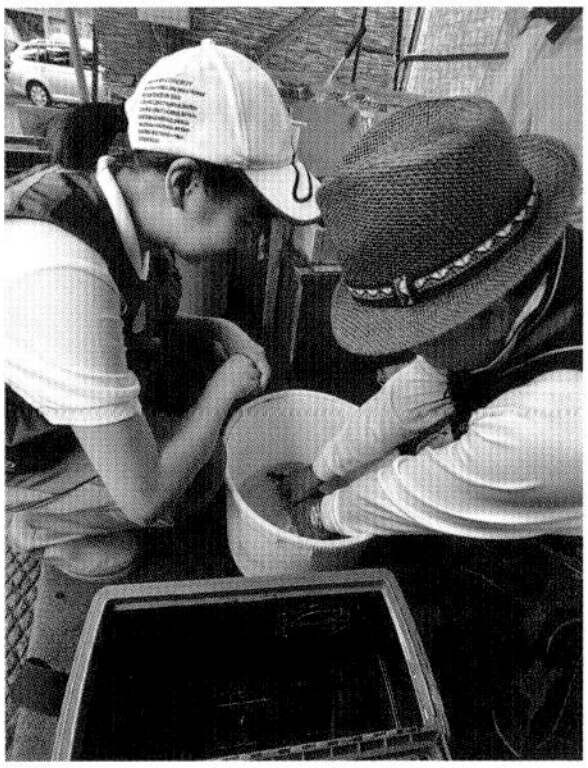

オトリはなるべく元気なものを選ぶ。迷ったらスタッフに選んでもらって構わないが、自分で選んでみるのがおすすめ。元気なオトリを選ぶ目安としては、「背中から見た時の色が濃い(黒い)もの」「鼻先が潰れたりヒレの付け根に血がにじんだりしていないもの」「極端に大きかったり小さかったりしないもの」などが基準になる。オトリ缶にオトリを入れたらエアポンプを稼働させ、購入後はなるべく余計な時間をかけずに川まで移動する。

オトリのチェックポイント

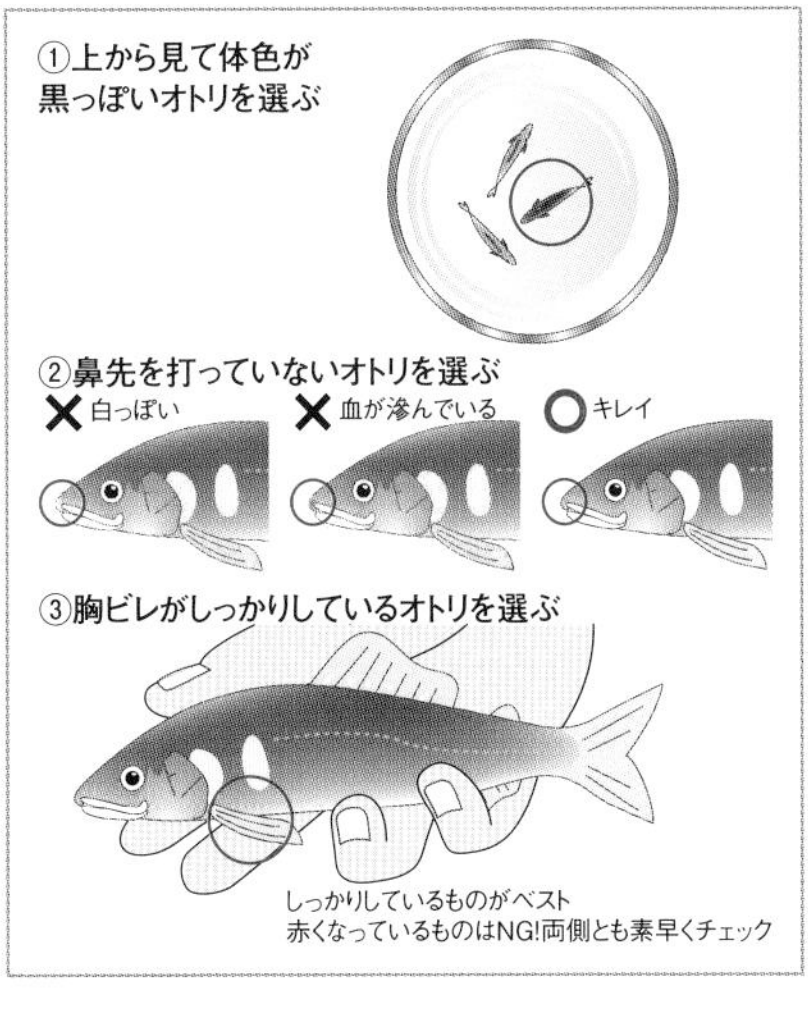
①上から見て体色が黒っぽいオトリを選ぶ
②鼻先を打っていないオトリを選ぶ
✕白っぽい
✕血が滲んでいる
○キレイ
③胸ビレがしっかりしているオトリを選ぶ
しっかりしているものがベスト
赤くなっているものはNG!両側とも素早くチェック

オトリ缶は全体を沈めて浮き上がらないように重しを乗せる。また、流されないように周囲も石で囲っておくとよい

水が満タンのオトリ缶はかなり重いので、車から川辺まで運ぶ時には中の水を1/3 程度に減らしてよい

オトリの水合わせ

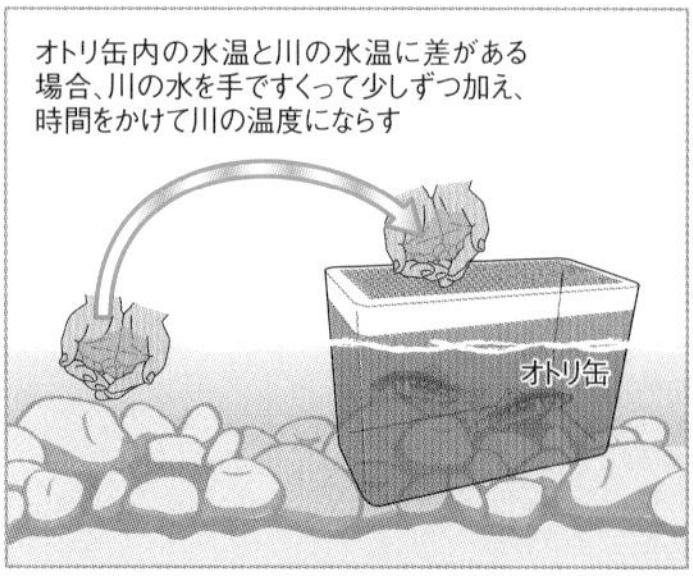
オトリ缶内の水温と川の水温に差がある場合、川の水を手ですくって少しずつ加え、時間をかけて川の温度にならす
オトリ缶

【オトリの水合わせ】

購入したオトリを持って川に到着したら、最初にオトリ缶を流れの中に浸ける。その際、特に梅雨明け以降の川の水温が高くなる時期であれば、必ず「水合わせ」を行なう。水合わせとはオトリ店の水槽と川との水温差でアユが急に弱らないようにするための作業。オトリ缶の隙間から川水を振りかけるように注いで、徐々にオトリ缶の中の水の温度を上げてやる。だいたい2～3分かけて行なえばよく、するとアユも川の水温に適応するので、そうしたらオトリ缶を川の中に沈める。

友釣りはオトリがいないと釣りにならないので、オトリのケアには常に気を遣う。実際には、着替えなどをする前にまずオトリのケアをし、水合わせまでを済ませたら、落ち着いて着替えと道具の準備をして、そのあとにオトリ缶から必要なオトリを引き舟に移し、サオをだす場所まで移動するとよい。

【オトリ缶の沈め方】

オトリ缶は全体が水面下に入るほどよい深さと流れのある岸際に沈める。オトリ缶を安定させるためにもしっかりとした石組のある場所を選び、砂地や泥底の場所はそれらが舞い上がって中のオトリにストレスを与えるので避ける。

オトリ缶はそのままでは浮き上がってしまうので、沈めたサオをだす場所まで持って行くオトリは引き舟に移す(写真は競技会時のものだがタライがオトリ缶になる)。引き舟は横にすると水が漏れるので、川の水を入れたうえで立てたものをオトリ缶の横に蓋を開けて置いておく

DAIWA

オトリ缶の扱い

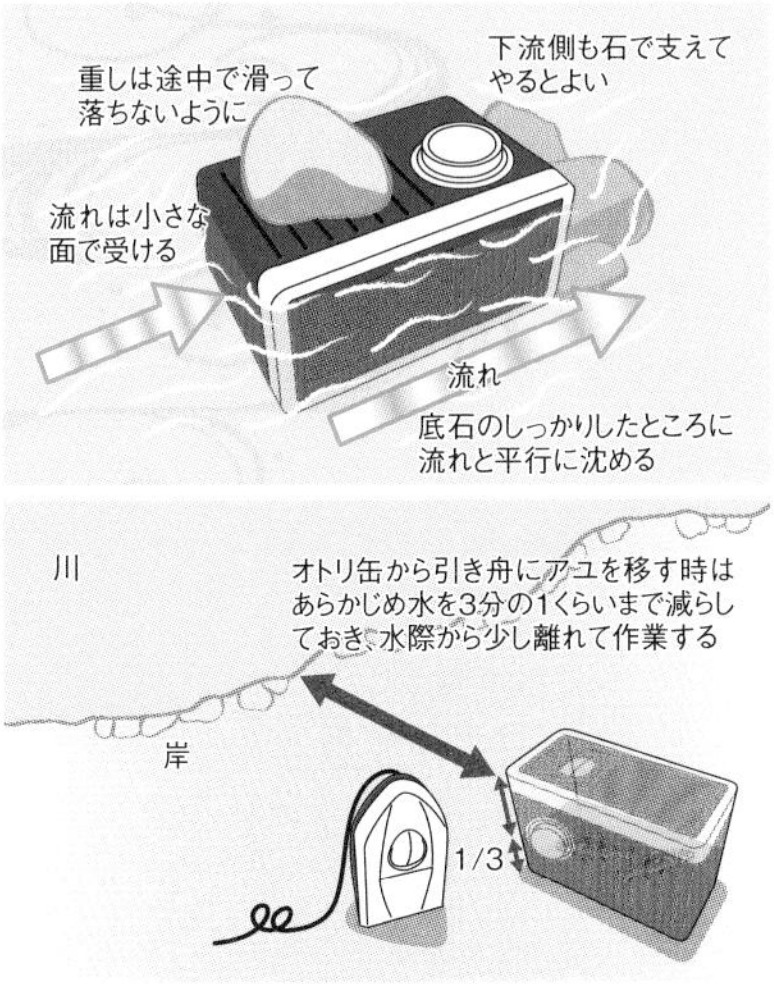
重しは途中で滑って
落ちないように
下流側も石で支えて
やるとよい
流れは小さな
面で受ける
流れ
底石のしっかりしたところに
流れと平行に沈める
川
オトリ缶から引き舟にアユを移す時は
あらかじめ水を3分の1くらいまで減らし
ておき、水際から少し離れて作業する
岸
1/3

サオをだす場所まで歩く時は、途中で何度か引き舟を川の流れに入れて中の水を入れ替える

あとは上に重しの石を乗せるが、オトリ缶の上は滑るので、この作業がスムーズにできるように石を詰めるネットなどをあらかじめ準備しておくと効率がよい。

　釣りを開始する時は、オトリ缶から必要な数のオトリを引き舟に移して持ち運び、それ以外はオトリ缶に残しておくことになるが、オトリ缶自体の盗難防止のため、エアポンプの付いた上蓋は近くに放置せずに車に戻しておくのがおすすめだ。

【引き舟にオトリを移す】

　オトリ缶から引き舟にオトリを移す際は、あらかじめオトリ缶の水を充分に抜いておく。具体的にはオトリ缶の高さの3分の1くらいまで水を減らしておき、アユが跳ねても外に飛び出ないようにしておく。また、水際ぎりぎりで作業すると万一の時にオトリが川に逃げてしまうので、慣れないうちは陸の上でこの作業を行なうほうがよい。ただし、慣れてくれば水際でオトリ缶からタモに一度アユを移し、そこから必要な分だけを引き舟に入れて、残りはオトリ缶に戻すといった作業もできるようになる。

目印は水面からやや上に出た状態のものが等間隔に並ぶように配置する。釣り方によっても適した位置は変わるので、ひとまず水深の1.5倍を目安に10㎝ずつくらい間隔を開けて並べ、水面からあまり遠い場合には下げるなど釣りながら調整する

仕掛けはハナカンがサオ尻の位置に来る長さが扱いやすい

仕掛けを張る際はタモが作業場になる。タモを腰の前に差したら、その中に仕掛け巻きを入れ、穂先に仕掛けを繋いだら徐々に節を伸ばしていく

【サオを伸ばし仕掛けを張る】

サオをだす場所まで移動したら、サオを伸ばして仕掛けを張る。その際、引き舟は岸際の流れの中に浸けておき、アユベルトから一度外して置いておくほうが、あとで仕掛けの全長を調整する必要が生じた時なども作業がしやすい。ただし、引き舟が知らない間に流されたりしないようにしっかり固定しておく。

サオを伸ばして仕掛けを張る際は、タモを作業台として使う。まずタモを身体の前側に持ってきて、その中に仕掛けがセットされた仕掛け巻きを入れる。仕掛け巻きにカバーなどの余計なものが付いていれば、あらかじめ外しておき、すぐに仕掛けが伸ばせる状態にしておく。

次にサオから穂先を出す。サオは脇に挟んでしっかり保持し、キャップを外したら紛失しないようにすぐにポケットにしまい、サオの口の部分を手で覆ったら、前に傾けながら軽く揺すって穂先を出す。穂先が出てきたら元に戻らないようにサオを水平にしつつ、仕掛けの上端を穂先に接続する。そのあとは、一節ずつサオを伸ばしていき、その動きに合わせて仕掛けも伸ばしていく。タモの中の仕掛け巻きがくるくると回ることで、サオが伸びるのに合わせて仕掛けが送り出される。なお、一連の作業は川を向いて行なう。

長く伸ばしたサオは肩に担ぐように保持する。一度やってみれば難しいことはない。さらに仕掛けは手で持つ必要がある時を除いて、中ハリスの部分を口にくわえて保持するようにする。それにより両手がいつでも自由に使え

仕掛けの全長の調整はクッションになる草が生えている場所を捜して川岸にサオを置いて作業するのが基本だが、サオをまっすぐ下流に流した状態でやる方法もある。ただし、流れの中に立って細いサオ先を手で支える形になるので無理はしないこと

友釣りの基本の所作。伸ばしたサオは肩に担いで腕を上から被せて保持する。そして仕掛けはハナカンの下の中ハリスを口にくわえ、両手がいつでも自由に使えるようにしておく

るようにすることで、長いサオと仕掛けをトラブルなく扱えるようになる。

【サオを伸ばす時のコツ】

サオの節を伸ばす時は、そのつど接続部分を軽くひねって「キュッ」という感触を得られる程度に固定する。強い力で無理に引っ張るのはよくないが、緩すぎるとあとで節落ちの原因になり、勢いよく下に落ちた節の口が下の節にぶつかって破損するなどトラブルの原因になる。サオと仕掛けをすべて伸ばしたら、最後にオトリのアユにセットすれば準備完了だが、初めての仕掛けを張る場合、実際には仕掛けの全長と目印の位置の調整も必要になる。

仕掛けの全長はハナカンがサオ尻に来る長さに調整する。長すぎても掛かったアユが手もとに寄せられず、短すぎても仕掛けが突っ張ってしまいオトリの操作や取り込みが上手くできない。また、目印はオトリのアユを泳がせている状態で、水面から少し上に出る程度の位置にする必要がある。

これらの調整をする場合、1つは草などのクッションがあれば、川原にサオを寝かせて行なう方法がある。ただし、アユザオは傷が入ると折れてしまうので、くれぐれも途中でサオが転がってしまったりしないように細心の注意を払って作業する。もう1つは浅瀬に立って流れにサオを乗せる方法があるが、慣れればスペースがない時も応用が利く一方、流れの中に立って作業をすることになるので、入門者であればまずは川原にサオを置ける場所を捜して作業をするほうがよい。

仕掛けを張り終えれば釣りの準備はほぼ完了。あとはオトリをセットすれば流れの中にいる野アユをねらえる

オトリをセットする際はなるべくオトリを水に浸けた状態で作業できるとよいが、逆バリを打つ時などは微妙な刺し加減が必要なので、よく見える状態でしっかり刺したうえでなるべく早く水の中に戻してやればよい

【オトリにハナカンを通す】

サオを伸ばし仕掛けを張ったら、オトリをセットして釣りを始める。オトリをセットする際は、あらかじめ逆バリに掛けバリも取り付けておく。そして、慣れないうちはハナカンを通すところまではすべてタモの中で作業する。

最初に引き舟からオトリをタモに移す。この時は引き舟をタモの中に入れて作業する。引き舟の中のオトリをすべて一度タモに移して、その中から元気なものを残し、あとは引き舟に戻すというやり方が標準的だが、いずれにしても使うオトリを選んだあとは、流れに戻す引き舟の蓋のロックを忘れずに掛けておく。ロックを忘れると引き舟が石にぶつかった衝撃などで蓋が開いてしまうことがあるためだ。

オトリにハナカンを通す時は、利き手でハナカンをしっかり保持し、もう片方の手でオトリの頭を掴む。この時は、逆バリと掛けバリがタモの網目に引っ掛からないように、2つのハリはあらかじめハナカンを持つ手の内側に引っ掛けておく(P69のイラスト参照)。

ハナカンを通すコツは「真っすぐ押す」こと。ハナカンを通す作業は手前からでも向こう側からでも構わないが、多くの人は手前から押すほうが直線的に押しやすい。手順はアユの鼻の穴の位置を確認したら、ハナカンの先を手前の鼻に合わ

オトリのセット①

①タモを腰の前に差してしゃがんだら、オトリを引き舟からタモに移す

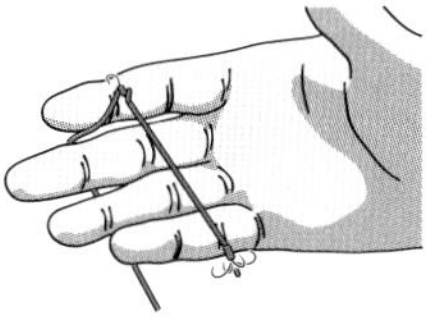
②網にハリを引っ掛けないようにするため、掛けバリを小指に、逆バリを人差し指に引っ掛けて手の裏側に中ハリスを折り返す

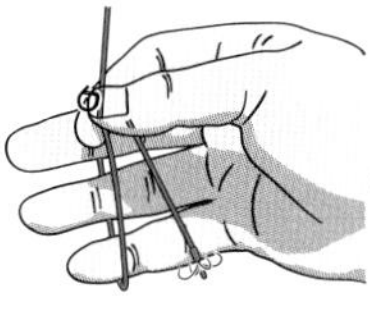
③折り返した中ハリスを再び手前に持ってきて、ハナカンを持つ

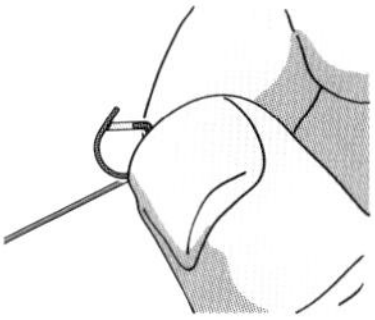
④ハナカンはこのように持つと、通しやすい

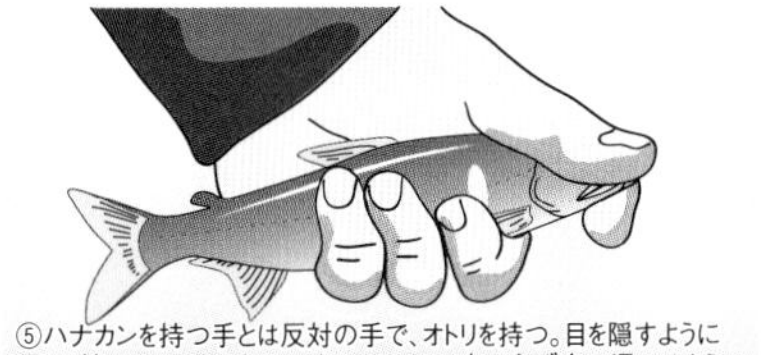
⑤ハナカンを持つ手とは反対の手で、オトリを持つ。目を隠すように優しく持ってやるのがコツ。オトリはタモの中で必ず水に浸かるようにする

⑥手前からハナカンの突起をオトリの鼻に真っすぐに刺すと、簡単に装着できる

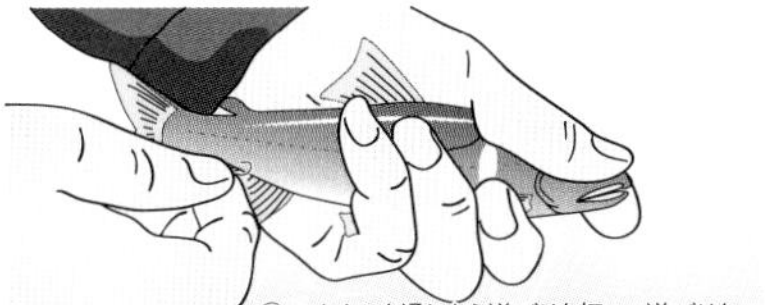
⑦ハナカンを通したら逆バリを打つ。逆バリを刺す時はオトリをタモの外に出して行なうと網にハリが絡まったりせずトラブルが少ない

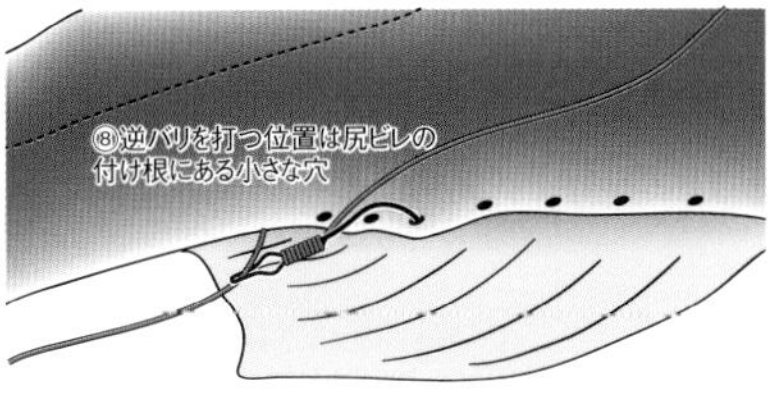
⑧逆バリを打つ位置は尻ビレの付け根にある小さな穴

せ、ほんのわずかに穴の中に入った感触を得たところで、そのまま反対側の穴に向けて押し込む。ハナカンが丸いのですくうように動かしがちだが、ここで「真っすぐ」に押すことがコツになる。あとは多少の抵抗があってもそのまま躊躇せずに押し込む。

途中で引っ掛かって上手く通らない時は、ほとんどがハナカンを保持する力が弱く、ハナカンが微妙にぐらついたうえで、押し込む軌道もすくうようになっていることが多い。とはいえ一度できればコツはすぐに掴める。

【尻ビレに逆バリを打つ】

ハナカンが通って逃げられる心配がなくなったら、オトリを速やかにタモの外に出す。そして最後に尻ビレの付け根に逆バリを打つ作業をすればオトリのセットが完了する。この作業をタモの外で行なうのは、流れの中に早く入れてやることで少しでもオトリが弱るのを防ぐ意味もある。

逆バリはオトリの尻ビレの付け根に刺す。逆バリは野アユがアタックしてきた時にはフッキングの支点となるように尻ビレに付いている必要があるが、ひとたび野アユが掛かったら、今度は2尾のアユが絡んで大きな抵抗にならないように尻ビレから外れる必要がある。そのためハリを身に深く刺し

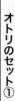

オトリのセット②(写真)

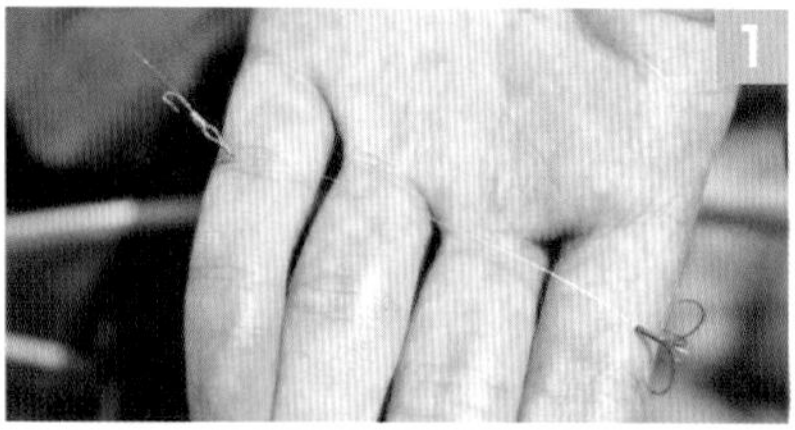

逆バリに掛けバリをセットしておく。掛けバリのハリスの長さは指3～4本(5～6㎝)がひとまずの目安。最終的に尾ビレから指1本分くらいの位置にハリが出ている状態にする(イラスト参照)

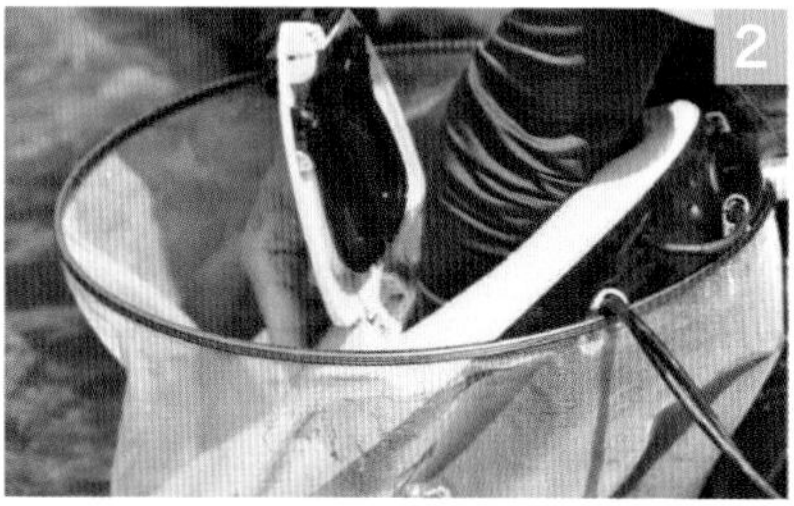

オトリアユを引き舟からタモに移す。この時は引き舟をタモの中へ入れて作業をするよい。オトリを選んだら引き舟はタモの外に出す

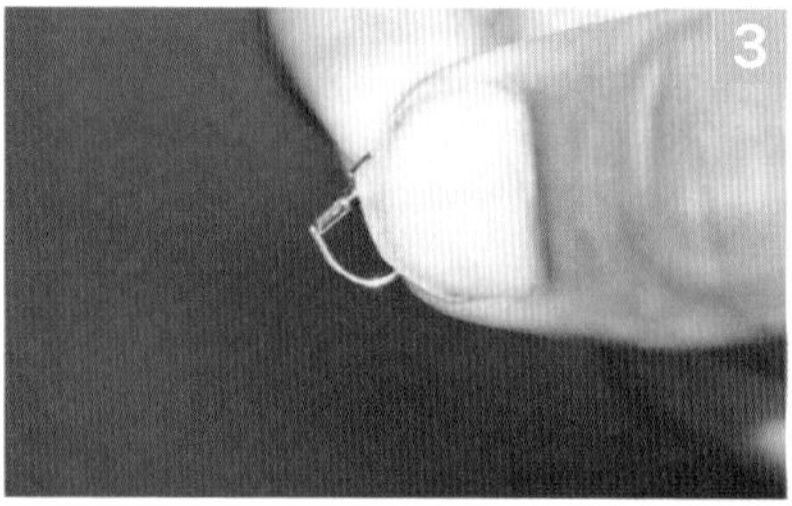

ハナカンはぶれないように利き手の指先でしっかり掴む。掴む位置は差し口の対角線上にあるU字の部分で、指先で先端を隠さないようにする

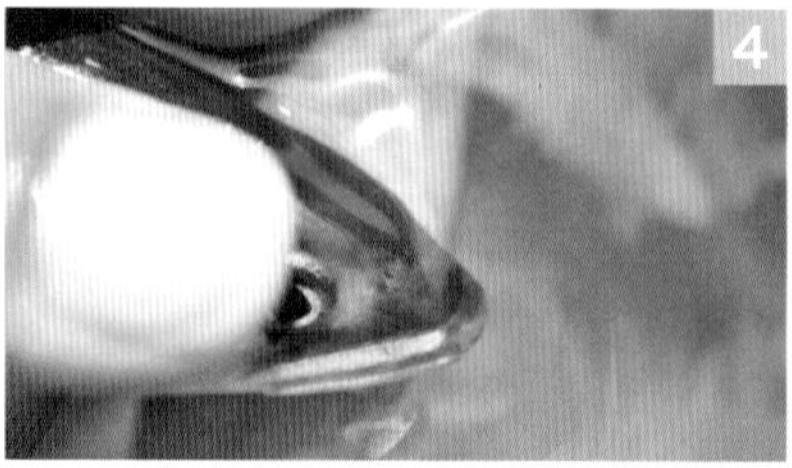

反対の手でオトリの頭を押さえる。この時は親指と人差し指でアユの頭と目を覆いつつ、アユの胸ビレを前後から他の指で挟むようにするとアユが落ち着く

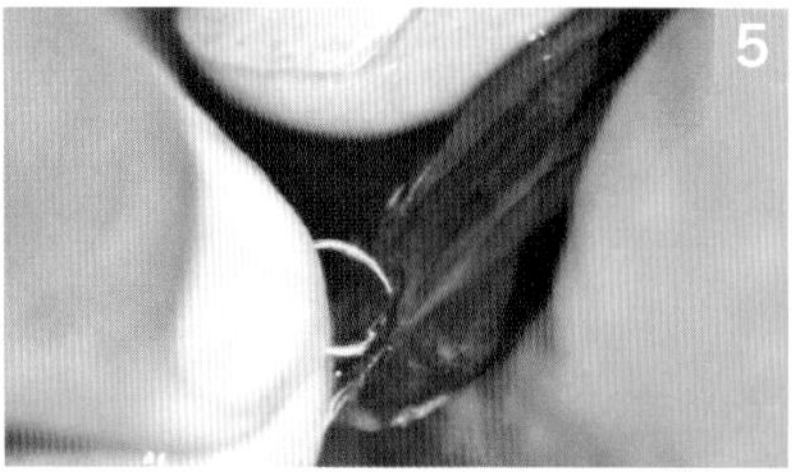

アユの鼻に手前からハナカンの先を当てたら、そのまま鼻に通す。この時はハナカンの湾曲は気にせず、手前から奥に真っすぐ押し通すようにする

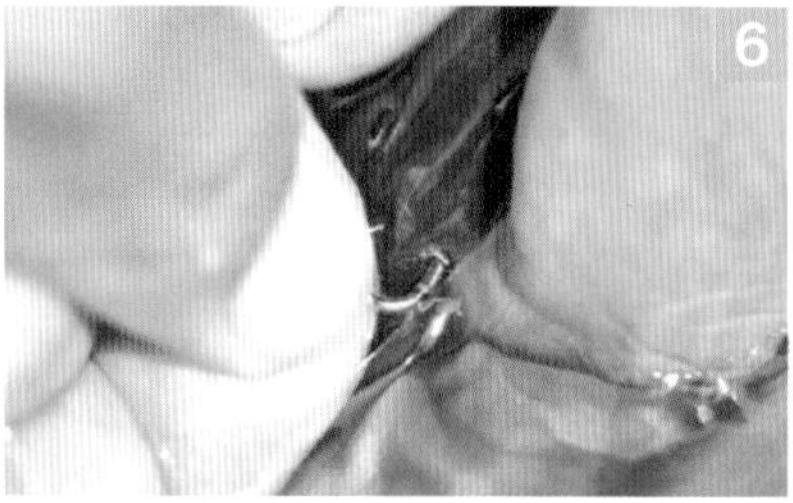

ハナカンが完全に通ったらオトリをタモの外に出し、残りの作業をタモの外で行なう

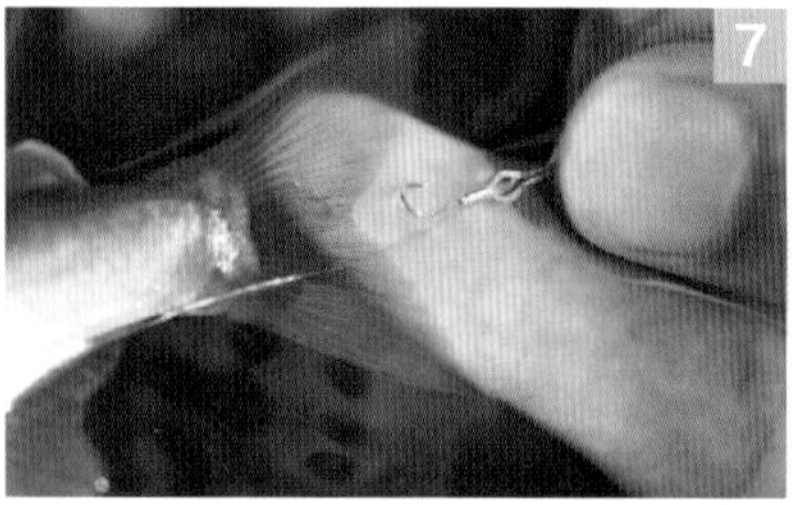

逆バリはカエシのないスレバリ。逆バリを打つ場所は尻ビレの付け根の穴が基準になる

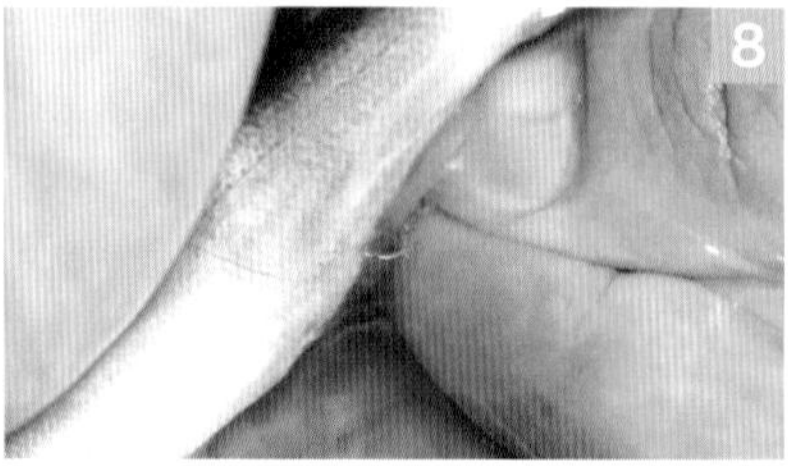

オトリが泳いでいる間は外れず、野アユが掛かったら外れるように刺す

ハナカン周りと掛けバリのセッティング

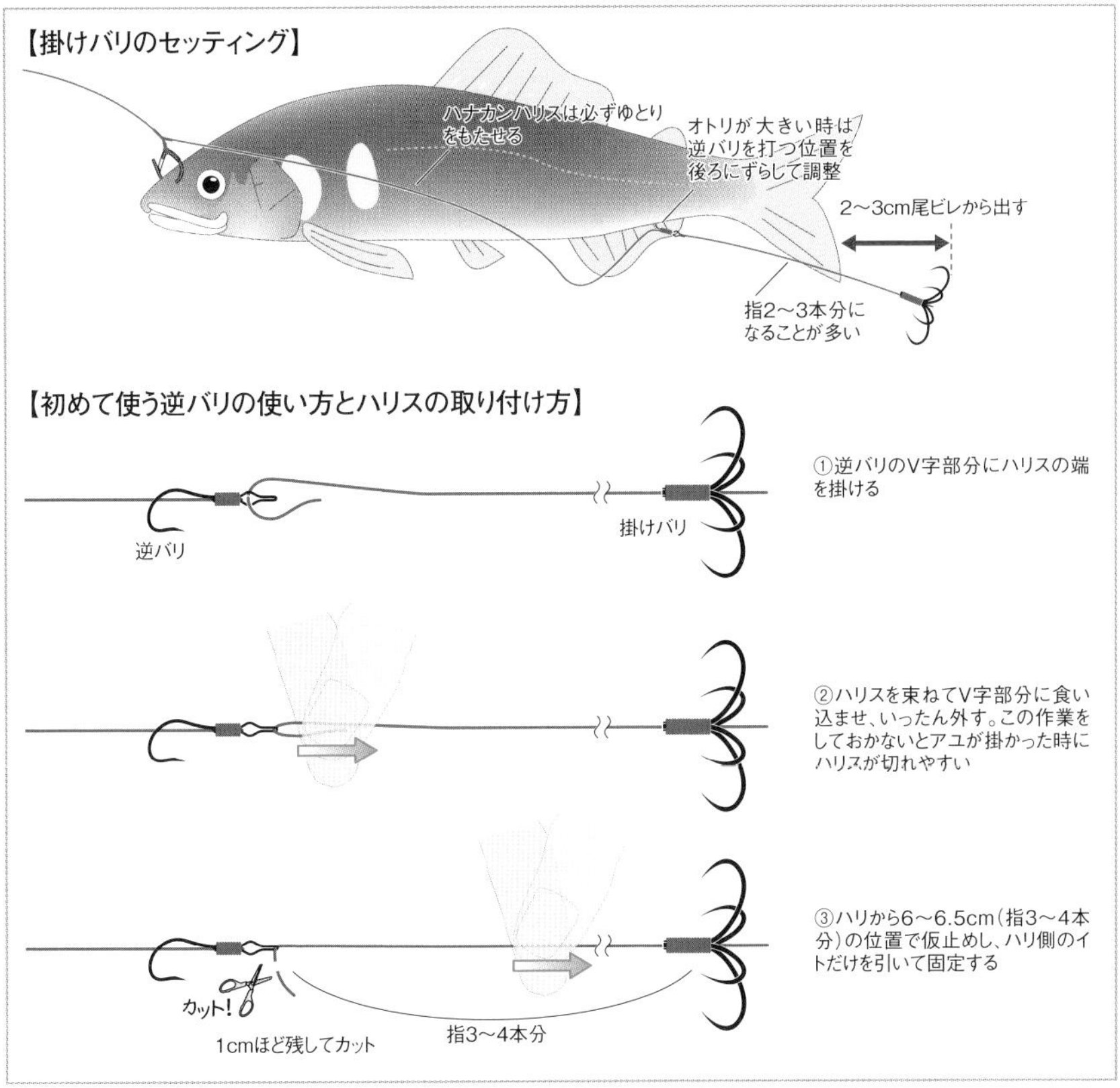
【掛けバリのセッティング】
ハナカンハリスは必ずゆとりをもたせる
オトリが大きい時は逆バリを打つ位置を後ろにずらして調整
2〜3cm尾ビレから出す
指2〜3本分になることが多い
【初めて使う逆バリの使い方とハリスの取り付け方】
①逆バリのV字部分にハリスの端を掛ける
逆バリ
掛けバリ
②ハリスを束ねてV字部分に食い込ませ、いったん外す。この作業をしておかないとアユが掛かった時にハリスが切れやすい
③ハリから6〜6.5cm（指3〜4本分）の位置で仮止めし、ハリ側のイトだけを引いて固定する
カット！
1cmほど残してカット
指3〜4本分

過ぎて全く外れないのはよくない。尻ビレのすぐ上の皮をすくうように刺す「皮打ち」などの手法もあるが、尻ビレにある小さな穴に通すように刺すと失敗が少ない。

そのうえで、掛けバリはオトリの尾から2〜3㎝（指1本分）ほどの場所にセットされる状態が標準。そのバランスになるように掛けバリのハリスの長さもあらかじめ調整しておく。この時はハリスの長さについて「指3本」といったように自分の中で最初の基準を決めておき、途中で短すぎると思えば、指4本にするなど釣りをしながら調整する。また、逆バリをオトリの尻ビレに刺す時は、一度刺した場所に刺し直すと緩んで取れてしまうので、少しずらして刺すようにする。

最初はあまり深すぎないポイントを選んでオトリを泳がせる感覚をつかむ。川底の石が見えるくらいの場所からスタートするとよい

【オトリを泳がせる】

ハナカン周りにオトリが付いたら、川に放って釣りを始める。オトリを送り出す時は、腰を下ろして手でしっかりオトリを川底まで沈め、そのままやさしく流れに放す。そしてオトリが沖に向けて泳いで行ったら、その動きに合わせてゆっくり立ち上がり、少しずつサオを立てていく。目印はこの状態で水面から少し上に並ぶようにしておく。

サオは下流側の手でサオ尻、上流側の手でサオ尻から肩幅分くらい上を軽く持ち、オトリアユは自分の正面くらいに来るようにして、やや上流側に傾ける。この状態を「上(かみ)ザオ」といい、あとは仕掛けを「張り過ぎず、緩め過ぎず」の状態に維持して、オトリが流れの中で尾を振り泳いでいる状態をキープする。

オトリが上流や下流に泳いで移動する場合は、その動きに合わせて自分も移動し、オトリが自分の正面あたりにいる位置関係を保つ。オトリは何のテンションも感じない、ただ仕掛けが緩んだ状態になると、川底に張り付くように休んでしまう。この状態になるとオトリがいても野アユを刺激しない。

そこで、川の中に見える石の周りや、周囲よりも少し深いところなど、野アユがいそうな場所にオトリが入ったら、たまに仕掛けの先にオトリが付いているのを感じ取るように、

基本のサオ角度

30度

オトリを泳がせている間は上ザオに構えて水面との角度は30度ほどに保つ。サオを寝かせすぎるとオトリに負荷が掛からず休んでしまい、立てすぎると川底から浮き上がるのでほどよい加減を捜す

オトリの送り出しと沈め方

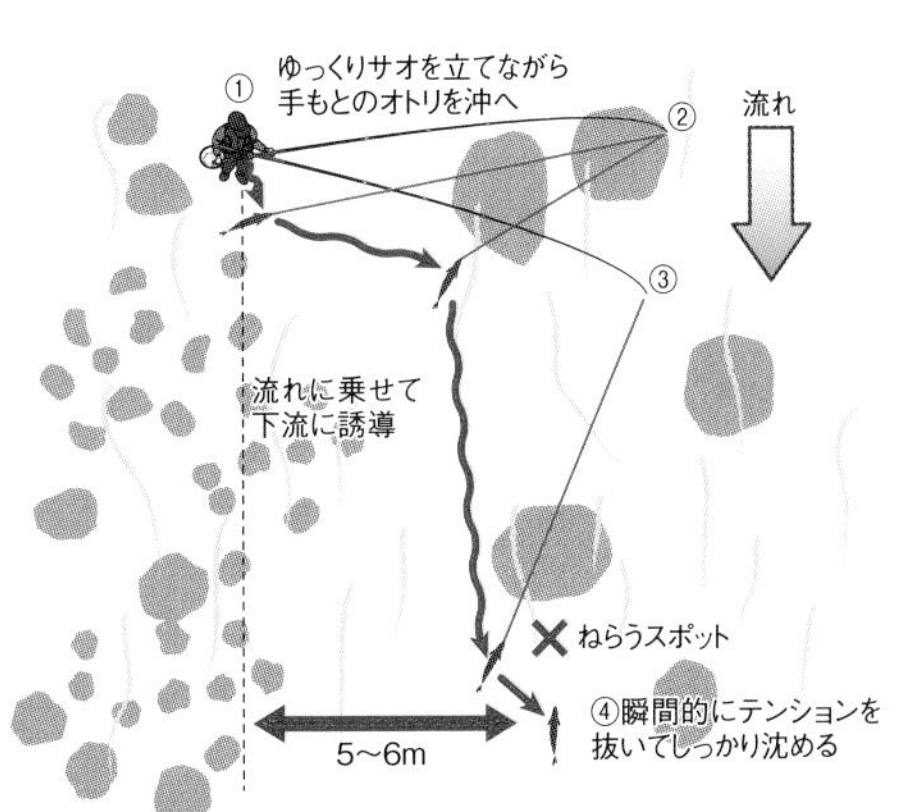
①
ゆっくりサオを立てながら
手もとのオトリを沖へ
②
③
流れ
流れに乗せて
下流に誘導
ねらうスポット
④瞬間的にテンションを
抜いてしっかり沈める
5〜6m

①ねらうスポットが5〜6m前方のやや下流に来るように立ち位置を決める
②座った状態で水中にオトリを送り出し、オトリが沖に出て行くのに合わせてゆっくり立ち上がりながら、正面前方45度の角度に手とサオを伸ばす
③オトリが流れに乗って下り始めたら、イトを張らず緩めずの状態でサオ先を下流に向けてオトリを沈めたい位置まで誘導する。慣れてきたらイトを少し強めに張ってオトリを意図的に表層の速い流れに乗せてしまい、そのまま下流のねらったポイントに送ってもよい
④オトリがねらった位置に来たら、サオ先を20〜30cm下げてイトを緩めるとオトリは流れの中に潜ろうとするので、その動きを利用して1〜2秒サオを下げたらふたたびイトを張る。なおオトリをサオで引いて上流に移動させる時は、オトリが浮かないようにサオを寝かせる

ゆっくりハナカンを持ち上げて、オトリが「イヤイヤ」をする感触を確かめてみる。そしてイヤイヤをする感触がわかったら、オトリが浮き上がり過ぎないうちに一度テンションを抜き、また仕掛けを「張り過ぎず、緩め過ぎず」の状態に戻す。この操作を継続して、オトリが水中で尾ビレを振りながら川底付近を動く状態をキープしていると、ナワバリに入ってきたオトリを侵入者だと感じ取った野アユが体当たりをしてくる。

【オトリは川底にキープ】

なお、野アユは中層に浮いてしまっている状態のオトリに対しては全くといってよいほど反応しない。そのためアユの友釣りでは、どんな時でもオトリのアユは川底にしっかり入っている必要がある。そして、ナワバリを持った野アユがいて、そこにオトリが入った場合、何の反応も得られないということはほとんどない。

オトリが浮いてしまっておらず、トラブルなく泳いでいると感じられても全くアタリがない時は、ねらうポイントをこまめに変えていき、広範囲にオトリを入れるようにしたほうが釣れる確率が上がる。具体的には1ヵ所で2〜3分以上アタリがなければ、サオで少し引っ張って上流のポイント(他の石の周りなど)に移動させて次のアタリを待つか、逆に少

まずはオトリを川底の流れにしっかり入れる。そして仕掛けを緩め過ぎない状態でアタリを待ち、野アユの居場所にオトリが入れば目印がビュンと動いてアタリを得られる

し持ち上げて一度オトリを水面近くまで浮かべ、オトリが流れに乗って下流に移動したところで、ふたたび沈めて下流のポイントをねらう。

こうしたアプローチを「引き釣り泳がせ」といい、まずは膝上くらいまでの水深で比較的穏やかな平瀬などのポイントを選び、この釣り方をやってみるとよい。なお、オトリを下流に移動させる時は、仕掛けを緩め過ぎていると膨らんだイトにハリが絡まるトラブルが起きやすいので、途中でイトを緩め過ぎないように注意する。

友釣りの楽しさは他に多くの釣りがある中でも類がない。そしてやってみると誰でも上達できる

最後は掛かりアユ(野アユ)のほうをよく見てタモに迎え入れる

アユを引き抜く時は2尾のアユをいっぺんに抜くのではなく、まずオトリを水面から出し、掛かりアユが水面直下まで浮いたところで、余計な反動を付けずにまっすぐ引き抜く

【アタリと取り込み】

アタリはオトリの動きに合わせて定点で上下していた目印が、スッと左右に動いたり、上流や下流に急に大きく走ったりすることで目でわかる。すぐに掛からなくても、そうした「オトリが追われた気配」を感じた場合は、そのままオトリを留めておくと掛かるケースが多い。ただし、最初の気配だけで何も起きない時は、逆バリが外れてしまっているケースが多いので、一度オトリを回収して逆バリを付け直す。

野アユが掛かったら、上流側にサオを寝かせ、サオを曲げてアユの重さを受け止める。掛かったアユを焦って水面から出す必要はなく、逆に早く浮かせすぎると表層の強い流れに乗って取り込みにくくなる。最後はアユを岸際に引き寄せ、軽く引き抜いてタモですくうか、アユのサイズが大きく水面から出せない場合は、サオを肩に担ぎ、なるべくアユに近い場所のイトを手でつまんで、オトリアユと野アユの両方をそのままタモの中に吊るし込む。

流れの強い瀬は手つかずの場所にフレッシュな野アユが付いている可能性が高い。ただし最初は経験者に同伴してもらい、無理に川に立ち込むことはくれぐれも避ける

【瀬釣りで良型をねらう】

流れが穏やかなポイントでの釣りに慣れてきたら、より広い場所での「瀬釣り」に挑戦すると釣果が伸ばせる。その際は、アユタイツなど流れの中に安全に立ち込めるウエアを着用するのが大前提。また、仕掛けもナイロンなど浮力があるタイプの水中イトではなく、速い流れにもなじませやすい複合メタルなどを使う。なお、瀬釣りには「背バリ」や「オモリ」といった、オトリのアユを流れの中になじませやすくする補助パーツを仕掛けに入れて使う方法があるが、それらを使わないノーマル仕掛けでも釣りはできる。ただし、養殖オトリと野アユでは流れに対する強さが全く違うので、まずは養殖オトリで釣りやすい流れの緩やかな場所で野アユを確保し、その野アユを使って流れの強い瀬をねらうようにする。

瀬釣りをする時は、波を基準にポイントを捜す。底に大きな石が沈んでいる場所は波立ちが大きくなり、一見すると流れが強すぎると感じるような場所でも、川底では大小の石が複雑に入り組んでいるため、実際には水流が落ち着いている。ねらうのはそうした石の周辺。ねらう場所が決まったら、波が連なる場所の斜め上流に立つ。

オトリを下流に送り込む時は、サオを立てて魚体がちらちらと水面下に見えるくらいのテンションでオトリを滑らせ、

瀬で掛かった野アユはスムーズに強い流れに馴染む。さらによく釣れる好循環を味わいたい

風が強い時の作業方法

川幅が広いポイントではサオのグリップを脇に挟み、穂先を下流に流すことでオトリ交換などの作業を楽に行なえる

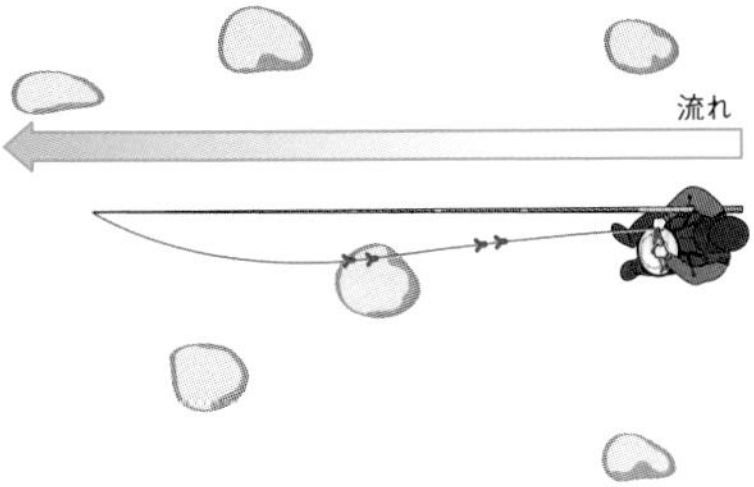

瀬釣りの時のオトリの動き

上ザオから下ザオにかけてオトリの動きが変化する

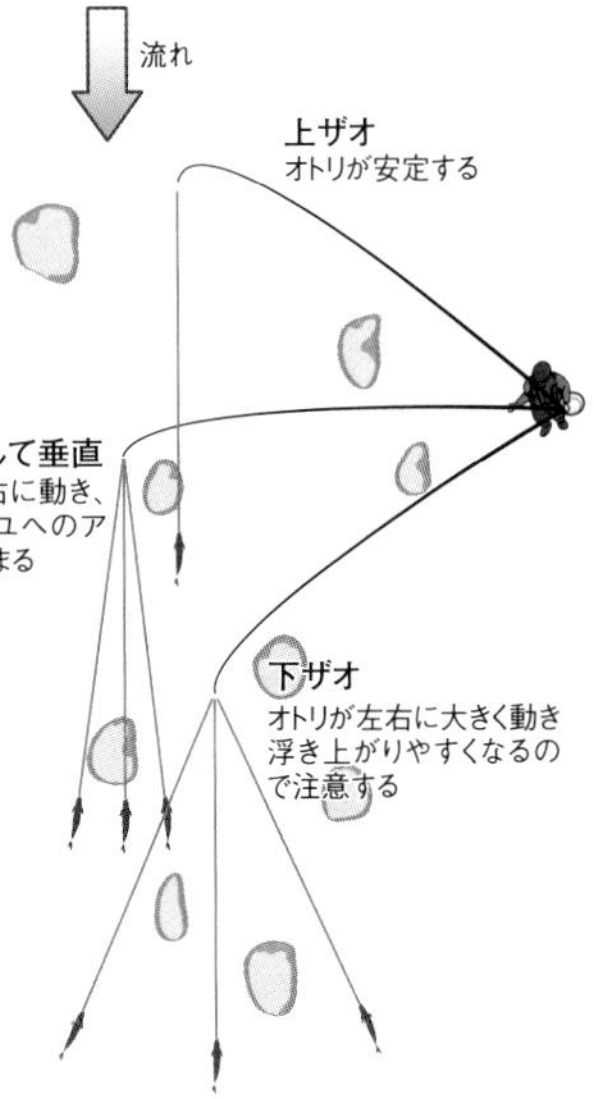
流れに対して垂直
オトリが左右に動き、ナワバリアユへのアピールが強まる

流れに乗せてオトリをポイントに誘導する。目ぼしいポイントにオトリが到達したらサオを上流側に寝かせ、わずかにテンションを抜いてオトリを沈める。周囲の流れが強いというだけで、基本のアプローチは引き釣り泳がせの時と変わらない。

そのうえで、瀬釣りも1つの石の前後左右を丁寧に釣るようにし、釣りながら一歩前、後ろ、下流、上流と自分の足も動かしながら、オトリに石の周りをこまめに移動させる。そして1つの石の周りで反応がなかったら、サオを使って、オトリをじわじわと上流へ引き上げる。その際は、強いテンションを掛けっぱなしの状態だとオトリが浮き上がってしまうので、オトリになるべく尾を振らせることも含めて、張らず緩めずのテンションでオトリ自身の泳ぐ力も利用しながら引き上げるようにする。一通り探って反応がなければ、瀬を数歩下って次の石をねらう。瀬の中のアユは活性が高いため、手つかずのポイントにオトリが入るとアタリは明確に出る。

強い流れの中で野アユが掛かったら、まずはサオをすぐに上流側に倒し、さらにサオがのされないようにしっかり曲げられる位置まで自分も流れを数歩下る。その後は基本の取り込みと同じように魚を川岸に寄せ、オトリに続いて掛かったアユが水面を割ったところで、サオの弾力を利用して上流側に抜き上げタモで受け止める。

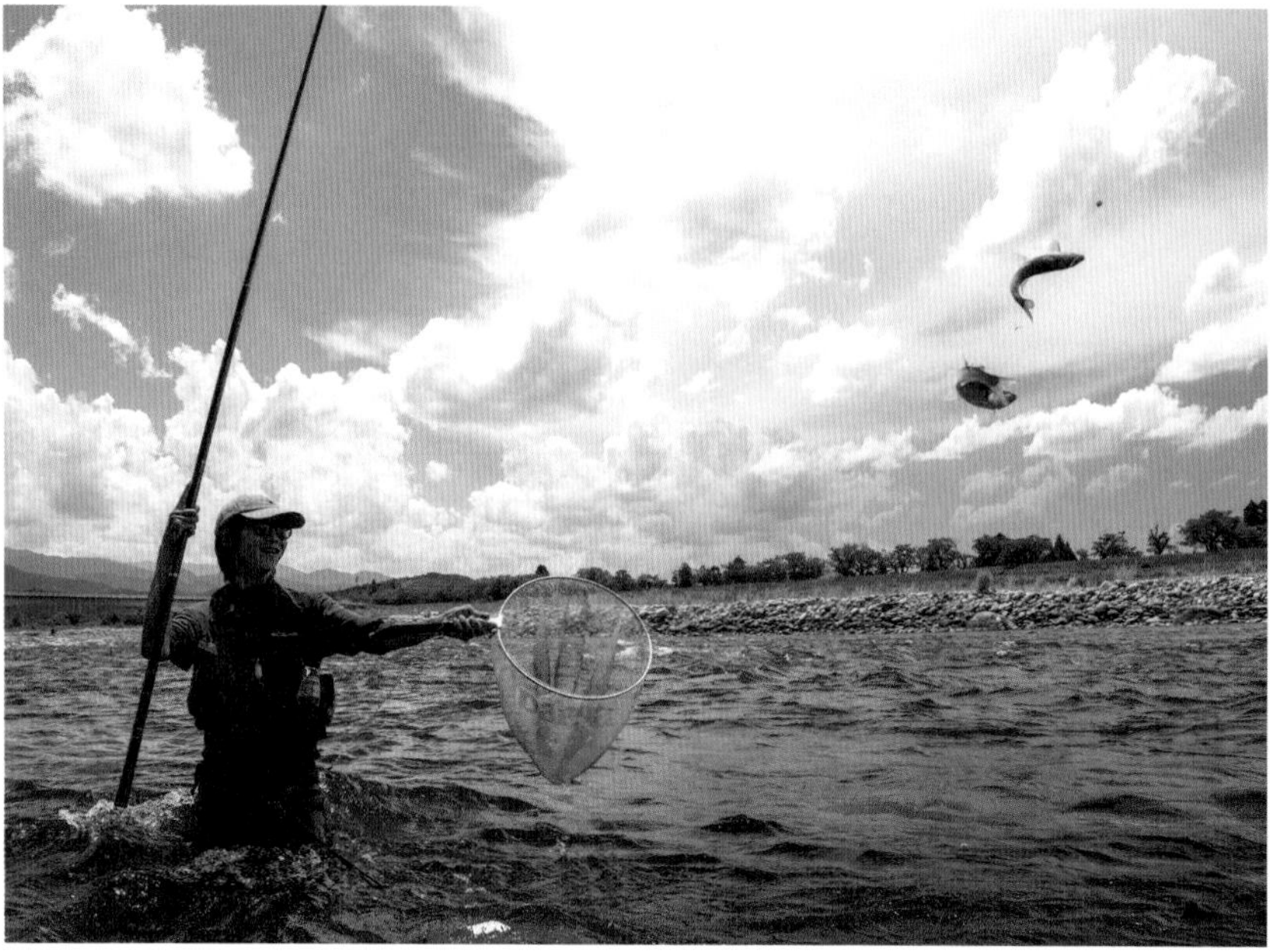

瀬釣りはナワバリを持った真っ黄色の野アユが入れ掛かりになることもある

瀬釣り全般のコツは、オトリを操作するイトのテンションを抜きすぎないことだ。強い瀬でイトを緩め過ぎると、オトリが石の裏に突っ込んで動かなくなったり、掛けバリがハナカン周りや水中イトに絡まるなどのトラブルの原因になる。

掛かったアユの誘導法

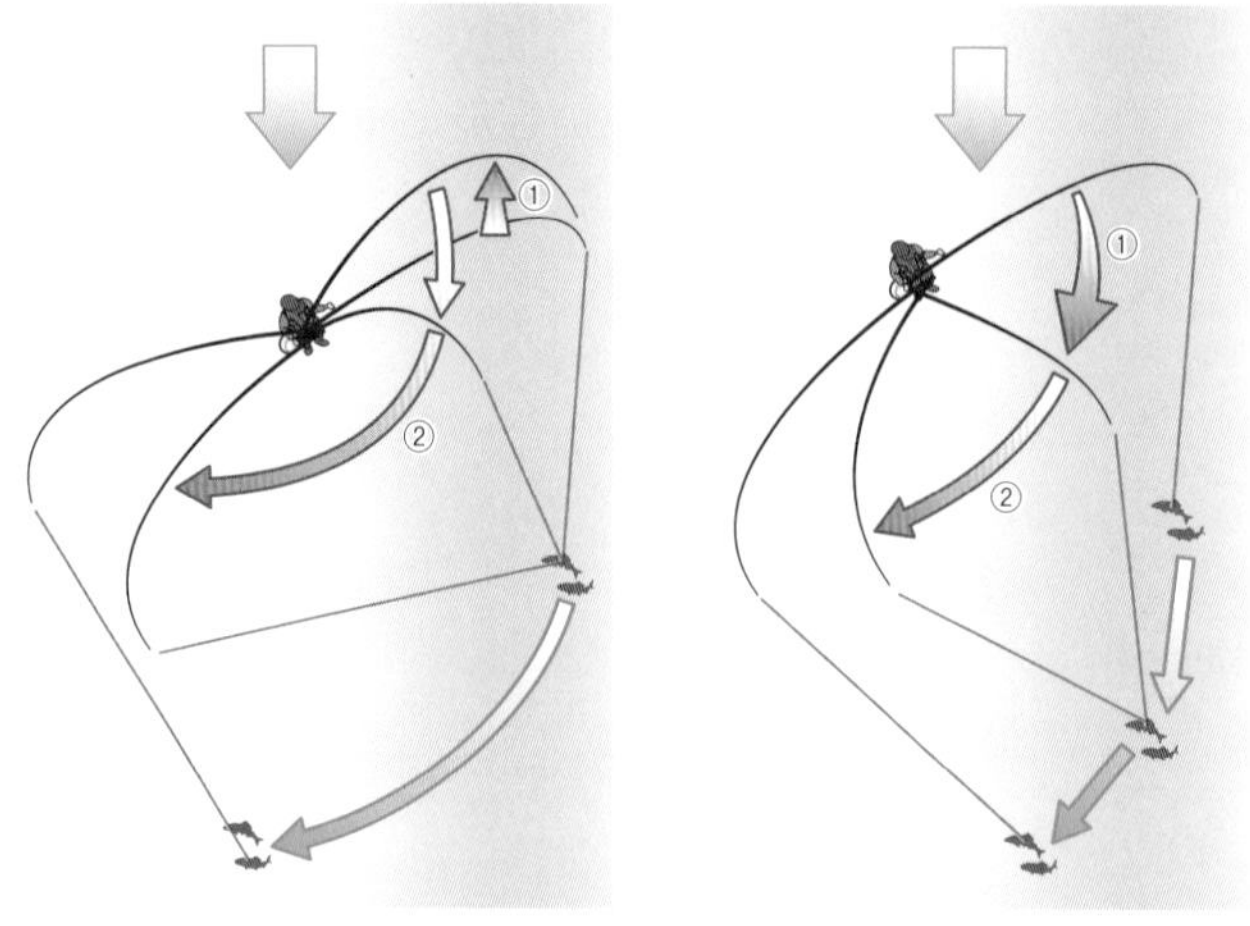

よい例

①掛かってもすぐにサオを立てず、サオを寝かせたまま曲げこんでアユを下らせない
②そのままアユの位置をキープするようにして岸側にサオを倒し、さらにサオを曲げているとアユが手前の緩い流れに寄って来る

悪い例

①掛かった時にすぐにサオを立て、表層の速い流れにアユを乗せてしまう
②するとアユに下られサオがのされ気味になる。そうなるとサオを岸側に倒しても角度が浅くなりなかなか寄って来ない

流れに立ち込んでいる時は膝を軽く曲げて重心を落とし、流れに寄り掛かるつもりで上流側の足に体重をかけ、下流側の足はバランスを取る程度にすると疲れにくい。川底にやや大きめの石があればその上流側に足を置き、足の裏全体を使って踏ん張る

流れから出せない良型の場合は、手もとに来たらアユに近い位置のイトを掴んでそのままタモに入れる。この方法は「吊るし込み」といい、ハリが背中以外の腹などに掛かっている時も有効だ

段々瀬が続く場所はアユの付き場がわかりやすく、オトリもなじませやすいので最初の野アユを釣るのにも適している

【複数のポイントがある場合の探り方】

友釣り入門者におすすめのポイントは、まずは日当たりがよく膝上くらいの水深が長く続いていて、人が抱えられるくらいの大きさの石が多く入っている平瀬。だが、開けたポイントに釣り人が多く、なかなかアタリが得られない場合には、段々瀬などにオトリを入れると、他の釣り人がまだオトリを入れていない場所に強いナワバリ意識を持った元気な野アユがいて、一発でアタックしてくることもある。そうした場所で元気な野アユをまず確保してから、開けたポイントを釣るというのもおすすめの釣り方になる。上の写真はそうした段々瀬のようすと、その中でオトリのアユを入れると釣れる確率が高い場所を示したものになる。

こうした複数の有望なポイントが並ぶ場所を釣る時は、オトリを入れる順序も考えながら釣りをする。その際は、野アユは思っている以上に岸寄りの流れにもいるので、川岸に近いヘチから流心にあたる深い場所まで、釣りこぼしがないようにオトリを入れて行く。すると限られた区間からでも多数のアユを釣れる可能性が高くなる（Ｐ83）。

【川や石の観察方法】

そしてアユの友釣りをする際は、常に川をよく観察する。

有望なのは流れが当たる石の前や一度分かれた流れがふたたび合流するポイント。そうした場所はアユが定位しやすい

アユ釣りはベテランになると、川に入る前に橋の上や土手の上から流れを観察して、川の中の石の色などから釣れそうなポイントに目星を付ける。また、よさそうな石の周りをしばらく見て、藻類を食んでいるアユがいるかどうかもチェックする。

アユの付いていそうな石は、水が澄んでいれば石の色や光沢を見て、ある程度判断できるようになる。その観察には偏光サングラスが欠かせないが、たとえば黒光りしている石には良質な藻類が付いていることが多い。ただし、どのような色の石が実際によい石であるかは、川によっても異なるので、黒光りではなく濃い茶色やオレンジ色に見える石がよい場合もある。

たとえばアユがよく食んでいる石は、表面がツルツルに磨かれ、橋の上から見ると石の輪郭がはっきりしている。そうした場所が見つかれば有望なポイントである可能性が高い。また、水深があって見た目だけでは底石の状態がわからない場所であれば、実際に川の中に立ち込んでから底の石を足の裏でこすり、その感触で判断するという方法もある。

大きな石が広範囲に入った瀬はポイントが複数あるので、釣りこぼしのないように順序立てて探ると釣果を得やすい。特に石と石の間の掘り込まれたような場所はアユがよく釣れるポイントになる

大石に囲まれた場所

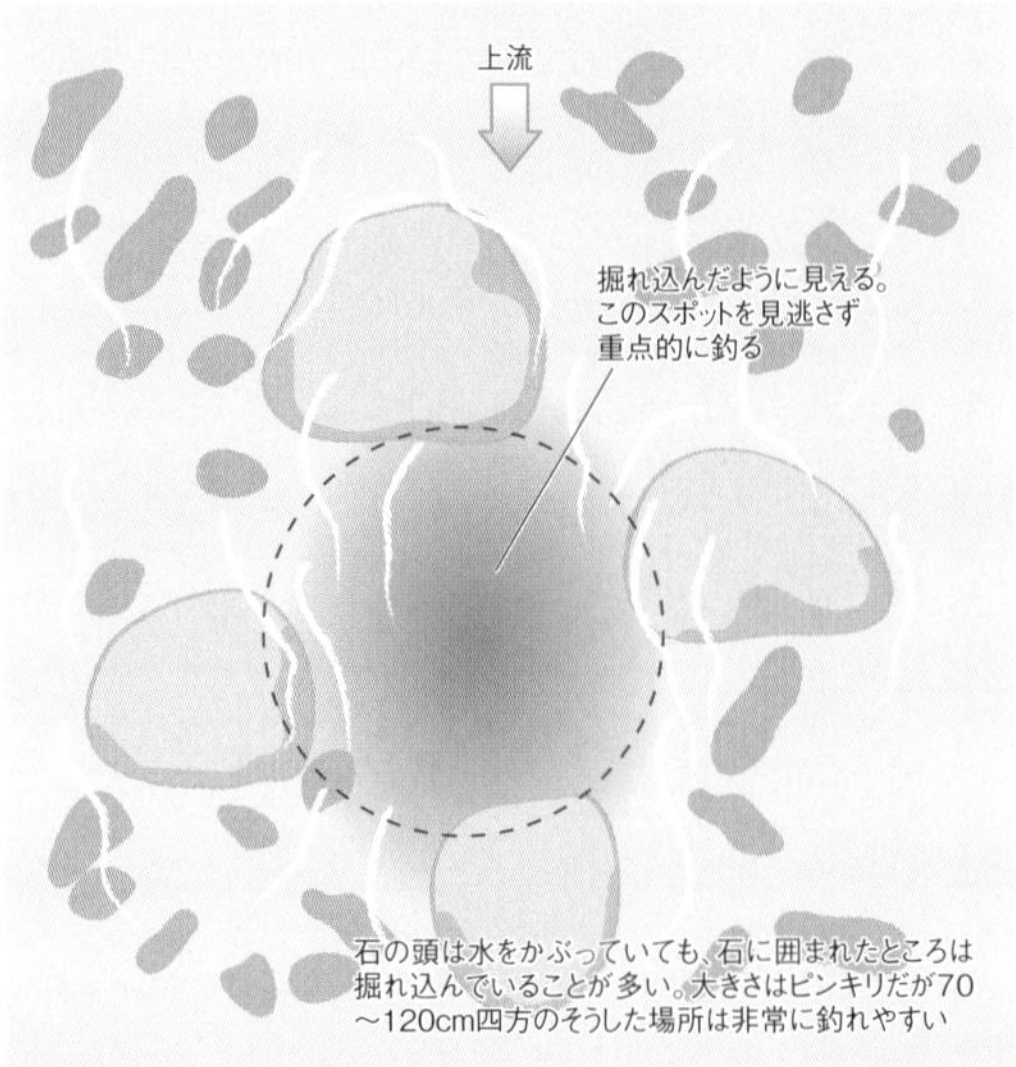
上流
掘れ込んだように見える。
このスポットを見逃さず
重点的に釣る
石の頭は水をかぶっていても、石に囲まれたところは
掘れ込んでいることが多い。大きさはピンキリだが70
～120cm四方のそうした場所は非常に釣れやすい

川の中に大きめの石に囲まれた図のような場所がある時はオトリを入れると野アユが掛かる可能性が非常に高い。養殖オトリで野アユを釣る場所としても適している

友釣りの上手な人は同じ区間からでもより多くのアユを釣る

瀬を釣る手順

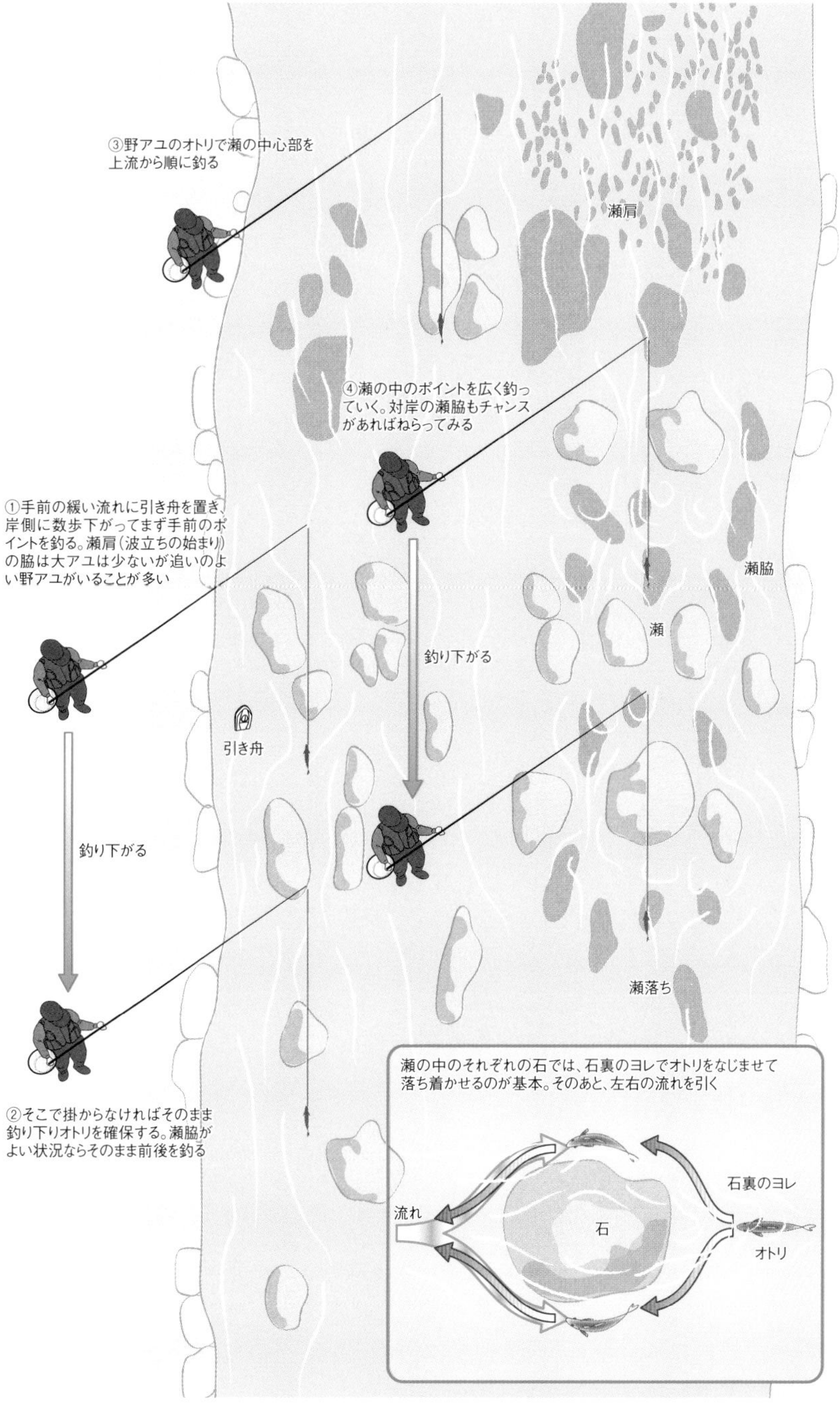
③野アユのオトリで瀬の中心部を上流から順に釣る
瀬肩
④瀬の中のポイントを広く釣っていく。対岸の瀬脇もチャンスがあればねらってみる
①手前の緩い流れに引き舟を置き、岸側に数歩下がってまず手前のポイントを釣る。瀬肩（波立ちの始まり）の脇は大アユは少ないが追いのよい野アユがいることが多い
瀬脇
瀬
釣り下がる
引き舟
釣り下がる
瀬落ち
②そこで掛からなければそのまま釣り下りオトリを確保する。瀬脇がよい状況ならそのまま前後を釣る
瀬の中のそれぞれの石では、石裏のヨレでオトリをなじませて落ち着かせるのが基本。そのあと、左右の流れを引く
石裏のヨレ
流れ
石
オトリ

友釣り1年目はここをチェック

アユの友釣りはいろいろな釣り方の中でも覚える要素が多いが、それでもいくつかのポイントを押さえれば早く上達できる

●養殖オトリを野アユに変えることにまず集中

友釣りでは養殖のオトリをいかに早く野アユに変えるかをまず考える。養殖オトリは流れの中での遊泳力や他のアユを刺激する性質が野アユに大きく劣る。逆に野アユが釣れないうちに手もとのオトリがすべて弱ってしまうとニッチもサッチも行かなくなる。基本は適度な流れの強さの場所で、養殖オトリでも野アユが釣れそうな場所からスタートする。

●釣れないオトリは早めに交換してみる

オトリは早めに交換する。養殖オトリを複数尾買っておくのは、ある程度泳がせたら完全に弱ってしまう前に別のオトリに交換するため。養殖オトリは休ませることで体力が回復する性質もある。オトリが野アユで元気な場合も、なかなか釣れない時は、あえて別のオトリに変えることで変化が生まれ釣れることがよくある。

●オトリを簡単に水面から出さない

オトリは水中から出す回数が増えるほど確実に弱る。オトリ交換の際になるべく水面下で作業するのはもちろん、逆バリが切れていないか回収して確認するといった1つ1つの作業でも、オトリが水から出ている時間はなるべく短くなるように常に意識して釣りを続ける。ただし逆バリ外れなどのチェックは躊躇せずにする。

●逆バリが外れていないかは要チェック

オトリの尻ビレから逆バリが外れていると、どんなに野アユがオトリに体当たりしてきてもハリに掛からない。これは「一番もったいない」状態なので、掛けバリが石に引っ掛かった感触があった時や、オトリが追われた気配があるのにアユが全く掛からない場合は、逆バリが外れていないかを早めに確認する。

●根掛かりでサオを折らない

友釣りで根掛かりは避けられない。手が届けば手で外し、足が届く場所ではオトリの下にある石をつま先でひっくり返すようにしてみる。どうしも外せない場合は無理をせず、仕掛けは諦めてサオを折らないことが

最優先。仕掛けを切る時は、サオを縮めるなどして必ずイトを手で持ち、穂先に衝撃が伝わらない状態にしてから手で切るようにする。

●ハリスの長さやハリを変えてみる

野アユは「背掛かり」で掛かるのが理想。口の周りに掛かる「口掛かり」や、腹に掛かる「腹掛かり」が続くと、掛かったアユがバレたり死んだりしてしまうので釣りの循環が悪くなる。その時はハリスの長さを変えてみるほか、アユに対してハリのタイプが合っていなかったり、サイズが小さくてもバラシが起きやすいので、ハリを他のものに変えてみる。

●背バリやオモリを活用する

友釣りにはオモリや背バリといった補助パーツがある。まずはそれらを付けないノーマル仕掛けで釣るのが基本だが、釣り場の状況によっては補助パーツを使うことでオトリを格段に流れの底に入れやすくなる。その際は、オモリは川底に変化の少ない場所でオトリを沈めるのに使いやすく、背バリは川底に変化の多い場所でオトリを沈めるのに使いやすい。

オトリを上手に扱って独特な釣趣を楽しみたい

アユ釣りチョイ用語　Words

「ハリのタイプ」：友釣りの掛けバリは大きく「早掛けタイプ」と「シワリタイプ」がある。早掛けタイプはハリ先をやや開き気味にしているもので、刺さりやすさを優先しているもの。シーズン初期のアユや群れアユのようなナワバリ意識がまだ薄く追い気が弱いアユが多い状況で使いやすい。シワリタイプはハリ先をやや内向きにしたもので、刺さったあとのばらしにくさを重視している。「キープ」タイプとも呼ばれ、型のよいシーズン中盤以降のアユを含めて掛けたアユを確実にキャッチするのに向いている。

アユの毛バリ釣り

アユの「毛バリ釣り」は、友釣りと並んで長い歴史があるアユの釣り方だ。長く「ドブ釣り」の名前で親しまれてきたが、近年は語感があまりよくないことから「アユの毛バリ釣り」や「アユ毛バリ釣り」といった呼び方をされることが増えている。

もともと「ドブ」とは、川の中にある淵やトロ（瀞）などの深く流れが緩い場所を指す。毛バリ釣りではそうした場所に群れるアユを主にねらうことから、釣り方そのものも「ドブ釣り」と呼ばれるようになった。

毛バリ釣りは今も熱心な愛好者がいて、使用される毛バリは、加賀（石川県）、播州（兵庫県）、土佐（高知県）など、いくつかの産地で職人の手によって巻かれている。和式毛バリの原点ともいえる色彩豊かなハリは見た目にも美しく、愛好者はそうした文化的な側面も味わいながら釣りを楽しんでいる。

釣り方は10ｍ前後の長いサオを使い、そのサオでテンビン仕掛けに配置した毛バリをゆっくり上下に動かすことで、トロ場のアユにエサの川虫（水生昆虫）だと思わせて食いつかせる。シーズン初期に特に有効な釣り方だが、淵やトロ場にいるアユなら他のシーズンでも毛バリでねらえる。

季節と釣り場

アユの毛バリ釣り（ドブ釣り）は、天然遡上が豊富な川で大きな淵やトロがある場所で楽しまれている。シーズンは初期を中心に場所によっては終盤まで楽しめる。

深々としたトロ場に群れるアユを毛バリでねらう。写真はこの釣りが盛んなエリアの1つである富山県庄川のアユの毛バリ釣りのようす

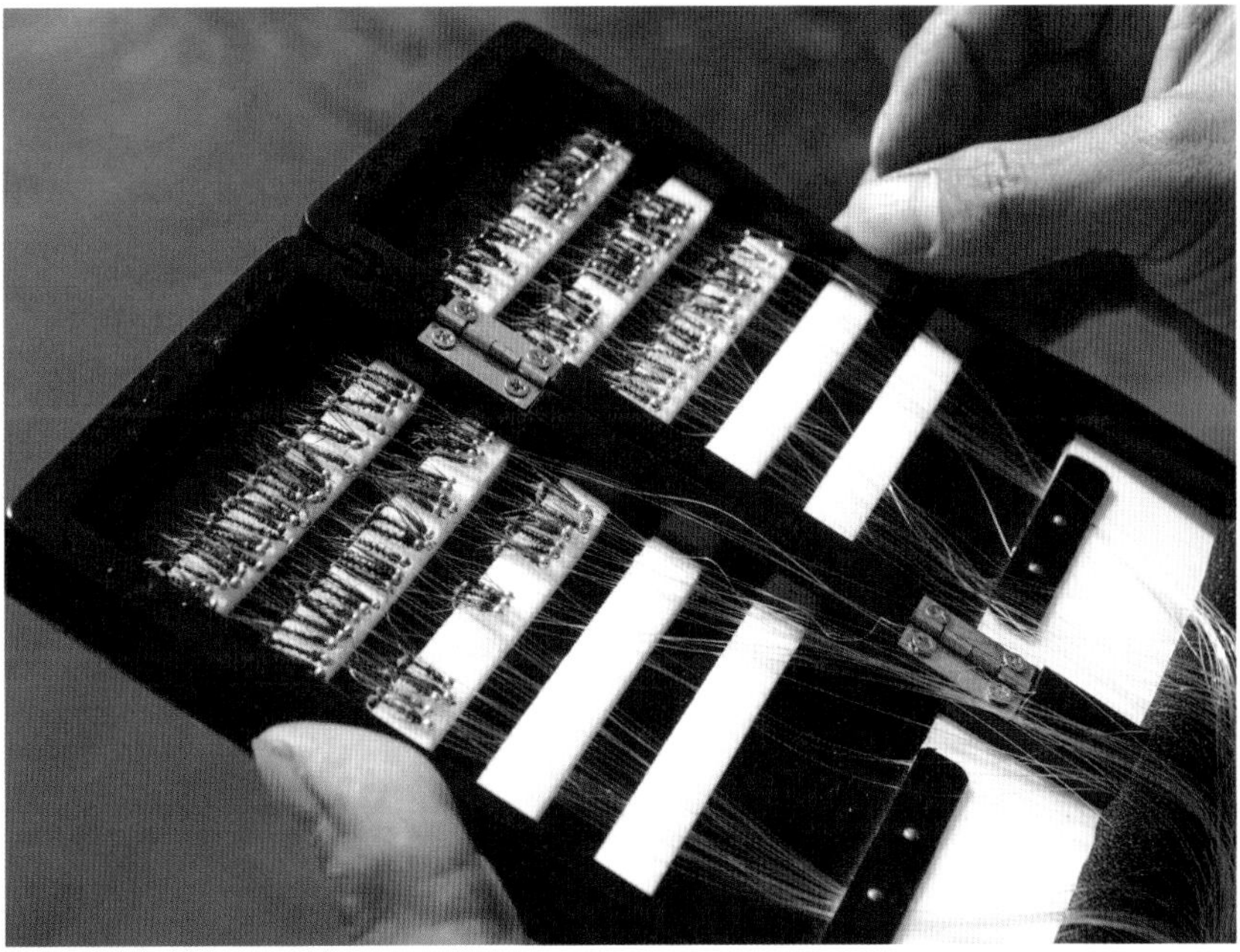

1本ごとに名前も付けられた色とりどりの毛バリの中から、その日の当たりパターンを見つける

毛バリ釣りの道具と仕掛け

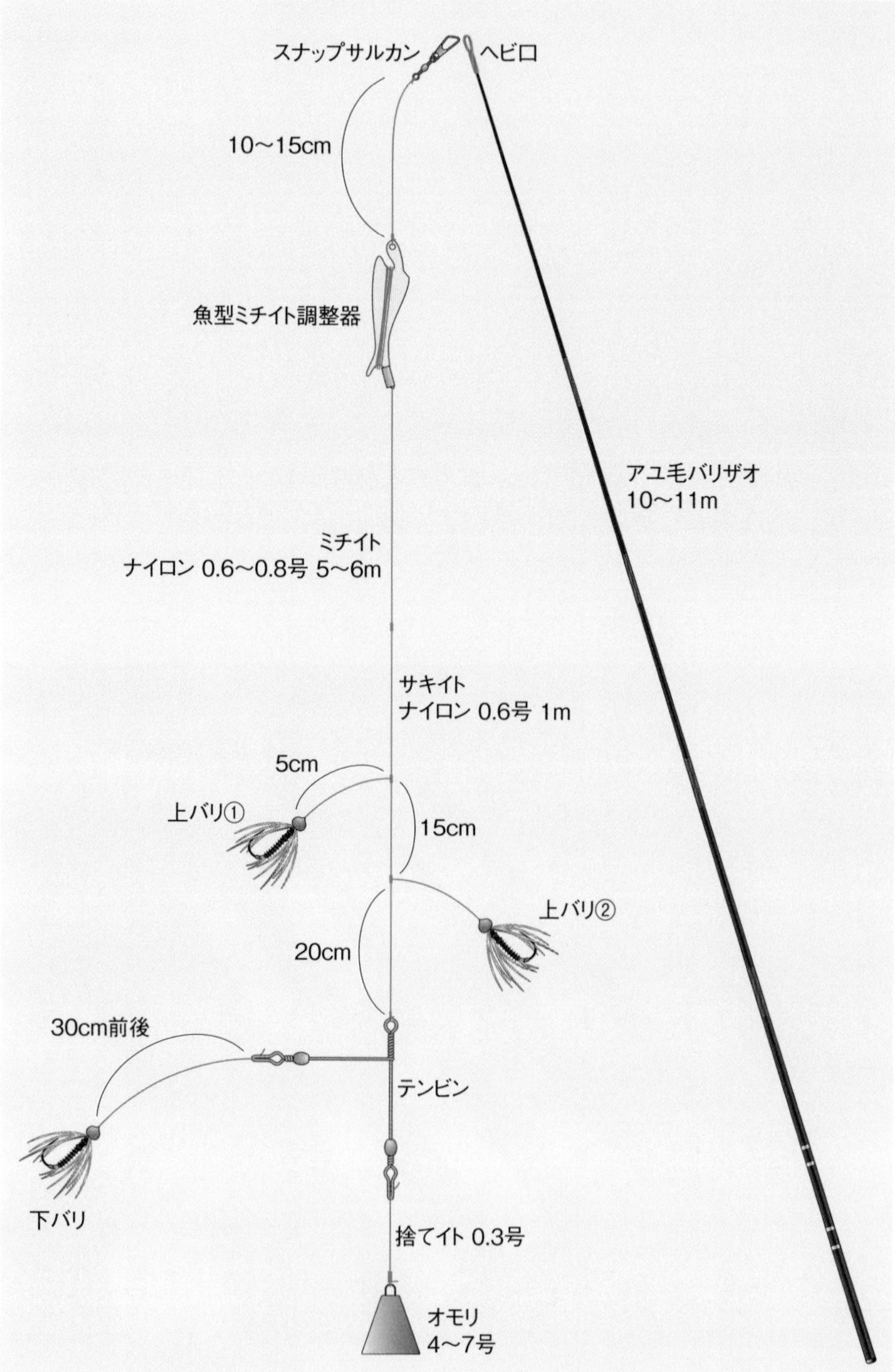

スナップサルカン
ヘビロ
10～15cm
魚型ミチイト調整器
アユ毛バリザオ
10～11m
ミチイト
ナイロン 0.6～0.8号 5～6m
サキイト
ナイロン 0.6号 1m
5cm
上バリ①
15cm
上バリ②
20cm
30cm前後
テンビン
下バリ
捨てイト 0.3号
オモリ
4～7号

【サオ】

サオはアユの毛バリ釣り専用のものを使う。長さは7～12mで幅があり、釣りをする河川の規模に合わせて選ぶが、多くの川で出番が多いのは10～11m。シンプルなノベザオタイプが主流だが、北陸地方では小さなリール(タイコリール)を取り付けるものも使われ、その場合はサオの手元にリールシートが付いている。

【仕掛け】

仕掛けはミチイトの下部に「毛バリ」「テンビン」「オモリ」を配し、ミチイトの上部に仕掛けの全長を調整するための「ミチイト調整器」が入る。これはミチイトの長さを釣り場の水深に合わせるためのものだ。ミチイトは長めに用意しておき、不要な分はこのミチイト調整器に巻き取って固定しておく。

毛バリはあらかじめ複数のパターンを用意し、1つの仕掛けの中にも異なるパターンのものを配置する。通常は3本バリ仕掛けをよく使うが、河川(漁協)によっては1つの仕掛けの中で使用できるハリの数に制限があるので、その場合は現地のルールに従う。後述するようにアユがよく食いつく毛バリは日並みや時間帯によって変化するため、釣りをしながらその日(その時)のアタリ毛バリを捜すことが毛バリ釣りのテクニックの1つになる。

オモリは釣り場の水深(1～3mくらいが多い)に合わせて4～7号を使う。毛バリ釣りでは複数の釣り人が同じポイントに並んでサオをだすので、オモリは周囲の人と同じ号数を使うのが基本。あとから釣り場に入る時は先行者に声をかけてオモリの重さを教えてもらう。また、深い場所に仕掛けが根掛かりしてしまった時も貴重な毛バリをできるだけ回収できるよう、オモリは捨てイトを介してテンビンに接続する。

【毛バリ】

毛バリは職人が手巻きしたものを購入する。1つ1つのパターンには「黒髪」「夕映」「青ライオン」「八ツ橋」などの風流な名前が付けられていて、この釣りでは大勢の釣り人の中でその日の正解(当たりの毛バリ)をいち早く見つけた人だけが入れ食いになることがある。

釣りをする時は複数パターンで同じものを2本ずつ用意しておき、万全を期すなら全部で15～20種類ほどが手もとにあるとよい。釣り場の近くにアユ毛バリを売っている釣具店がある場合は、おすすめバリを教えてもらい購入しておくと間違いがない。

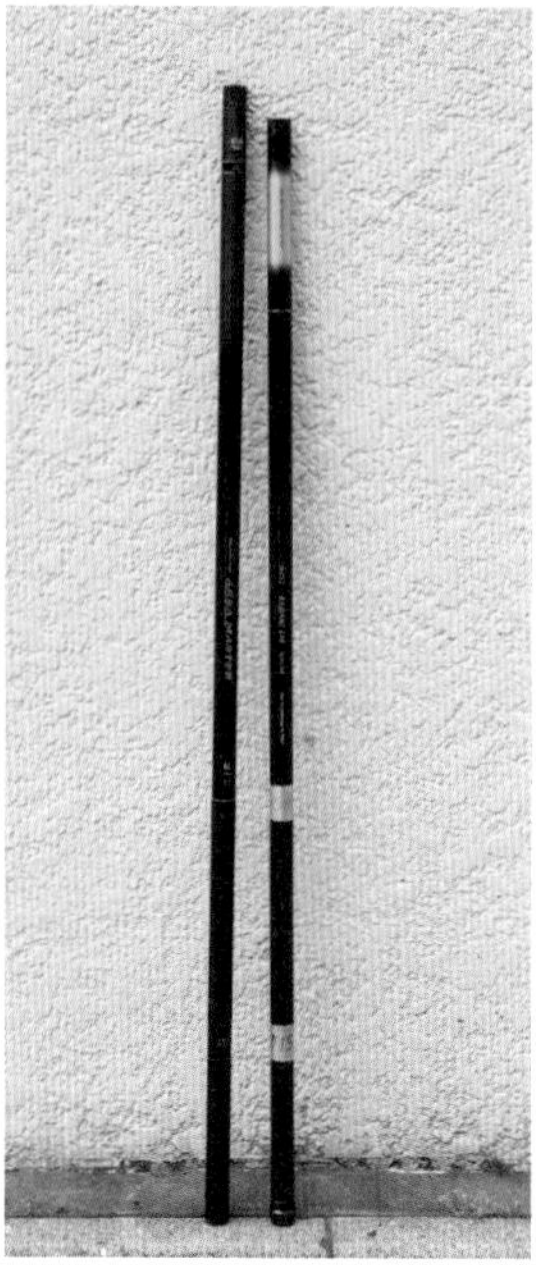

サオ　サオは専用のものが発売されており、全長は10〜12m。その中でも多くの釣り場では10〜11mほどのものが重さも適度で扱いやすい

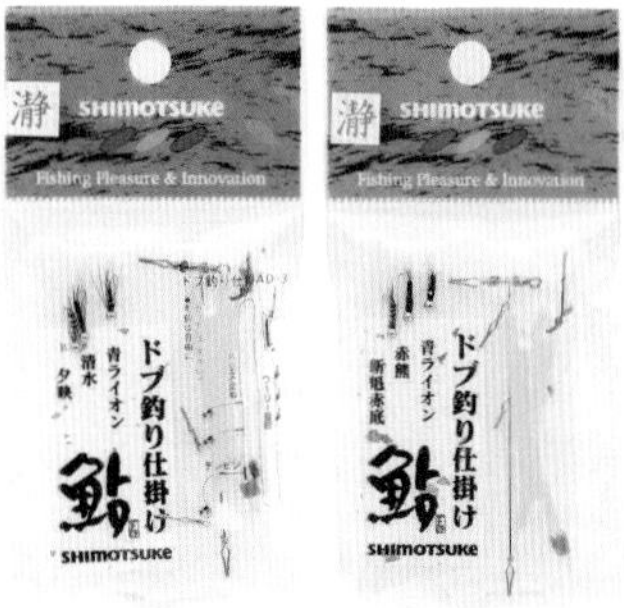

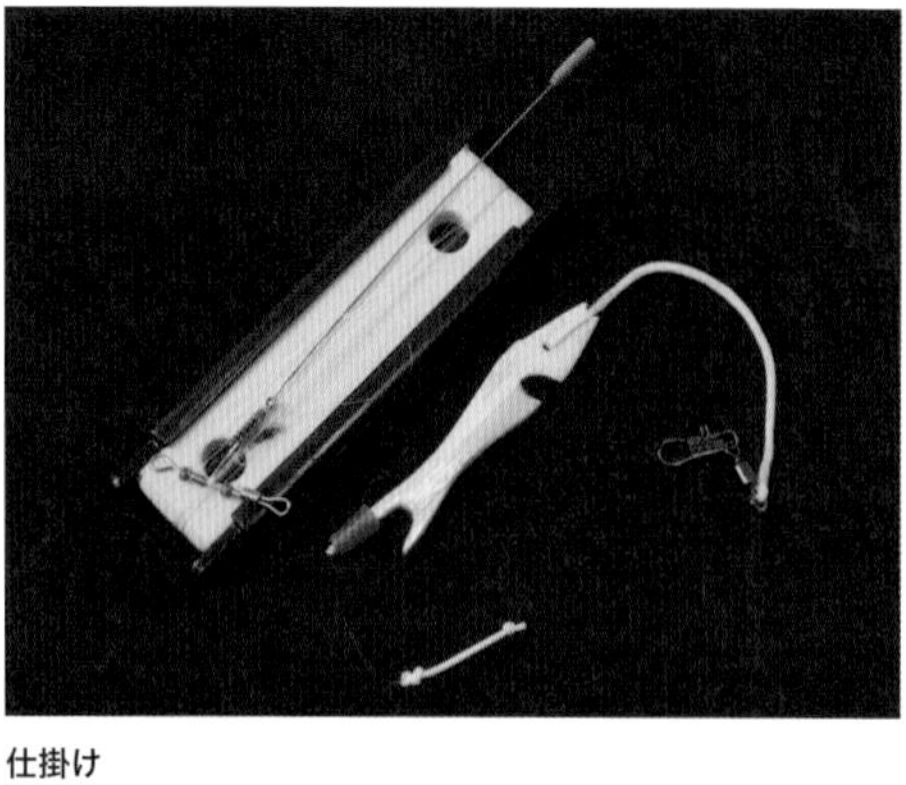

仕掛け
仕掛けは釣り場の深さ（1〜3mくらいが多い）に応じて柔軟に変更できるよう、上部に「ミチイト調整器」を入れる。仕掛けはパーツを購入して自作するほか、完成仕掛けも利用できる

【その他】

アユの毛バリ釣りは大場所をじっくりとねらうことが多いので、釣る場所を決めたら近くにビクを置いて釣りをする。その際は流れの中に入れておける昔ながらのズックビクがあると便利。ただし友釣り用の引き舟でも代用できる。あとは川に立ち込むウエーダーは、ポイントまでの移動も含めてほとんどの釣り場で必要になる。

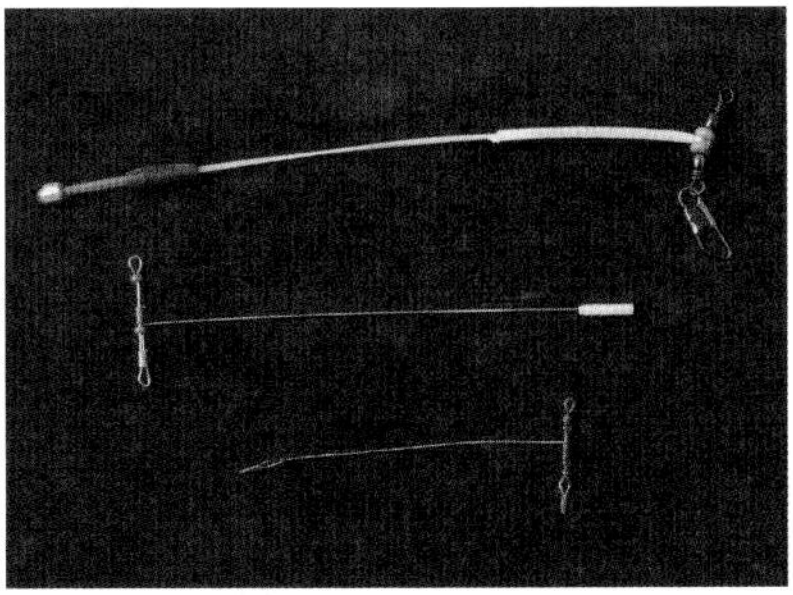

テンビン　片テンビンは上バリ2本の付いた上部の仕掛けと捨てイト付きのオモリを接続し、なおかつ下バリを伸ばすためのもの

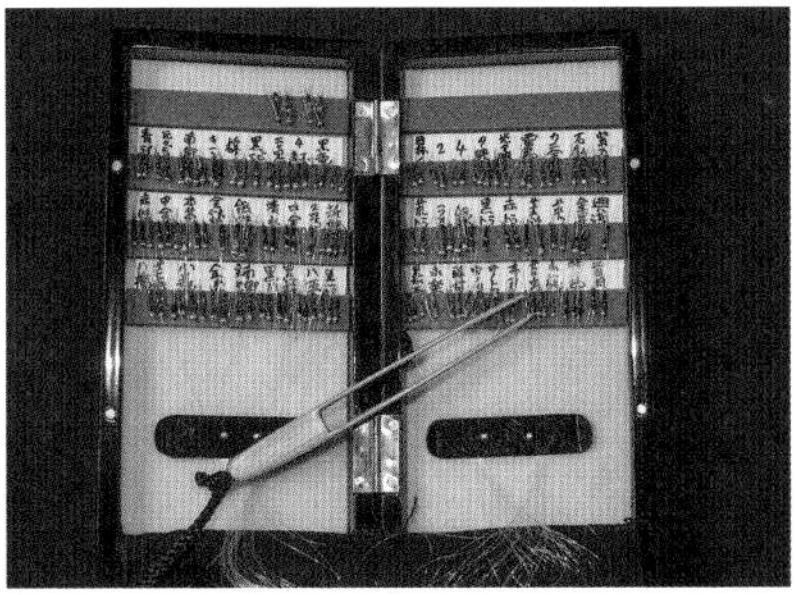

毛バリ　アユ毛バリは今も1つ1つ手作りしたものが販売されている。専用のハリに鳥の羽根などの素材を巻き付け、漆や金箔による装飾も施して、生命感のある独特のシルエットを作っている

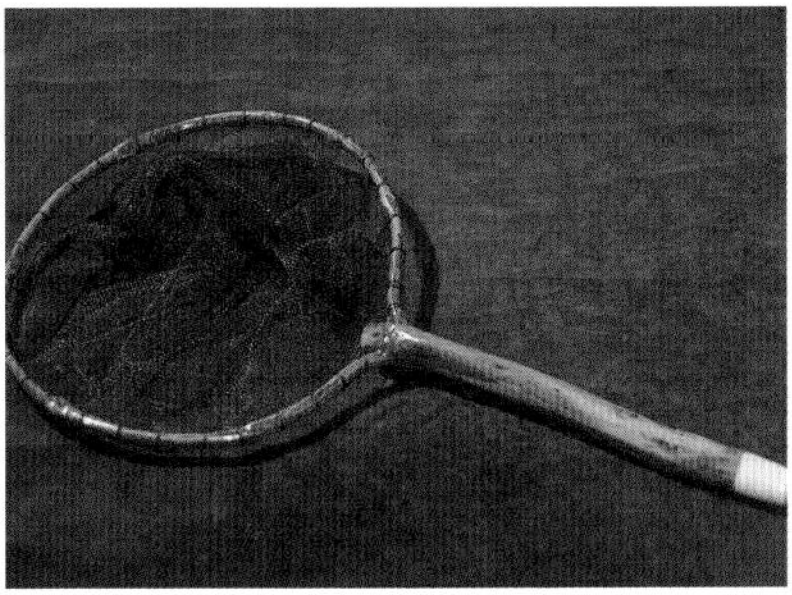

タモ　掛かったアユは最後にタモですくい取る。タモの枠径は24～27cmが好適

オモリ　オモリはいろいろな形があるが、オモリで川底をトントンと確認するような釣り方をするため、4～7号でしっかりとした重さがあるものを使う

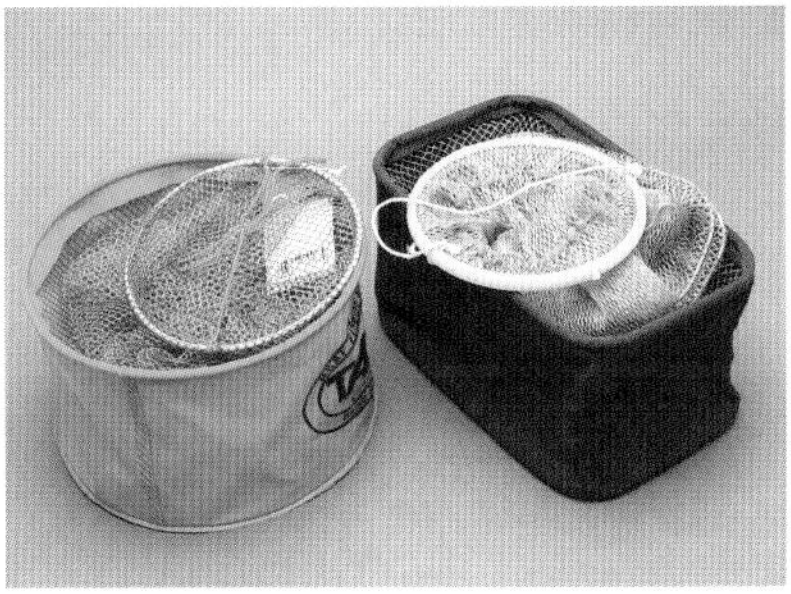

ビク　釣ったアユはズック式のビクに入れて生かしておく。引き舟があればそれを使ってもよい

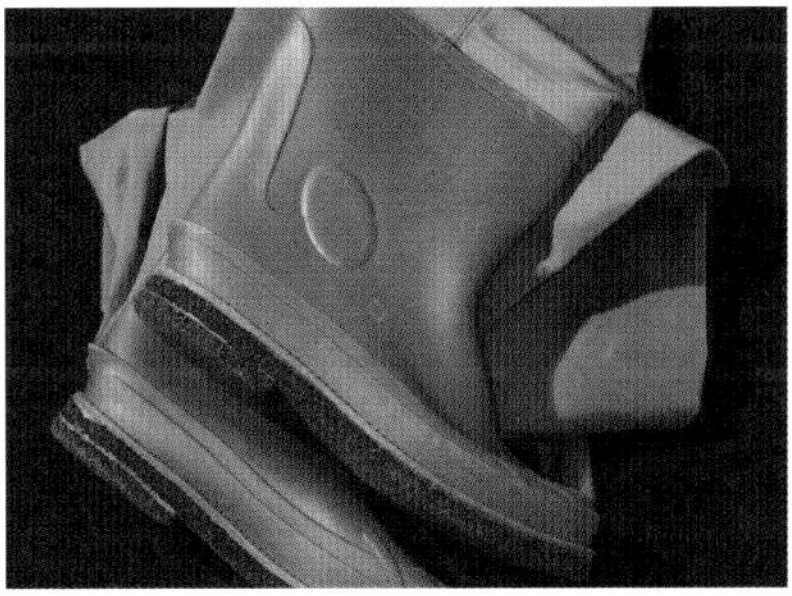

ウエーダー　釣りの際は腰くらいの深さまで川に立ち込むことが多いためウエーダーは必需品

毛バリ釣りの釣り方

瀬の流れ込みから続く水深のある大淵は毛バリに反応するアユが多い。なおかつ友釣りなどでは釣りにくいため最も適したポイントになる。写真は栃木県の那珂川

【毛バリ釣りでねらう場所】

アユの毛バリ釣りに適したポイントは、水深が1m以上あり、緩やかな流れでも川底に大小の底石が点々と入っているような場所だ。なかでも有望なのは、最深部が2～3mあるような大きな淵の下流に続くカケアガリ（徐々に浅くなる傾斜部）一帯になる。ただし、近年は河川工事などの影響でこうした深い淵がなくなってしまったアユ釣り河川も目立ち、その場合は水深が50㎝以上ある深めの瀬やトロ場が有望なポイントになる。このようなポイントは、アユの毛バリ釣りファンの間では「流れ淵」と呼ばれ、流れ淵では勢いのある流心はねらわず、その手前の緩い流れや反転流を釣る。

【釣りに適した時間帯】

また、アユの毛バリ釣りでは時間帯も重要になる。シーズン初期は川の水温が徐々に上がる傾向があり、夜明けから午前9時頃までの数時間がよく釣れる。夏が近づく

近年はこのような荒瀬の上流にある「流れ淵」が釣りやすいポイントになっている。写真は栃木県の鬼怒川

青森県の追良瀬川の大淵。深みに仕掛けを下ろし、ゆっくりと上下させて川底に群れるアユを誘う

解禁初期はアユが毛バリによく反応する好機。16～18cmクラスのアユが数多く釣れることも珍しくない

同じく流れ淵をねらう富山県神通川のアユの毛バリ釣り風景

につれて釣れる時間帯が早まり、夜明けから間もなくの朝マヅメがベストタイムになる。

盛夏はアユの毛バリに対する反応が鈍くなることが多く、毛バリ釣りが難しい時期とされるが、天然遡上のアユが豊富にいる川に限っては、夏でも早朝の朝マヅメや日暮れ時の夕マヅメにはよく釣れる傾向がある。そして9月になると産卵を控えたアユがふたたび毛バリに対してよく反応するようになり、シーズン初期同様の釣りが楽しめる。

なお、川に雨が降って一度増水し、そこから減水に転じ始めた「増水からの引き際のササ濁り時」は、アユの毛バリ釣りにとって絶好の条件。この時は流心の石に生えた藻類が一度飛ばされてなくなっており、アユが岸際の緩い流れに寄っていて、その群れたアユを毛バリでねらいやすくなる。

毛バリ釣りの基本操作

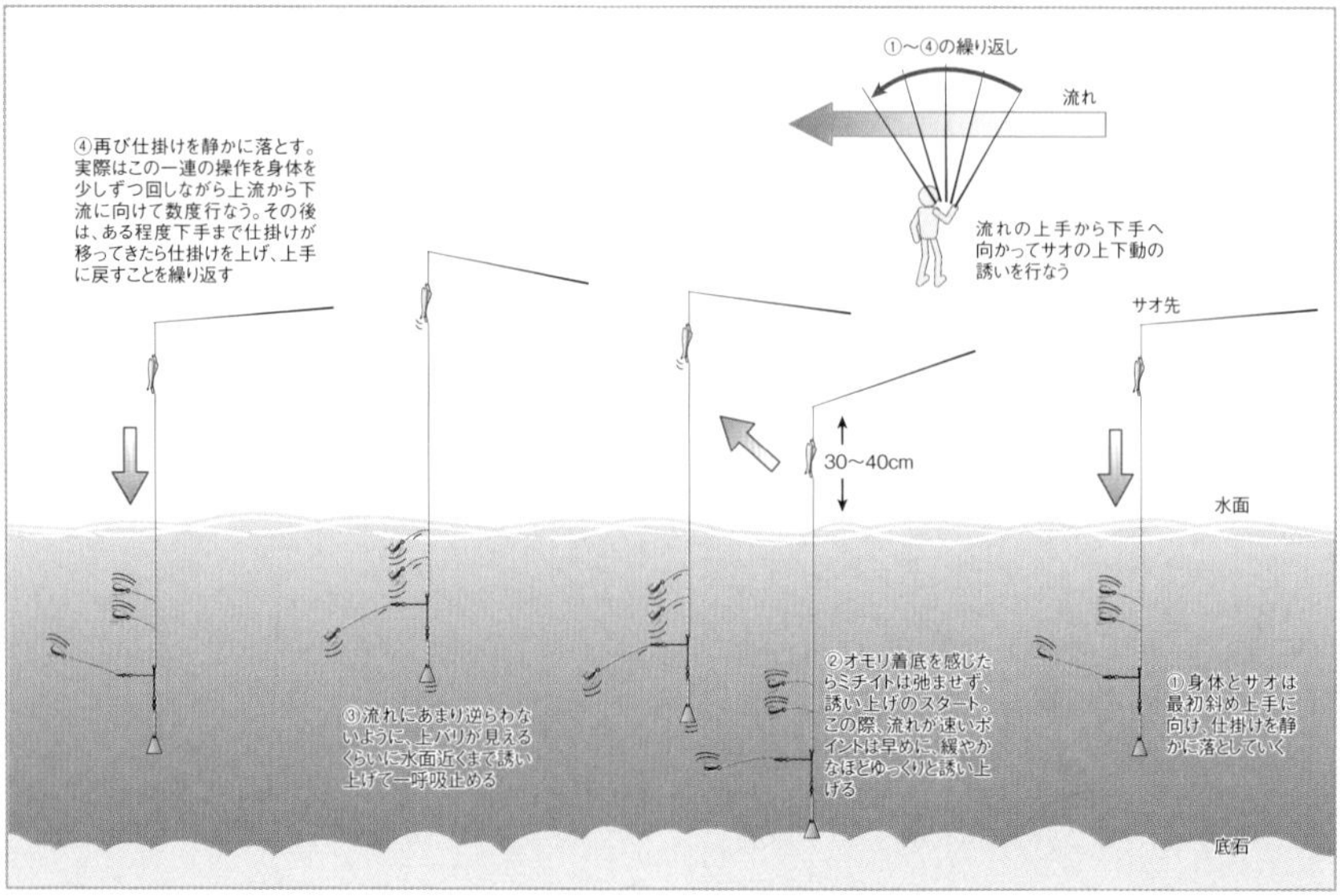

①〜④の繰り返し
流れ
流れの上手から下手へ向かってサオの上下動の誘いを行なう
④再び仕掛けを静かに落とす。実際はこの一連の操作を身体を少しずつ回しながら上流から下流に向けて数度行なう。その後は、ある程度下手まで仕掛けが移ってきたら仕掛けを上げ、上手に戻すことを繰り返す
サオ先
30〜40cm
水面
③流れにあまり逆らわないように、上バリが見えるくらいに水面近くまで誘い上げて一呼吸止める
②オモリ着底を感じたらミチイトは弛ませず、誘い上げのスタート。この際、流れが速いポイントは早めに、緩やかなほどゆっくりと誘い上げる
①身体とサオは最初斜め上手に向け、仕掛けを静かに落としていく
底石

【底をゆっくり確認しながら毛バリを流す】

アユの毛バリ釣りでは、サオを川と平行にした状態で仕掛けを上下に動かせるよう、まず仕掛け全長をサオに対して短めにしておく。そして腰くらいの深さまで川に立ち込んで釣りをする。釣り方は流れの上流に仕掛けを振り込んだら、流れに乗せて動かしつつ、サオ先でゆっくり上下させる。この時の上下動は、上げる時も下げる時もゆっくりと行なうのが基本で、全体としてオモリで川底を定期的に確認するような釣り方になる。上流に振り込んだ仕掛けが下流に来るまで何度か誘いを行ない、下流まで流しきったら仕掛けを引き上げて、ふたたび上流に入れ直す。あとはこの繰り返しになる。

アタリはほとんどの場合、仕掛けを上に動かすタイミングで出る。アタリは手応えでそれとわかるので、アユが掛かったら慌ててサオを持ち上げたりせず、そのままサオを保持してアユの引きを楽しみながら受け止める。その後、アユの抵抗が弱まったら少しずつサオを縮めて手もとに寄せ、最後はタモですくい取る。タイコリールを使うタイプのサオの場合は、アユが掛かったらリールに巻いてあるミチイトを伸ばし、ある程度のところでサオを立てたらミチイトを手で掴んで魚を手繰り寄せる。なお、アユの毛バリ釣りでは1つのポイントに複数の釣り人が並んでサオをだすが、先行者の上流側に入る場合は、声を掛けたうえで充分な距離を取る。あとは毛バリ釣りならではのゆったりとした釣りを楽しむ。

掛かったあとの取り込み

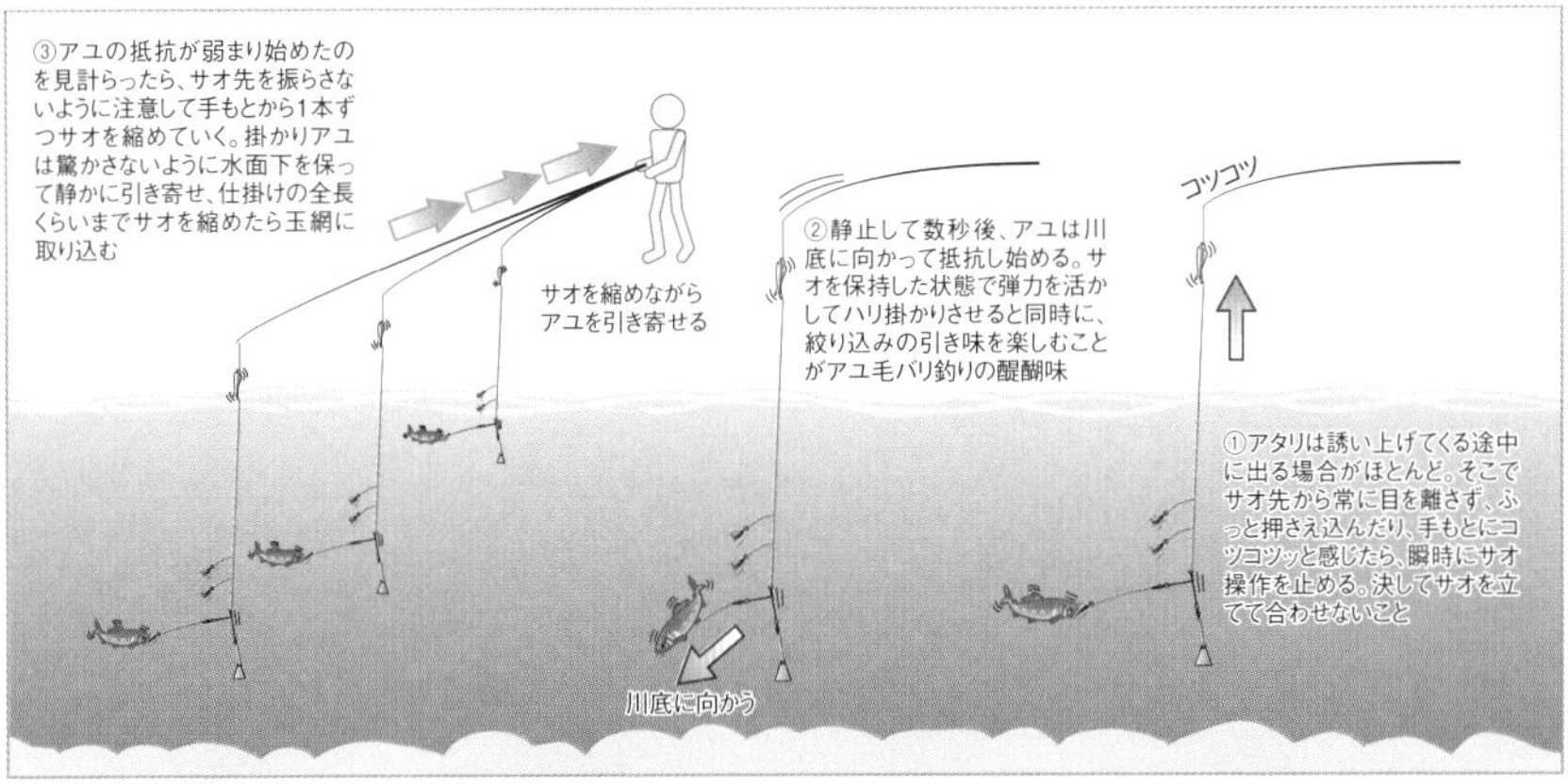
③アユの抵抗が弱まり始めたのを見計らったら、サオ先を振らさないように注意して手もとから1本ずつサオを縮めていく。掛かりアユは驚かさないように水面下を保って静かに引き寄せ、仕掛けの全長くらいまでサオを縮めたら玉網に取り込む
サオを縮めながらアユを引き寄せる
②静止して数秒後、アユは川底に向かって抵抗し始める。サオを保持した状態で弾力を活かしてハリ掛かりさせると同時に、絞り込みの引き味を楽しむことがアユ毛バリ釣りの醍醐味
コツコツ
①アタリは誘い上げてくる途中に出る場合がほとんど。そこでサオ先から常に目を離さず、ふっと押さえ込んだり、手もとにコツコツッと感じたら、瞬時にサオ操作を止める。決してサオを立てて合わせないこと
川底に向かう

毛バリは上下に動かすことでアユにアピールする。そして毛バリを動かす操作がそのままアタリを聞く動作にもなっている

アユが掛かったらサオを徐々に短くしながら水面を滑らすようにして寄せ、仕掛けの全長くらいまでサオを縮めたところでタモに取り込む

豊富なバリエーションのあるアユ用の毛バリだが、基本は「赤系」「黒系」「中間系」の3つ。そこに派手か地味かが加わる

【毛バリの選び方】

アユの毛バリはチモトに金色の玉が付いているが、全体としては「赤系」「黒系」「中間系（ミックス系）」の3色がある。そこで3本バリ仕掛けであれば、たとえば最上段には赤系、その下には黒系もしくは中間系を配置し、下段はいずれかの色にしておいて、上段のハリに対するアユの反応を見て、途中から食いがよい色に合わせるといった調整をする。

また、それぞれのハリの中にも派手なものと地味なものがあるので、水が澄んでいるなら地味なもの、水が濁っているならラメなどの装飾も入った派手なもので目立たせるといった選択もあり、さらに流れの速いポイントなら派手なもの、遅いポイントなら地味なものという調整も基本的な色選びの方法になる。

いずれにしてもアユの毛バリのパターンは優に1000種を超え、色の系統も厳密に分けられるものではない。初めからあまり難しく考える必要はないが、その時の状況により当たりバリが驚くほど変わるので、それ自体を楽しむことも含めて、毛バリは積極的に複数のタイプを試してみる。

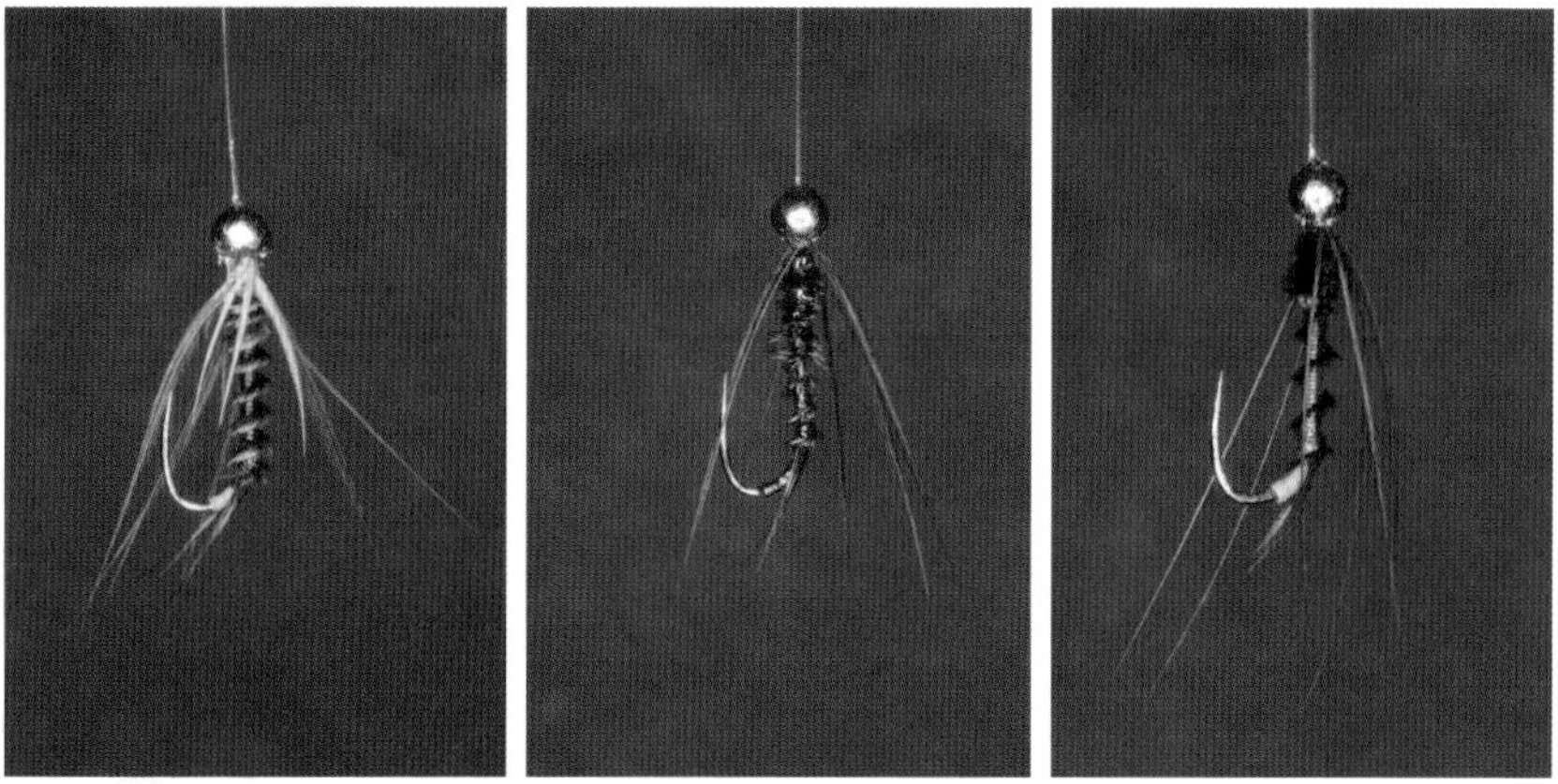

左から「夕映」、「えりこく」、「八ツ橋」。赤系は上バリに使うと効果的とされている

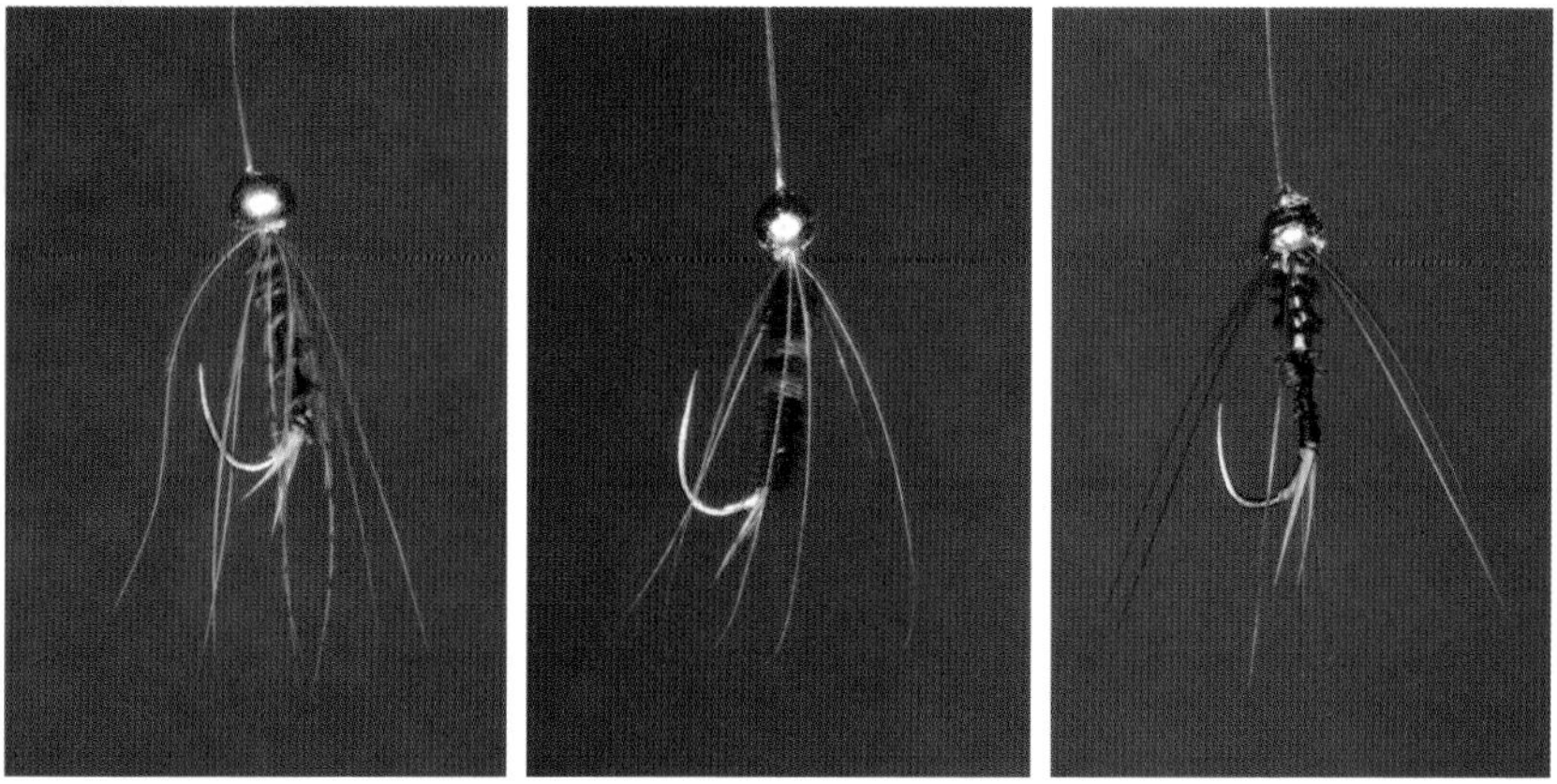

左から「黒髪」、「清水」、「闇ガラス」。黒系は日中に大型のアユがよく掛かる傾向がある

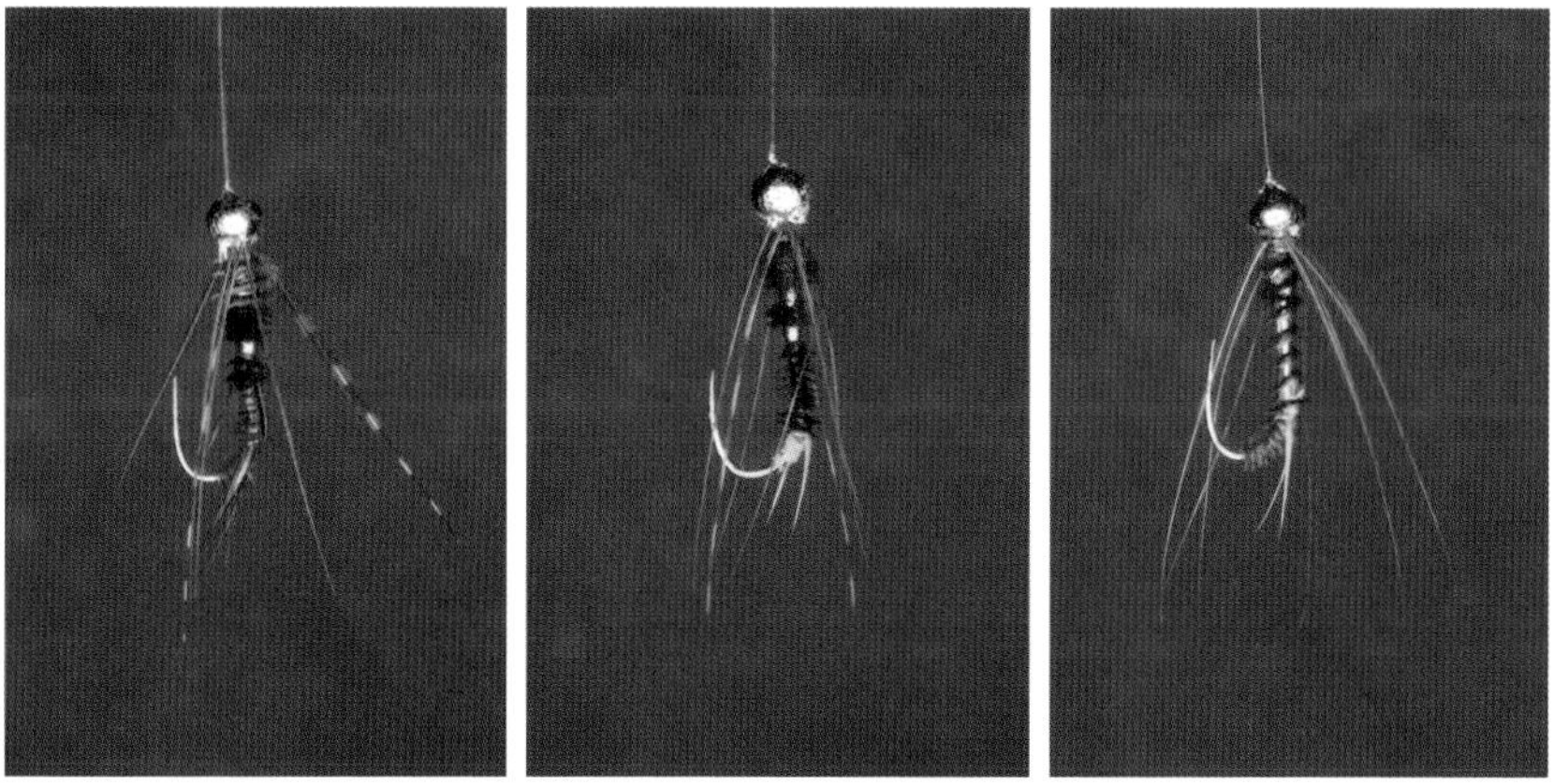

左から「青ライオン」、「二日月」、「岡林」。たとえば青ライオンは澄んだ流れで実績が高い

アユ毛バリの工房

加賀針

加賀針の祖として知られる「目細八郎兵衛商店」。金沢市内の目細通りに今も店を構える

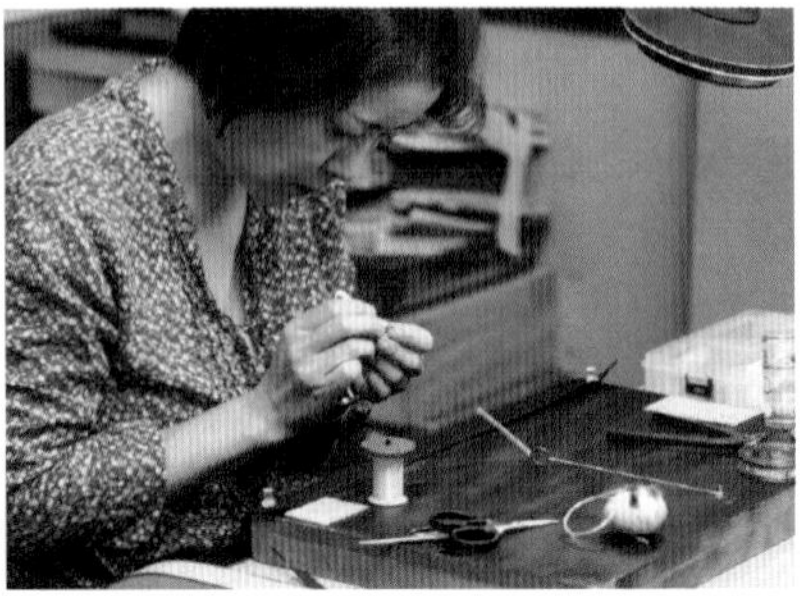

目細針は20代目当主夫人が巻き師を受け継いでいる

同じく金沢市内に工房がある「森誠一商店」も加賀針の伝統を引き継ぐ

鮮やかで優美な色彩をまとう森針のアユ毛バリ

【受け継がれる伝統の技】

アユ毛バリの発祥には諸説があるが、江戸時代にはアユを毛バリで釣る技法が京都を中心に各地に広まったと考えられている。その後、幕末から明治期にかけて、播州、土佐、加賀、秋田など、いくつかの地域で毛バリの生産が盛んになった。

江戸時代の加賀藩（現在の石川県と富山県を含む）では、家臣が大っぴらに武芸を磨くと外様大名の大藩として幕府から謀反の嫌疑をかけられるため、藩士には足腰の鍛練を理由にアユの毛バリ釣りが奨励された。そして加賀友禅などの優美な工芸品、茶の湯、能楽にも力を入れる百万石の気風の中で、アユ毛バリ作りにおいても繊細な技術が生み出され、今も継承されている。金沢市内には現在もアユ毛バリを製造する店や工房がある。

兵庫県の播州針（播州毛鉤）も伝統の

播州針

兵庫県の西脇市を中心に受け継がれる播州針。写真は勝岡毛針製作所の作業風景

アユ毛バリのミノ毛を含む本体が巻き上がった状態

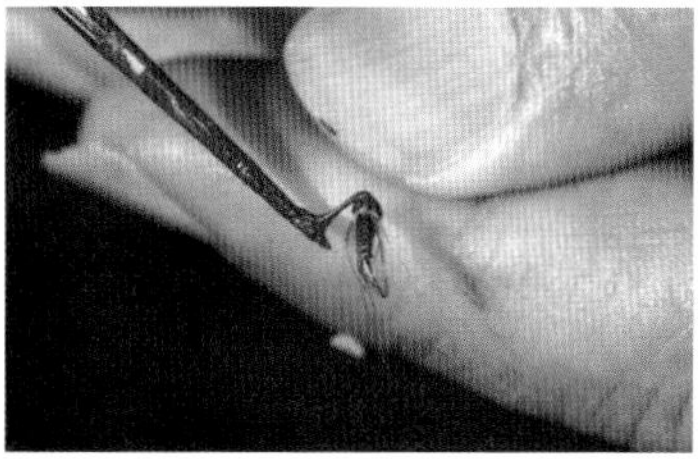

仕上げは最上部に小さな漆玉を作って金箔を貼り付ける「金玉」を整える

土佐針

高知県の高知市に工房があり夫婦で技を受け継ぐ高橋毛鉤

土佐針は他の針と比べても元の針が小さいことが特徴とされている

羽の種類は20種類ほどでさらに染色による色のバリエーションがある

継承に力を入れており、1㎝足らずのハリに数種類の鳥の羽根を絹糸で巻き、金箔、うるしなどを施して虫に似せる毛バリ作りの技が継承されている。また高知県の土佐針もアユ毛バリファンにはよく知られており、独特の巻き道具を使って細部まで1本1本手作りで仕上げる技が受け継がれている。

　アユの毛バリ釣りには、こうした工芸品と呼ぶにふさわしい毛バリを愛でるインドアフィッシングの楽しみもあり、日本の貴重な釣り文化といえる世界が今も残されている。

アユのチンチン釣り

アユの「チンチン釣り」とは、主に相模湾に面した伊豆半島や湘南エリアの小河川で楽しまれている、簡素なバケバリを使ったアユ釣りのこと。釣りのスタイルとしては、いわゆる流し毛バリ釣りの一種になり、コンパクトな清流ザオでウキの付いた仕掛けを流す。直接の発祥地は東伊豆の熱海市を流れる和田川といわれ、天然遡上のアユが小さなユスリカの幼虫(アカムシ)を食べていたことから考え出された釣り方とされている。

魅力は何といっても手軽に楽しめるアユ釣りであること。好適な釣り場は発祥エリアに多く見られるようなあまり大きくないアユの天然遡上がある河川だが、よく釣れるポイントを捜しながら軽快に歩きつつ、小気味よいアタリを楽しむ釣りは川釣りのベテランにも根強いファンがいる。

季節と釣り場

天然遡上河川にアユが増える初夏がハイシーズン。静岡県の東伊豆や神奈川県の湘南地方で人気の釣りだが、アユの毛バリ釣りの一種になるので、毛バリでの釣りが可能な河川やエリアを選んで楽しむ。

コンパクトな清流ザオと仕掛けで気軽に楽しめる。写真は神奈川県小田原市の早川での釣り風景

小型の数釣りが基本だが時期によっては大きく育ったアユも充分ねらえる

チンチン釣りの道具と仕掛け

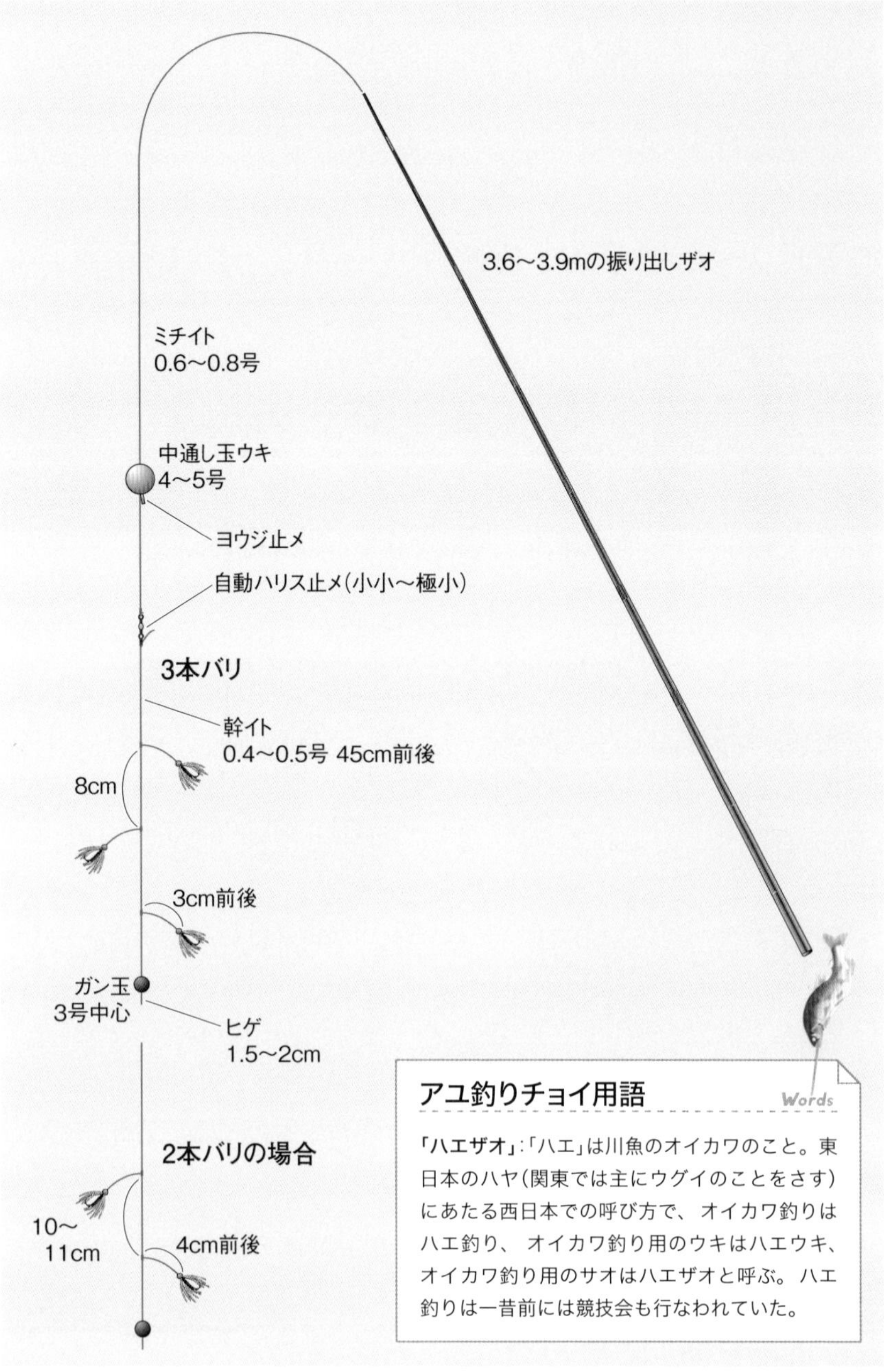

アユ釣りチョイ用語

Words

「ハエザオ」:「ハエ」は川魚のオイカワのこと。東日本のハヤ(関東では主にウグイのことをさす)にあたる西日本での呼び方で、オイカワ釣りはハエ釣り、オイカワ釣り用のウキはハエウキ、オイカワ釣り用のサオはハエザオと呼ぶ。ハエ釣りは一昔前には競技会も行なわれていた。

【サオ】

チンチン釣りに専用のサオはなく、他の川釣り用のものを流用する。全長は短めが使いやすく、清流ザオ、渓流ザオ、硬調子のハエザオなどから、3・6〜3・9mほどのものを選ぶ。軟らかい調子のものだと型のよいアユが掛かった時に取り込みにくいので、ある程度先調子のものを選ぶ。

【仕掛け】

仕掛けは販売されているチンチン仕掛けを利用するか自作する。基本はミチイトに中通しまたは通常の玉ウキを1つ取り付けたら、その先に自動ハリス止メをセットし、販売されているチンチン仕掛けとガン玉をセットする。チンチン釣りでは、バケバリ部分が底近くを流れることが重要で、仕掛けが浮いてしまうと釣れない。そこで玉ウキとガン玉の組み合わせは、玉ウキが浮力のある4〜5号、ガン玉がやや重めの3号(G3)のバランスを基準にする。そしてガン玉は、4号(G4)〜1号(G1)くらいの中から、釣り場の状況に適した重さのものをセットする。バケバリ部分は販売されているものを購入するのがおすすめだが、超長ザオで楽しむアユ毛バリ釣り用のハリを試してみることもできる。そして一番下のガン玉はハリスに軽く留める程度にしておき、底石に挟まった時に抜け落ちやすいようにしておく。これは根掛かりした仕掛けを回収しやすくするためだ。

【バケバリ】

バケバリは取り扱いがある釣具店で購入するのが確実だが自作もできる。その場合は袖や秋田狐の2号や3号の極小バリに、極小ビーズを通し、赤色などの色付き糸やラメテープで胴巻きをする。ハリはカエシのないスレバリを使い、テンカラ釣りやフライフィッシングのタイイング用具があるとより簡単に自作できる。ハリのサイズは小型のアユなら1・5号も向いている。前述のとおりハリはアユの毛バリ釣り用のものも使えるが、特にアユのサイズが小さい時はバケバリに比べて釣れにくくなる。

【その他】

サオと仕掛けのほかには、川を歩くためのウエーディングシューズ、掛かったアユを取り込むタモ、釣ったアユをキープするビク(ウエストクリール)などが必要なアイテム。

完成仕掛け　写真は小田原早川にある「小田原FBC（TEL 0465・22・5278）」で販売されているチンチン釣り用の完成仕掛け。地元の釣具店に仕掛けやハリがある時はおすすめを購入しておくとよい

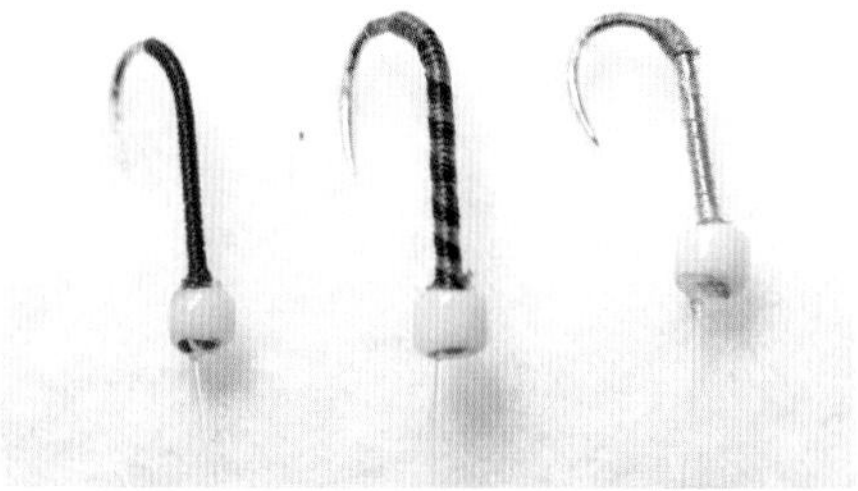

バケバリ　非常にシンプルなものを使い、アカムシをイメージしたもののほかにも、石からこぼれ落ちた藻類の小片をイメージさせる緑色のものなどがある

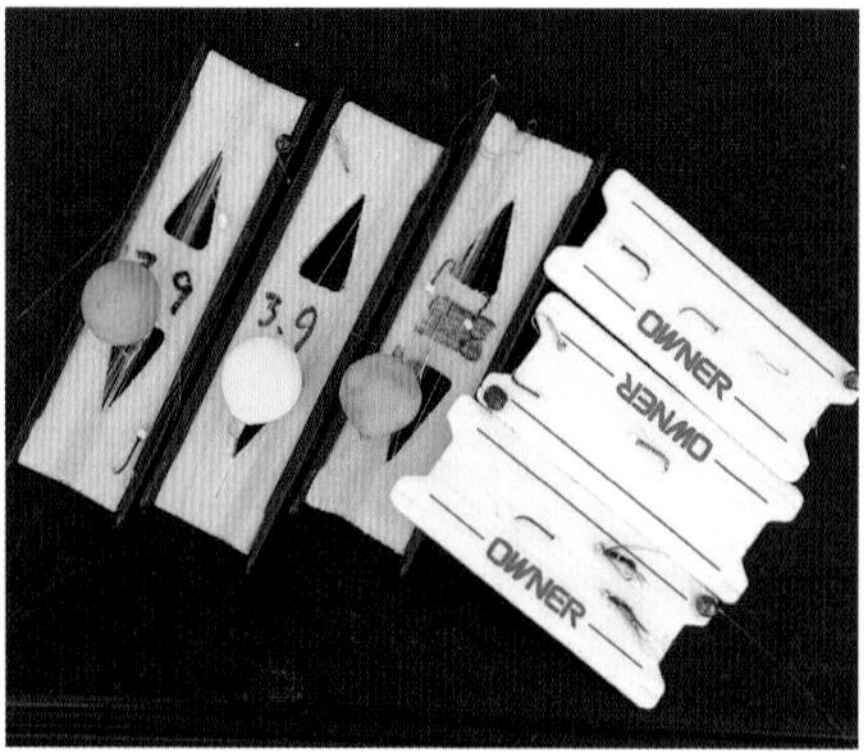

仕掛け巻き　仕掛け巻きに収納したチンチン釣り仕掛け。仕掛けは全体を巻いたもの（左）のほかに、交換用としてバケバリとガン玉だけのもの（右）も準備しておくとスムーズに釣りができる

サオ　川釣り用に販売されている清流ザオ、渓流ザオ、ハエザオの3.6〜3.9mクラスが使いやすい

オモリ　ガン玉は3号（G3）を中心に大小を準備しておく

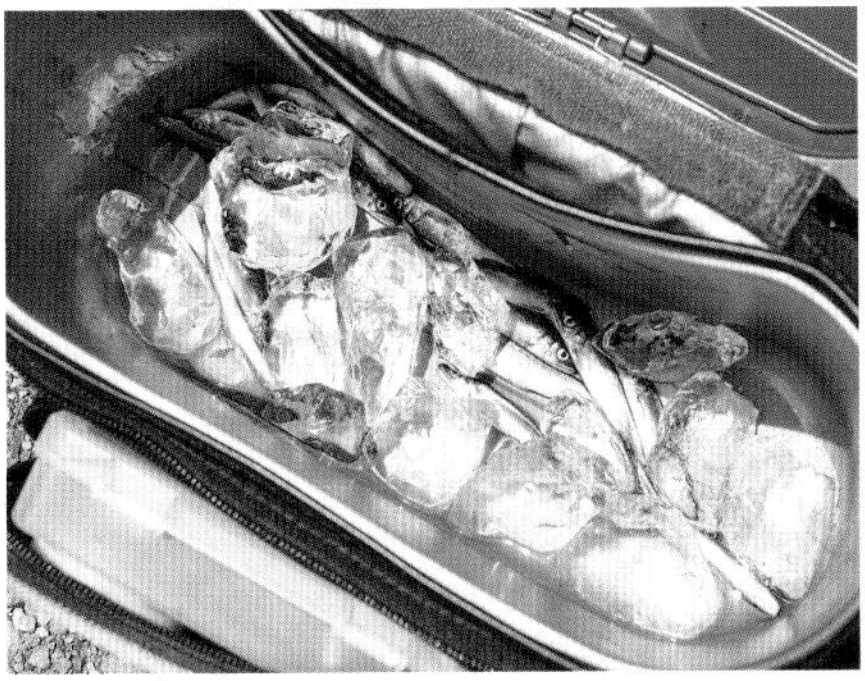

ウエストクリール　釣ったアユを入れるクリールには氷や冷凍したペットボトルを入れておく

ウエア　服装はウエーディングシューズまたはアユタビを履いたら、川歩きができる程度のカジュアルなスタイルで楽しめる。偏光サングラスはぜひ準備したいアイテム

タモ　スレバリを使うので掛かったアユはタモでキャッチする。枠径25㎝前後の渓流釣り用のものがあれば問題ない

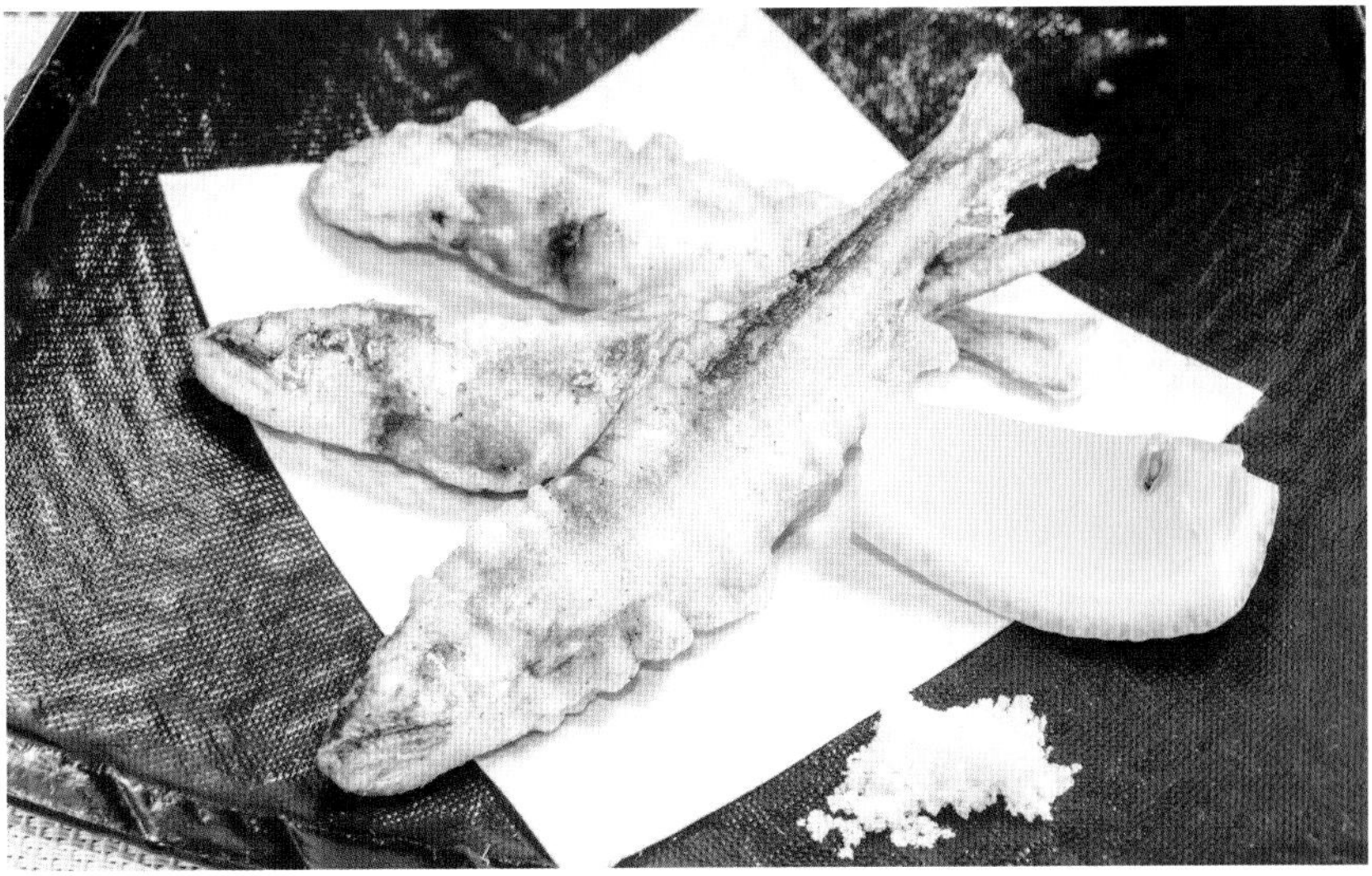

チンチン釣りでよく釣れる小型のアユは天ぷらが美味しい。釣り中からよく保冷して持ち帰り、その日のうちに調理すれば笑顔になれること請け合いだ

チンチン釣りの釣り方

まずは下のバケバリが川底近くを自然に流れるようにする

流し釣りのサオ操作

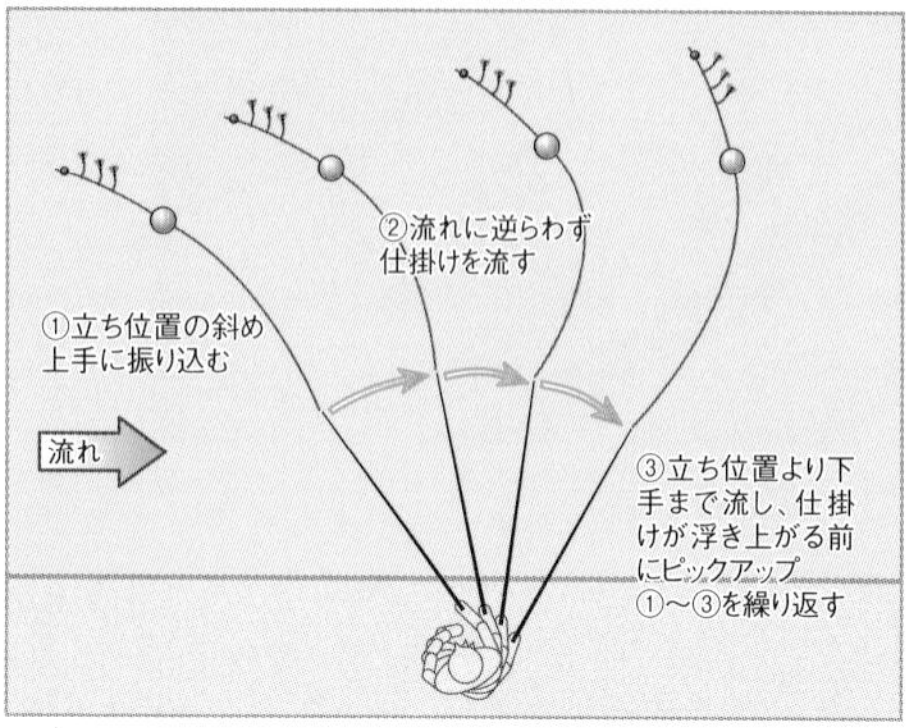
①立ち位置の斜め上手に振り込む
②流れに逆らわず仕掛けを流す
③立ち位置より下手まで流し、仕掛けが浮き上がる前にピックアップ
①～③を繰り返す
流れ

魚が掛かったらハリから外れないうちにそのままタモでキャッチすればOK

流し釣りの水中イメージ

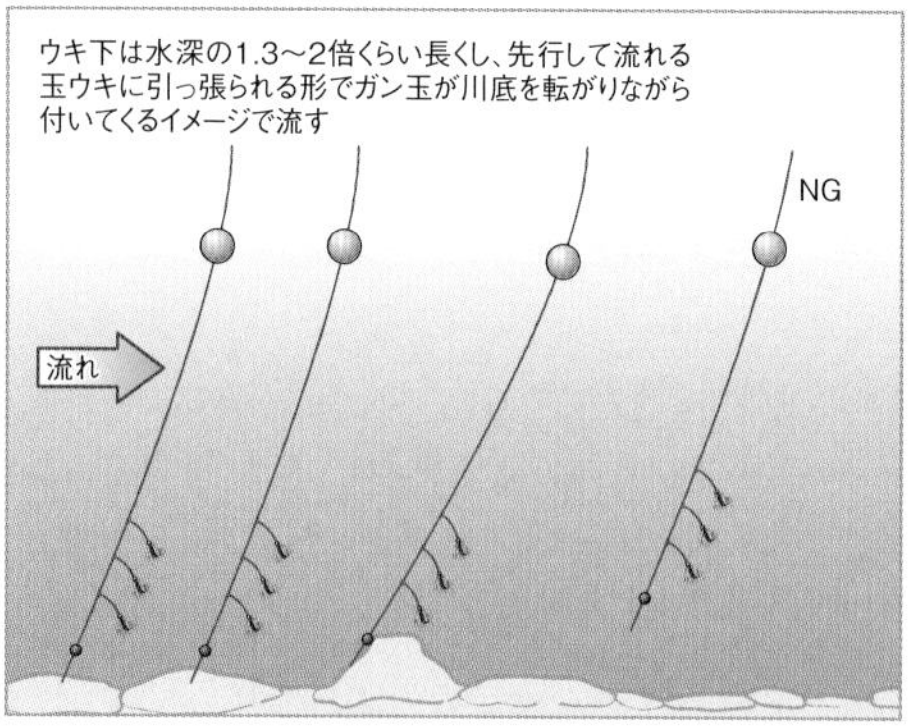
ウキ下は水深の1.3～2倍くらい長くし、先行して流れる玉ウキに引っ張られる形でガン玉が川底を転がりながら付いてくるイメージで流す
NG
流れ

【石と石の間にバケバリを通す】

　チンチン釣りに向いているのは、大きめの底石が並ぶ水深40㎝ほどの浅瀬だ。そうした場所で、底石と底石の間を縫うようにチンチン仕掛けを底層に流すと好反応が得られる。チンチン釣りの反応がよいのは、雨による増水で藻類が飛び、水が引く途中の濁りが薄れてくるようなタイミング。この点は毛バリ釣りと共通していて、時間帯に関しても、夜明けから午前8時くらいまでの朝マヅメ、午後3時過ぎから日没前までのタマヅメがよく釣れる。また、日中は日が差し込まない日陰のポイントのほうが釣れる傾向がある。

　仕掛けは上流に振り込んで下流に流し、大石や底石の間の溝をねらうのが基本。ねらう場所を決めたら、最初にウキ下の長さを調整する。流速によっても変わるが、ガン玉が底石の上を転がるように、目安としてねらう水深の1・2～2倍にする。仕掛けが流れる時は、水面に浮かぶウキが先行

仕掛けを流すコース

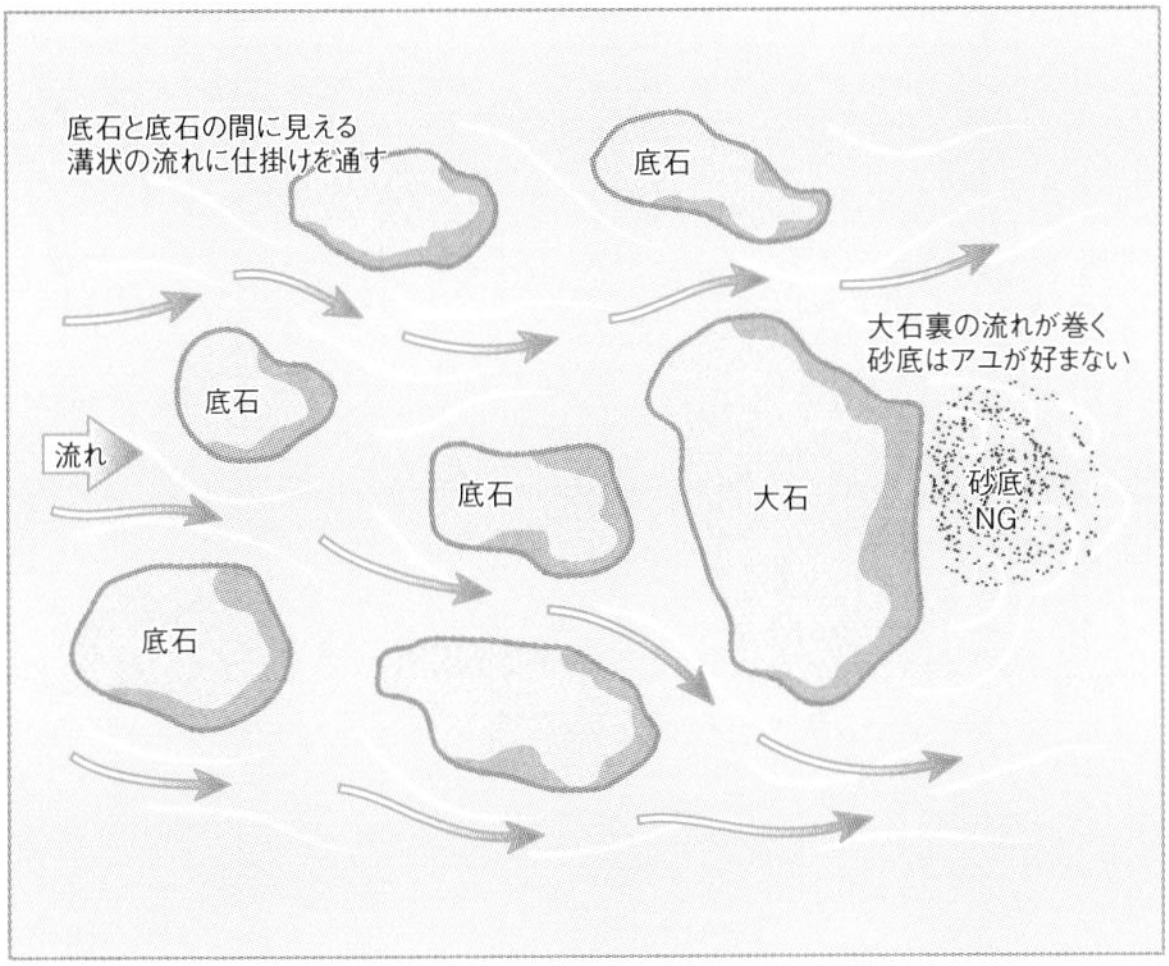

このサイズのアユが短時間で数多く釣れる。アユは小型でもよく引くので釣り味も楽しめる

大きめの底石が並ぶ浅瀬が典型的なポイント。石と石の間を縫うように仕掛けを流す

して流れを下り、そのあとをガン玉が底を擦りながら付いてくるような形にする。

アタリはウキが沈む、横に走る、震えるように動くなどさまざま。何かしらの違和感を覚えたら、軽く合わせてアタリを聞く。アユの手応えがあれば、カエシのないスレバリを使っていることもあり、時間をかけずに引き抜いてそのままタモで受ける。釣ったアユは美味しく食べるためにも、しっかり保冷したビクにキープする。

アユのエサ釣り

アユ釣りには「エサ釣り」もある。アユのエサ釣りは、誰でも手軽にアユが釣れる方法の1つで、琵琶湖の周辺で昔から行なわれているコアユ釣りもその1つ。ほかにも小型のアユが群れで遡上しているような河川ならどこでも効果的で、東海地方の天然遡上があるアユ釣り河川、あるいは房総半島の天然遡上があるアユ釣り河川などでも、アユの遡上時期に合わせてエサ釣りが楽しまれている。

アユのエサ釣りでは、ハリに刺したエサを食わせるのではなく、エサは寄せエサ(コマセ)として使う。その寄せエサに反応したアユに、仕掛けの中のバケバリを食わせる。そのため道具や釣り方は前出のチンチン釣りと共通する部分も多く、釣りのスタイルも同じように小型のアユを数多くねらうというものになる。アユ以外のウグイやオイカワといった小魚も釣りやすく、夏の川で川魚をいろいろとねらってみる五目釣りとしても楽しむことができる。

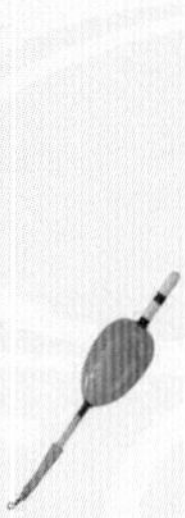

季節と釣り場

天然遡上のアユがいる小規模な川が好適。シーズンは初期から終盤まで楽しめるが、アユのエサ釣りをしてよいかは各地のルールに従う。琵琶湖のコアユ釣りに関しては、毎年３～４月が河口域でコアユが釣れ始める時期で、その後８月いっぱいまで楽しめる。９月になると滋賀県の条例で産卵保護のために流入川での釣りが禁止になるため、コアユ釣りのシーズンは終了する。

アユのエサ釣りは手軽なのに一度体験すると面白さに夢中になる釣り。写真は琵琶湖の湖北エリアにあり、コアユ釣り（エサ釣り）が盛んな川の１つである知内川の釣り風景

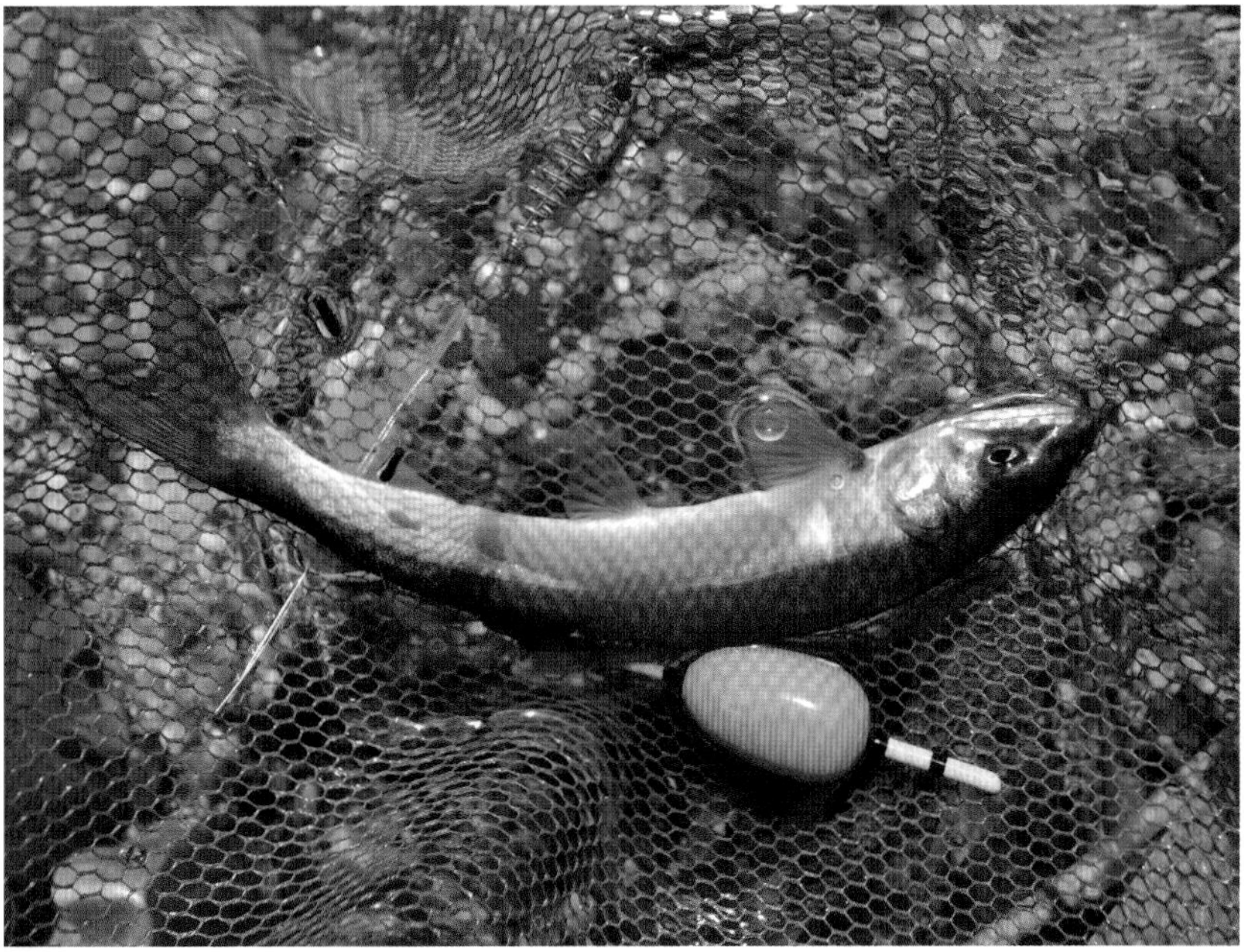

アユのエサ釣りにはラセンなど独特な仕掛けが使われる

エサ釣りの道具と仕掛け

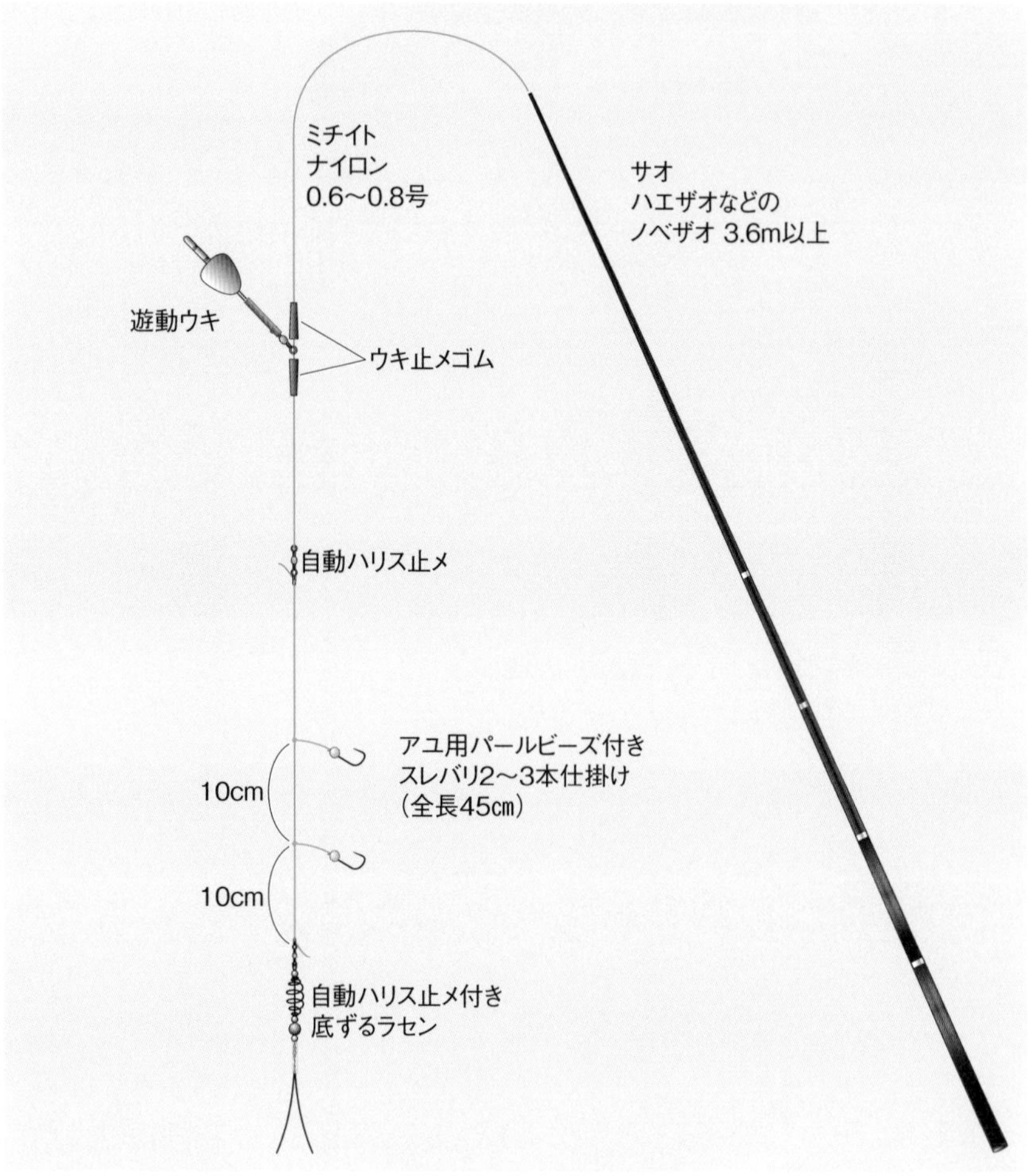

アユ釣りチョイ用語

Words

「サオ抜け」：多くの釣り人がいる川の中でも、魚が釣られずに残っている場所のこと。物理的に釣りにくいところだけでなく、浅すぎて多くの人は魚がいないと思いがちだが実際にはいる場所などさまざまなパターンがある。単純にその日にまだ誰もサオをだしていないために魚がいる場所は「さら場」ともいう。

【サオ】

アユのエサ釣りはいろいろな長さのサオで楽しめるが、エサ釣りに適した小規模な河川で、移動もしながら瀬のポイントを釣りやすいのは3・6〜3・9mほどのコンパクトな清流ザオ、渓流ザオ、先調子のハエザオなど。一方で琵琶湖のコアユ釣りでは5m前後のより長いサオを使い、やや深い瀬をじっくり釣るスタイルの人もいる。

【仕掛け】

仕掛けには上からウキ、複数のバケバリ、寄せエサを付けるためのラセン、オモリを並べる。仕掛けにはラセンとオモリが一体になったパーツ(底ずるラセン)を使うパターン、オモリの代わりにスーパーボールを使うパターン、ラセンとオモリの代わりにカゴを使うパターンなどいくつかのバリエーションがあるが、構造はいずれも一緒で、寄せエサを詰めたラセン(もしくはカゴ)が川底を擦りながら流れると、水中に寄せエサが撒かれ、その煙幕の中にあるバケバリにアユが盛んに食いつく。なお、エサ釣りで使われるバケバリは、極小のビーズヘッドが付いた白っぽいハリが定番になっている。

【エサ】

寄せエサは茹でたシラスを潰したものやシラスを混ぜた練りエサを使う。水中で拡散するとキラキラと光るのが特徴で、匂いのほかにこのきらめきもアユを刺激する。琵琶湖のコアユ釣りでは家庭で自作する人もいるが、釣りエサメーカーからも使いやすいものが販売されている。寄せエサはエサケースに入れて携行し、仕掛けを流すたびにラセンやカゴに新しいものを詰めて使う。

【その他】

エサ釣りの基本的な道具立ては、「サオ」「仕掛け」「エサ」だが、川を歩くためのウエーディングシューズ、掛かったアユを取り込むためのタモ、釣ったアユをキープするビク(ウエストクリール)などが必要なアイテム。1ヵ所に腰かけて釣りをする場合は、イスやその代わりに使えるクーラー、さらに釣ったアユを流れの中で生かしておけるズックビクや100円ショップの洗濯物用ネットカゴなどを使う人もいる。

サオ　エサ釣り用のサオは小規模な川で浅瀬をテンポよく釣るなら3.6〜3.9mクラス、少し深い場所を釣るなら5mほどの振り出しザオを使う。いずれも硬調のものが使いやすい

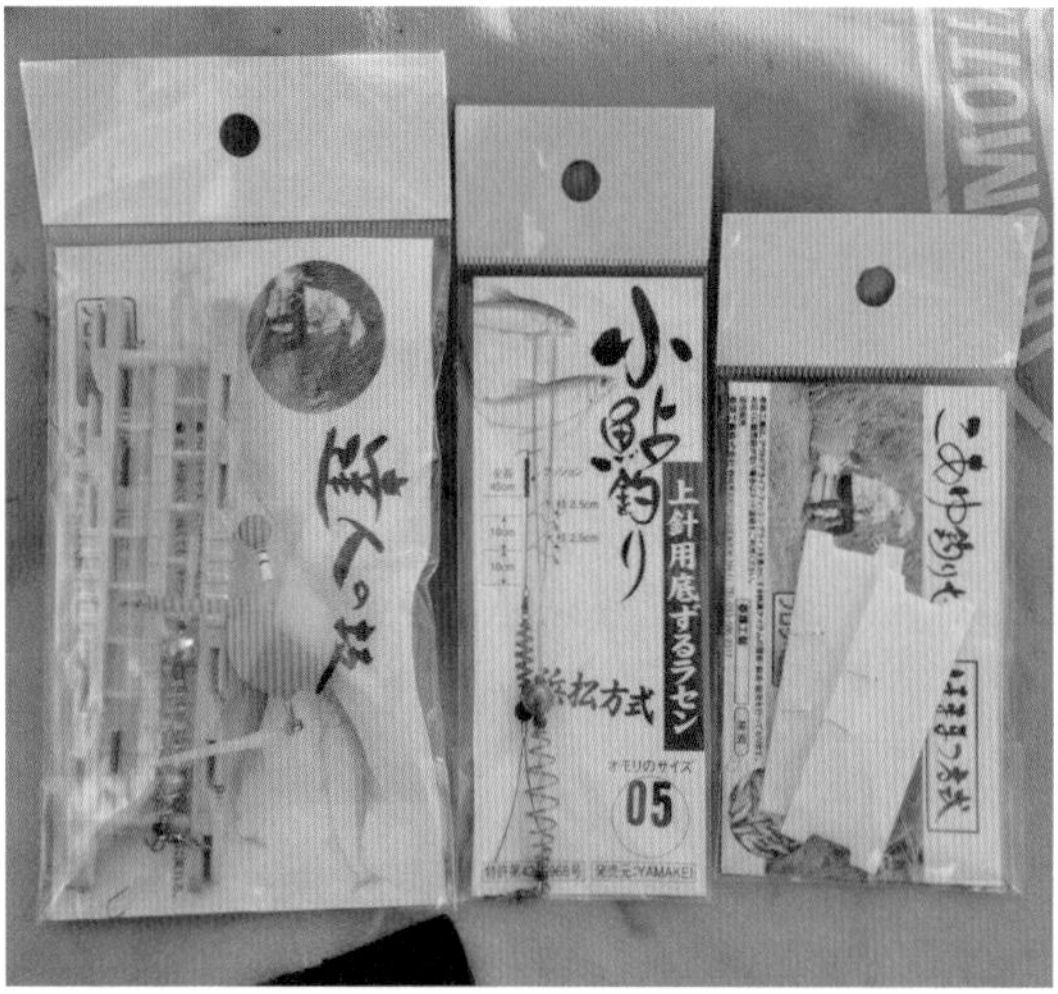

仕掛け　浜松式と呼ばれる底ずるラセンを使う釣りの仕掛け一式。左がすべてのセットで、中が単体の底ズルらせん、右が単体のバケバリ

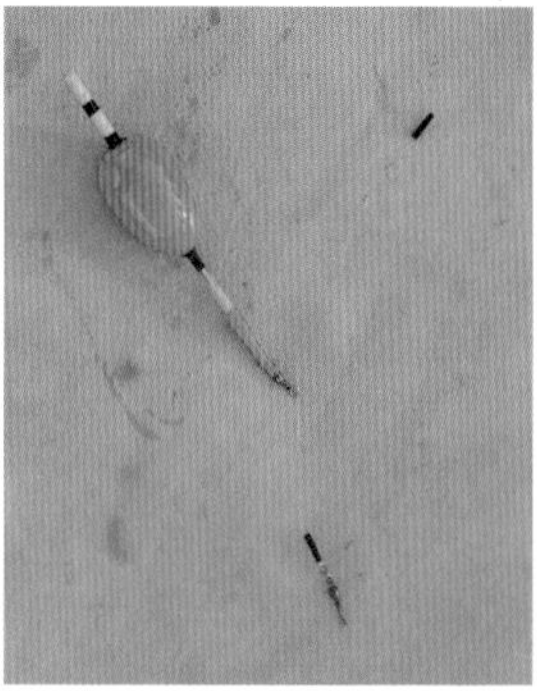

仕掛け上部　ウキは固定でもよいがストッパーを使った遊動式にすると食い込みがよくなる

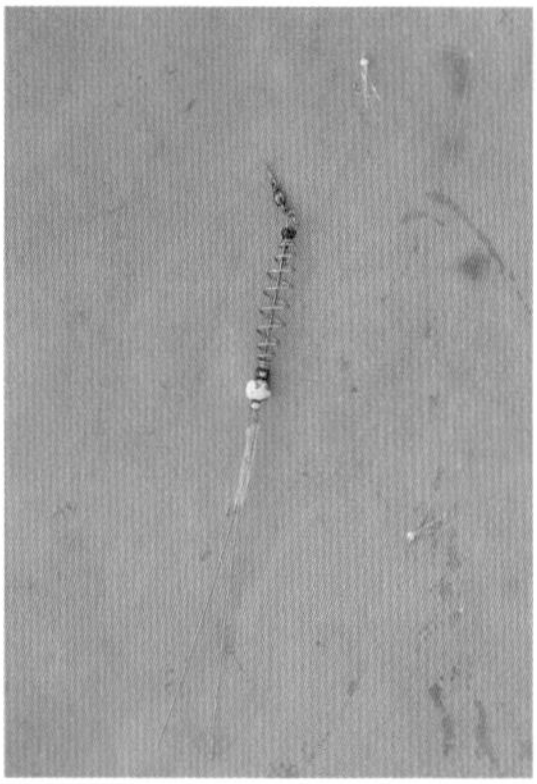

仕掛け下部
底ずるらせんはオモリが一体になっており、釣り場の流れの速さに応じたオモリ号数のものを選ぶ。目安は流れが緩やかなら0.3〜0.6号、速い場合は0.5〜0.8号、速く深い場合は1.0号、流れがなく深い場所では0.1〜0.3号が好適。その上にバケバリを配置する

エサ(寄せエサ)
寄せエサはしらすを使った専用エサや大手メーカーからも使いやすいウエットタイプのコアユ釣り用エサが販売されている。釣りをする時はそれらをラセンに手で握って詰めて使用する

ビク、タモ、エサ箱　ウエストクリール(ビク)に開口部の広いエサ箱を取り付け、その中に寄せエサを入れておくと釣りがしやすい。また掛かったアユを取り込むタモも歩きながら釣る時はあるほうがよい

その他　1ヵ所に腰を据えてじっくり釣る場合は小型の座椅子やクーラーを使用。釣ったアユを生かしておくズックビクがない場合は、メッシュタイプの洗濯物入れ(写真上)に重しの石を入れて使うこともできる

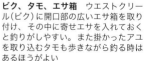

エサ釣りの釣り方

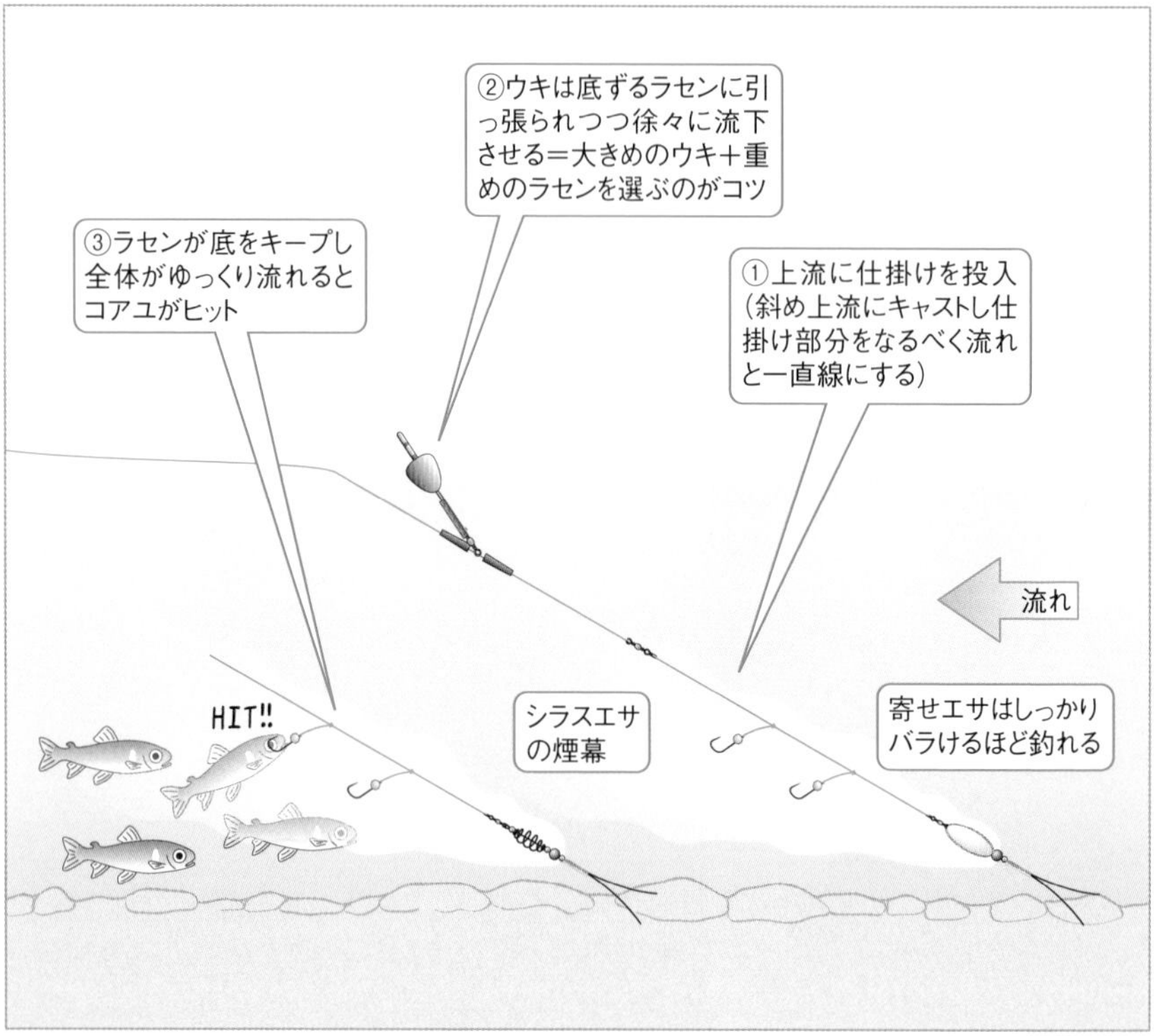
②ウキは底ずるラセンに引っ張られつつ徐々に流下させる＝大きめのウキ＋重めのラセンを選ぶのがコツ
③ラセンが底をキープし全体がゆっくり流れるとコアユがヒット
①上流に仕掛けを投入（斜め上流にキャストし仕掛け部分をなるべく流れと一直線にする）
流れ
HIT!!
シラスエサの煙幕
寄せエサはしっかりバラけるほど釣れる

【仕掛けを上流に振り込みまっすぐ流す】

アユのエサ釣りに向いているのは、寄せエサの煙幕の中にバケバリを同調させて流しやすい浅瀬。また、そうした場所が多い小規模な川がアユのエサ釣りには向いた川といえる。具体的にはくるぶしほどの深さしかないようなチャラ瀬もエサ釣りでは格好のポイントになる。

釣り始めはまずウキ下の長さを調整する。ウキ下の長さは水深の2倍ほどが目安。そのうえでオモリは仕掛けが機能する範囲で軽いほうがアタリが出やすく、アユが掛かったあとも引きを楽しめる。ウキがサーッと流れてしまう時はウキ下が浅すぎるかオモリが軽すぎる。かといって、ウキ下が長すぎたりオモリが重すぎると底に引っ掛かって仕掛けが流れない。川の流れよりも若干遅めに、ウキがカタカタと揺れながら流れる状態にする。

アユはある程度流れが通っているところに群れており、仕掛けもそうした場所のほ

水中のようす

コアユや小型の天然遡上アユは群れで泳いでいる。写真はその群れがいる流れの筋に右からまずウキが流れて来た状態

そのまま同じレーンにバケバリとラセンが流れてくると、ラセンから放出されたシラスエサで食い気の上がったアユがバケバリに食いつく

仕掛けを流す

水深に合わせてウキ下を調整したら仕掛けを上流に振り込む。振り込みは仕掛けが先端までまっすぐ伸びるようにしっかり振り込むのがコツ

ウキが着水したら、ウキが手前に寄らずにまっすぐ流れを下るようにサオ先でフォローする。するとウキに引かれる形で水中のバケバリとラセンも同じレーンを流れ下る

うが流しやすいので、浅瀬の中でも周囲より少し深くなっているような筋をねらう。ねらう筋を決めたら、ラセンにエサを詰めて、その上流に仕掛けを振り込む。そしてウキが手前に寄って来ず、着水地点からなるべく長い距離をまっすぐ下流に流れ下るようにする。そうすることで、水中のバケバリとラセンも同じ筋の中を自然と流れる状態になる。

寄せエサで活性が上がり小さなバケバリをしっかりくわえたアユ。小型のアユのエサに対する反応は非常によい

エサ釣りのポイント

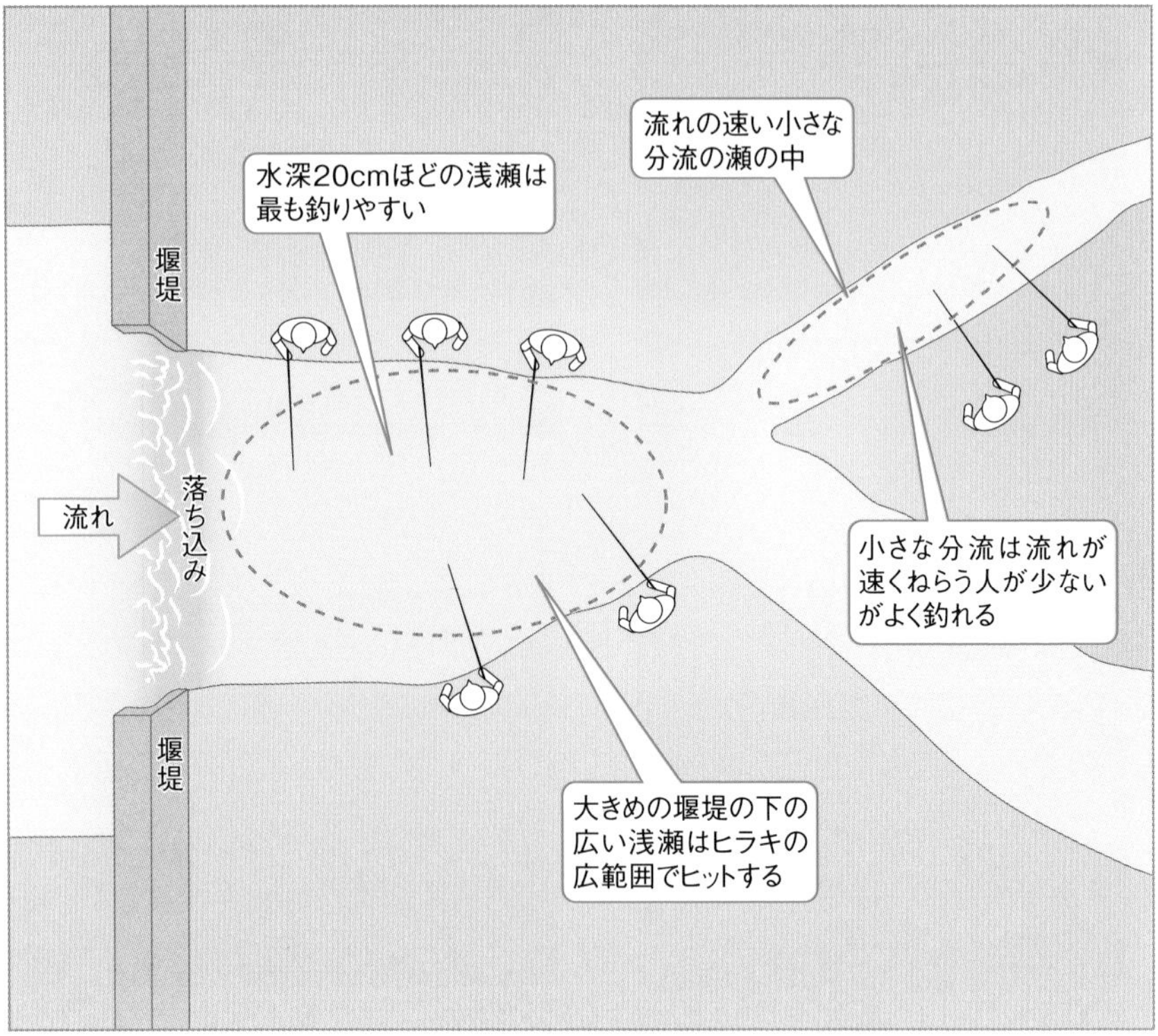
流れの速い小さな
分流の瀬の中
水深20cmほどの浅瀬は
最も釣りやすい
堰堤
落ち込み
流れ
小さな分流は流れが
速くねらう人が少ない
がよく釣れる
堰堤
大きめの堰堤の下の
広い浅瀬はヒラキの
広範囲でヒットする

【小さな分流なども積極的にねらってみる】

アユが食いつけばアタリははっきりと目で見てわかる。ラセンが底石にぶつかることで、カタカタと揺れながらもまっすぐ下流に流れていたウキが、スッと流れの中に引き込まれたり、波の揺れとは違った震え方をするので、いずれにしても何らかの違和感を覚えたら仕掛けを流れから引き抜くように軽くアワセを入れてみる。アユが掛かっていれば手応えですぐにそれとわかるので、そのまま引き抜いてタモに取る。アユが掛かっていない場合も、仕掛けを引き抜いた時点で寄せエサがラセンから出切っているので、寄せエサを詰め直して釣り直す。

浅瀬での釣りに慣れてきたら、他のポイントも積極的にねらってみる。アユのエサ釣りは、多少流れが速く深い場所であっても、ウキ下とオモリの調整をしっかりすれば問題なくアユをねらうことができる。また、そうした場所は釣りやすい浅瀬に大勢の釣り人が集まっている場合でも、サオ抜けになっていることが多いので、思わぬ好釣果が期待できる。アシが茂って見通

流れが速い場所でアユが掛かるとサオが大きく絞り込まれる。アユの姿が見えなくても、まずはいろいろなポイントに仕掛けを入れてみるとよい

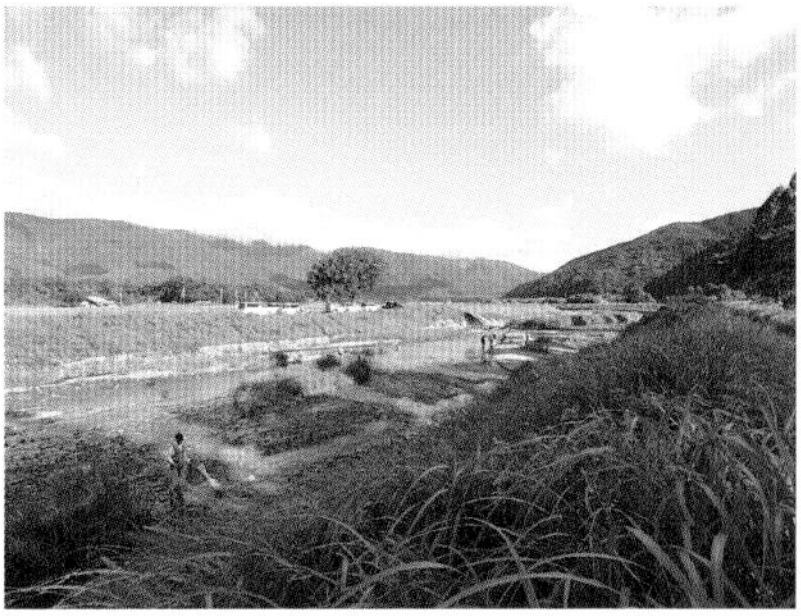

開けたポイントだけでなく、流れの速い小さな分流などでもこまめにサオをだすと思わぬところにアユがたまっていることがある

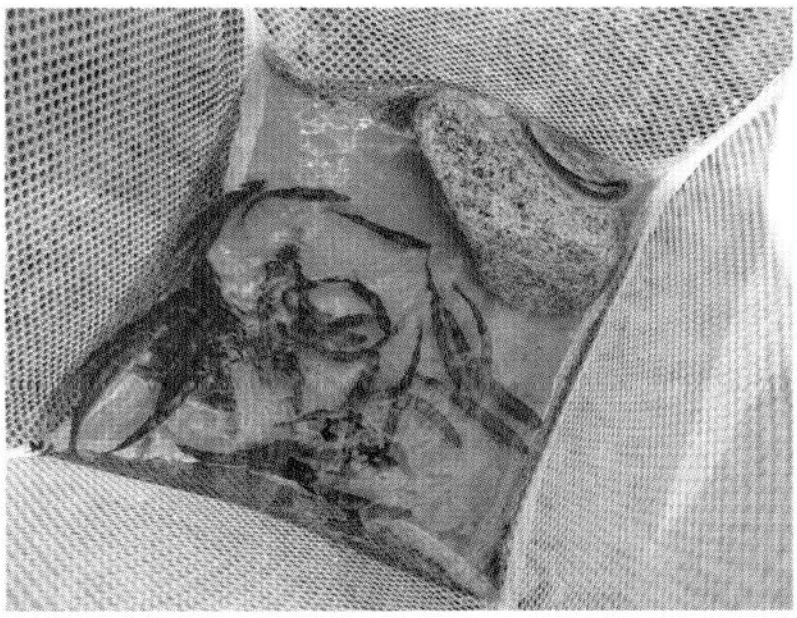

一度コツが掴めれば入門者でも驚くほどの釣果を得られるのがアユのエサ釣りだ

ウキが震えて元気なアユが掛かる釣りは誰でも楽しみやすい

しが利かないような小さな分流などにもアユは意外なほど入っていることがあるのでチャンスだ。

なお、琵琶湖周辺のコアユ釣りでは、アユの数が非常に多いこともあり、1ヵ所に腰を据えて楽しむ釣り人の姿が多く見られるが、他の河川であればコンパクトな道具立てを生かし、小さな分流なども積極的にねらってみて、あちこち釣り歩くほうが数を伸ばすには効果的だ。そのうえで、アユのエサ釣りは仕掛けのバランスが合っていれば素直にアタリが出るので、誰でも楽しみやすく、ベテランが真剣にやっても細かいオモリ調整などでより数を伸ばせる楽しみがある。

身近な清流で川遊びの感覚で楽しめる

第四章

アユの持ち帰りと焼き方

釣ったアユを締める

氷締めの手順

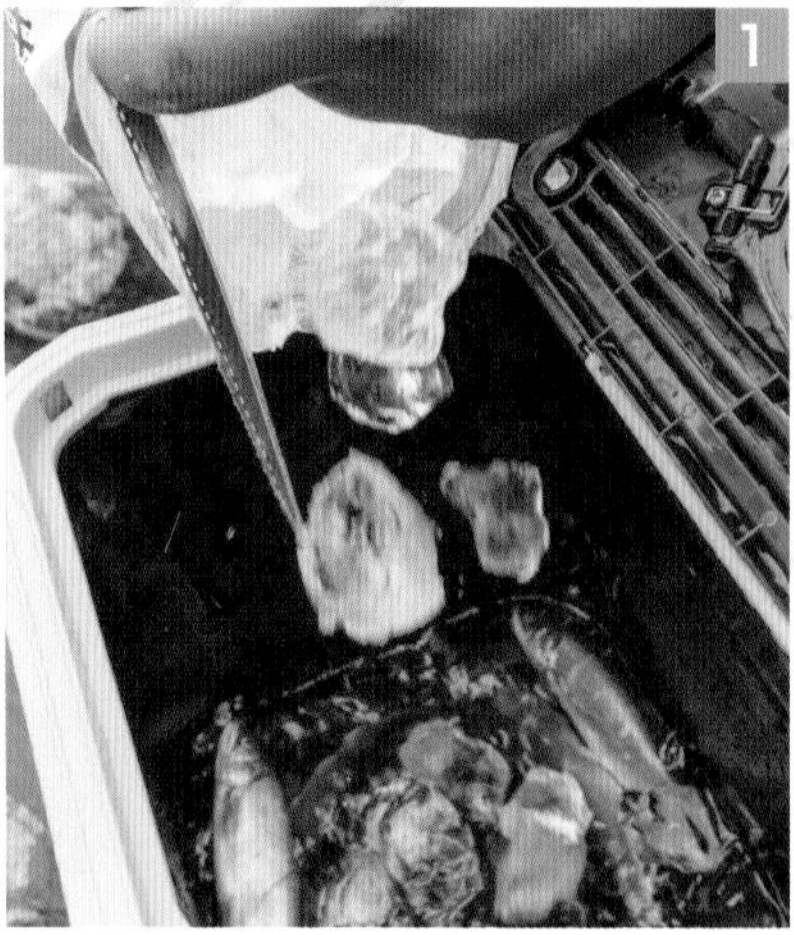

オトリ缶から余計な水を捨て、アユがひたひたに浸るくらいにしたら、コンビニなどで購入しておいた氷を入れてキンキンに冷やす。この時に使用する氷は砕氷でも板氷でもよいが、冷水に触れたアユは暴れるのですぐに蓋をする

用具類

氷締めしたアユの持ち帰りにはクーラーや発泡箱が必需品。締めたあとのアユを直接水に付けないためのジップ袋も用意する。また、自宅で冷凍する場合は1尾ずつを小分けにできる冷凍袋(釣具店で購入可能)があると便利だ。このほかに氷を用意する

【基本は氷締め】

アユ釣りの魅力はなんといっても美味しいアユが食べられること。それにはまず美味しく持ち帰る作業が必要になる。

具体的には釣ったアユは釣りが終わったあとにすぐに氷締めにする。チンチン釣りやエサ釣りのように小型のアユが多く釣れる場合は、釣ったものからすぐに氷水に入れて締めるのがよいが、ルアーフィッシング、友釣り、毛バリ釣りのように、釣り終わりまで生かしておける場合は、川から上がったあとに着替えと同時進行で氷締めの作業をするとよい。

ここでは友釣りのオトリ缶を利用するケースを紹介しているが、オトリ缶がない場合もクーラーなどを使って同じ作業をする。また、氷締めしたアユは自宅に着くまでしっかり保冷して持ち帰る。

【美味しいアユを食べるポイント】

●釣ったアユは釣り場で氷締めする。
●自宅までしっかり保冷して持ち帰る。
●すぐに食べないぶんは冷凍。
●遠征先ではクール宅急便も利用する。

アユの数が少なければ、引き舟を使って同じ作業をしてもよいが、引き舟の場合は途中で倒れて水が抜けてしまわないように注意する

氷水を飲んだアユは1分ほどで自然に死ぬ。アユが締まったら余分な水を一度捨てる

氷締めされたアユ。生きているうちに冷水を飲ませることで、傷みやすい内臓まで充分に冷やすのがコツなので、氷締めの作業は着替えなどの前に行ないたい

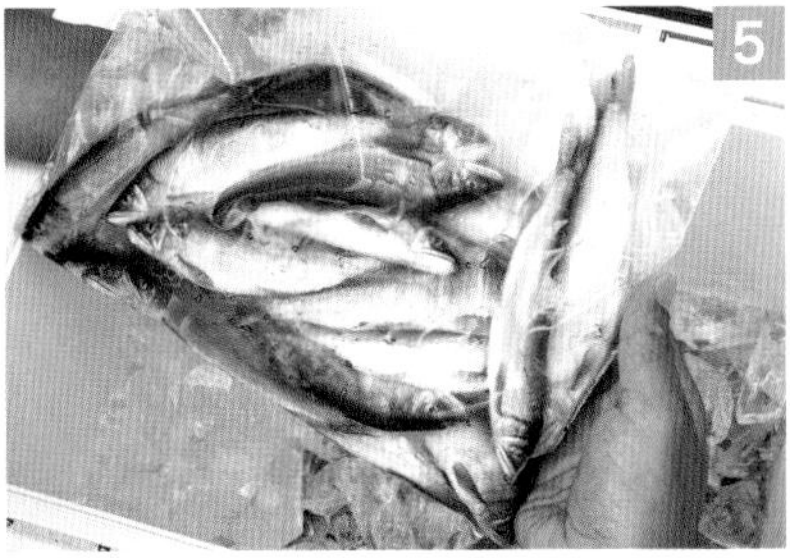

氷締めしたアユは、水に触れない状態で保冷して自宅まで持ち帰る。あらかじめ食品保存用のジップ袋を用意しておくのが基本だか、コンビニで砕氷を買っていればその袋も使える

ジップ袋に入れたアユを砕氷を敷いたクーラーに入れ、さらに上からも砕氷をかぶせる。氷の量は当日の気温しだいだが、基本は多めに準備しておき、少なければ途中で買い足す

食卓塩を使う氷締め

氷締めには食塩を利用するのもおすすめ。塩を入れることでアユの色がよりきれいに保たれ、味も落ちにくくなる。塩はシンプルな食卓塩でよい

ここではクーラーと板氷を使用しているが他の方法でもよい。塩は「たっぷり」入れればよく、ここでは板氷の上に小さな山が３～４個できるくらい入れている

塩を振ったあとは全体をよくかきまぜて塩氷水を作る。塩を入れることで水自体も早くキンキンに冷える

塩氷水の準備ができたら生きている状態のアユを入れる

アユは1分ほどは冷水を飲んでも生きているがやがて自然に締まる（跳ねて暴れるので実際はすぐに蓋をする）

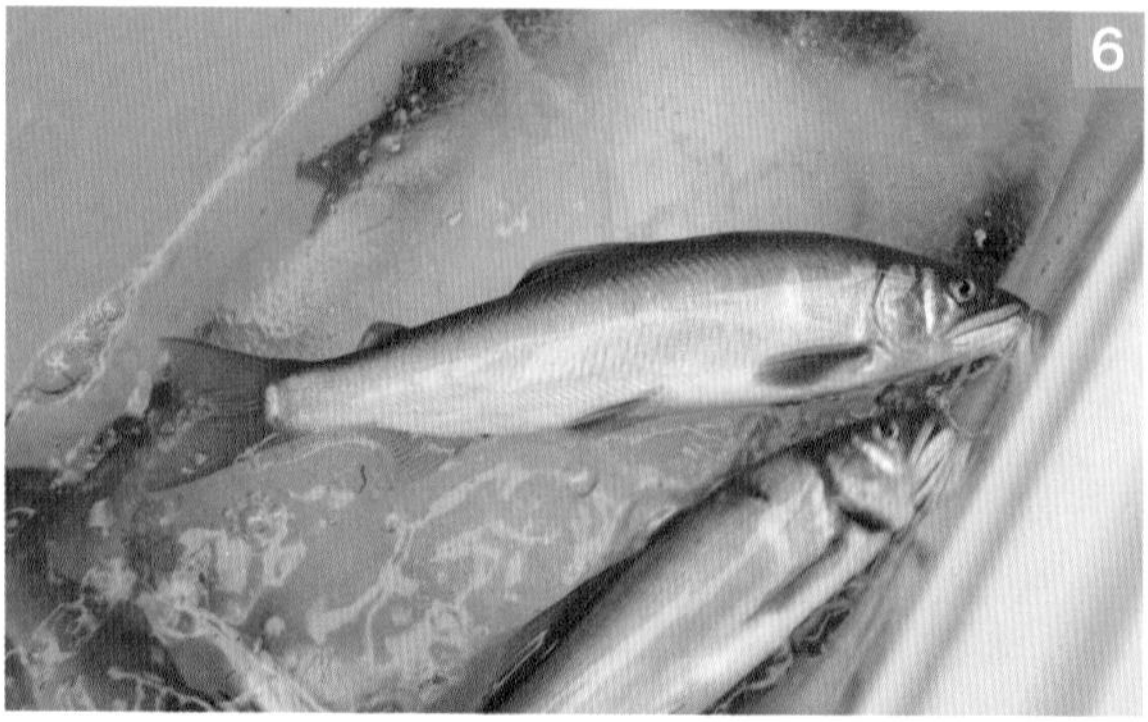

塩氷水で締めたアユは色が変わりにくくなり、浸透圧の影響による味の抜けも起きにくくなる。このあとの持ち帰り方は基本の氷締めと同じ

簀の子やウレタンマットの利用

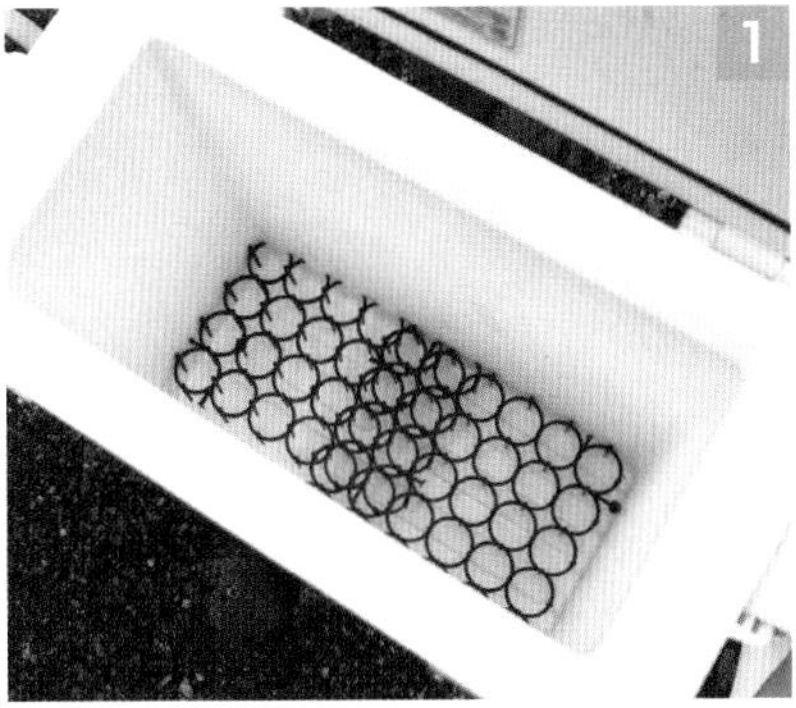

1

ホームセンターで販売している野良ネコや鳥対策用の防除ネットを利用し、簀の子としてクーラーの底に敷いておけば、締めたアユと氷を直接入れることもできる

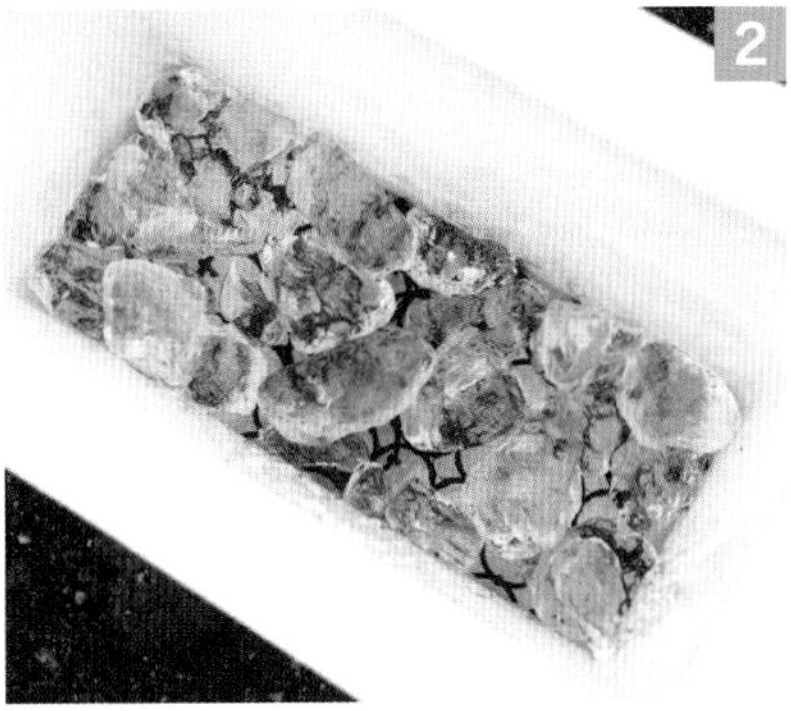

2

最初に底に敷いた簀の子の上に氷を多めに敷き詰める

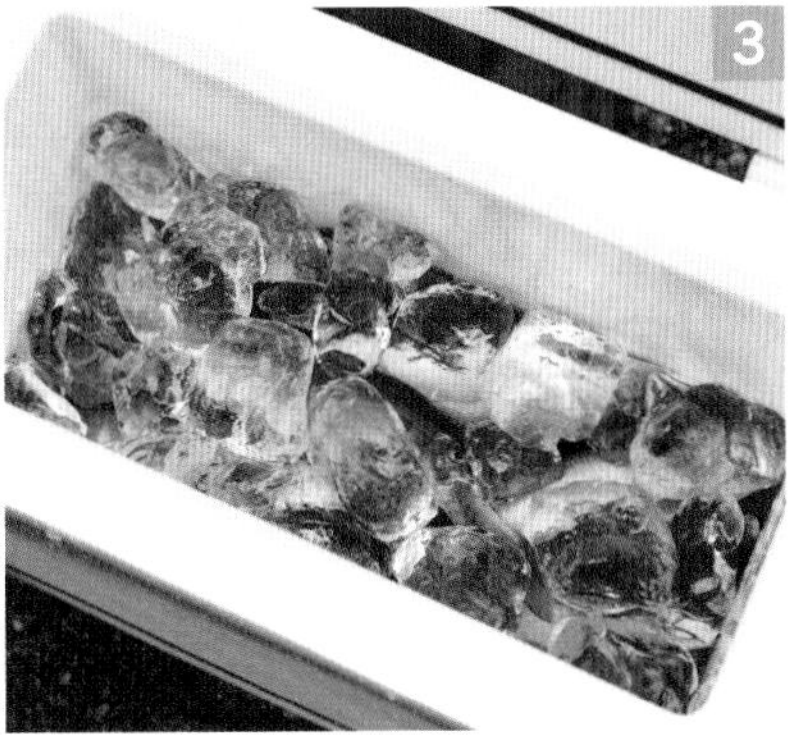

3

そのうえにアユをなるべく重ならないように並べて、さらに氷を被せる

4

また、風呂場用の厚手のスポンジマットなどをカットしたものを上に被せておくと保冷効果が高まる。新聞紙などでクーラー上部の空間を埋める方法も効果的だ

5

帰宅まで時間がかかる場合は、途中で溶けた水を抜いてやる。また氷が不足しそうな場合は途中で買い足す

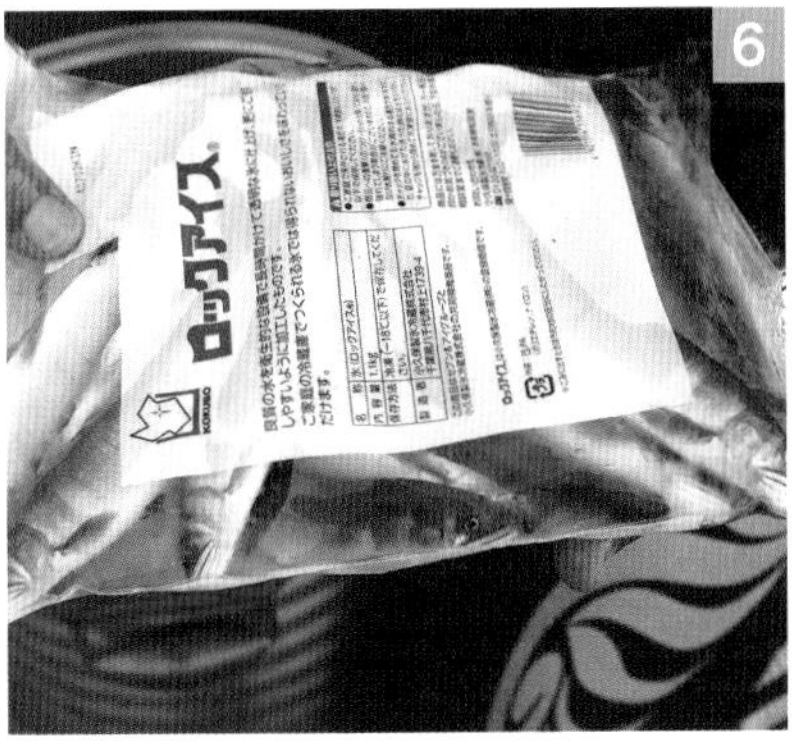

6

短時間の持ち帰りであれば、コンビニで販売している砕氷のジップ付き袋をそのまま利用するのも便利だ

アユを冷凍保存する

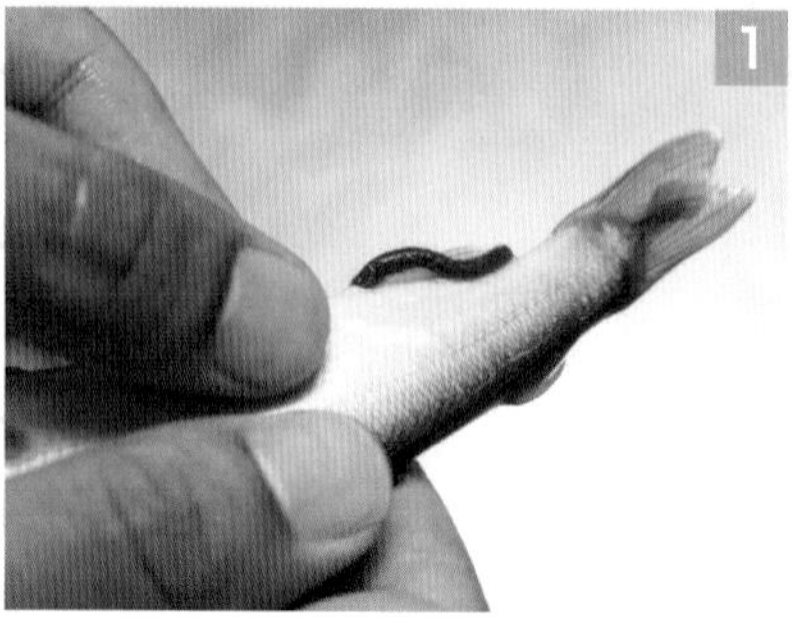

冷凍するアユは最初にフンを絞り出す。やり方は腹の下部をつまみ、軽く圧迫しながら尻ビレの前にある肛門に向けて押し出すようにする。フンの量はアユによって違い1～3回やるが、強くやりすぎて内臓を傷めてしまうのはよくない。手はあらかじめ氷水でよく冷やしておく

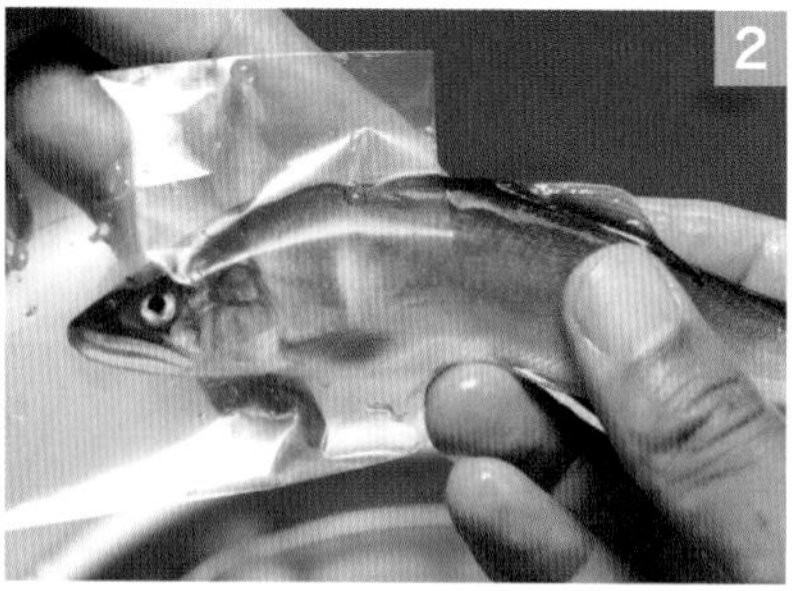

釣具店で販売している専用の冷凍袋に１尾ずつ入れてから冷凍するのがおすすめ。あとでアユ同士がくっつかずにきれいに解凍できる

冷凍袋にアユを入れたらところに一度氷水を入れる

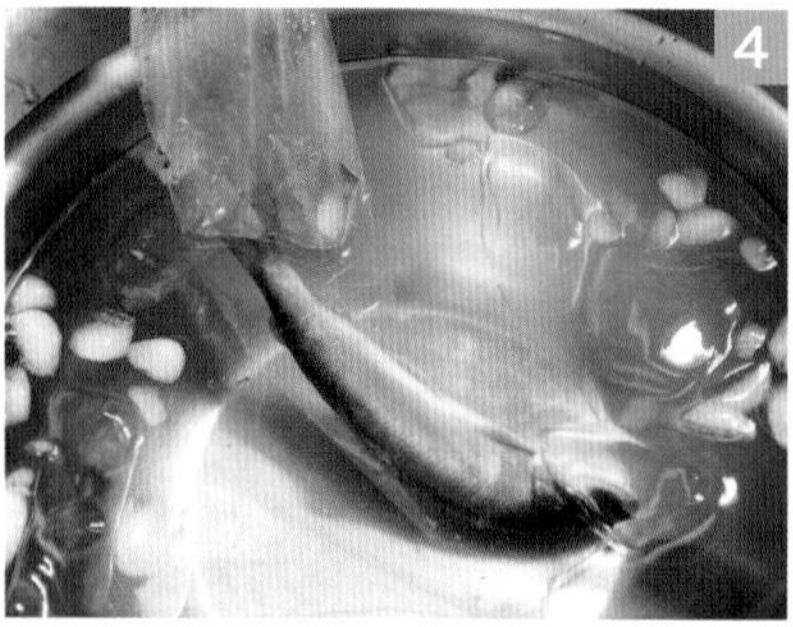

その状態でボウルに張った氷水の中に袋に入ったアユを頭からくぐらせる

【すぐに食べないアユは早めに冷凍しておく】

しっかりと保冷して持ち帰ったアユはそのまま料理するのが一番だが、たくさんのアユが釣れた場合は冷凍することで1年ほどは美味しく食べられる。

その際は袋の中でアユ同士がくっついた状態のまま凍らせてしまうとあとで皮や尾が欠けやすいので、ひと手間かけて1尾ずつを冷凍袋に小分けすると万全だ。また、それが難しい場合も1つの袋に入れた状態でストローなどを使って空気を抜き、アユ同士がなるべく重ならないようにすればあとできれいに解凍しやすい。

遠征先からアユを送る時

夏休みなどに泊まりがけで遠征した際は、地元の美味しいアユを持ち帰りたいもの。自家用車なら自分で持ち帰ることもできるが、 多くはクール宅急便を利用する。クール宅急便でアユを送る場合は、

①クール便の受付をしている集荷所に自分で持ち込む(コンビニなどからは発送できない)

②送るアユは保冷バックや発泡クーラーなど外気を遮断するものに入れてしまうのではなく、 段ボールなど冷気が通るものに入れる(輸送中の冷蔵効果を遮断しないため)

といった点がコツになる。 川の近くにあるクール便を受け入れてくれる集荷所と営業時間をあらかじめ確認しておき、 自宅に持ち帰るのと同じように氷締めしてジップ袋に入れる状態までしたものを保冷して集荷所に持ち込んだら、 集荷所で販売している段ボールを購入して緩衝材などと一緒に詰め、 そのままクール便として預けて発送してもらう。 夏の美味しいアユは友人やお世話になった人に贈っても喜ばれる。

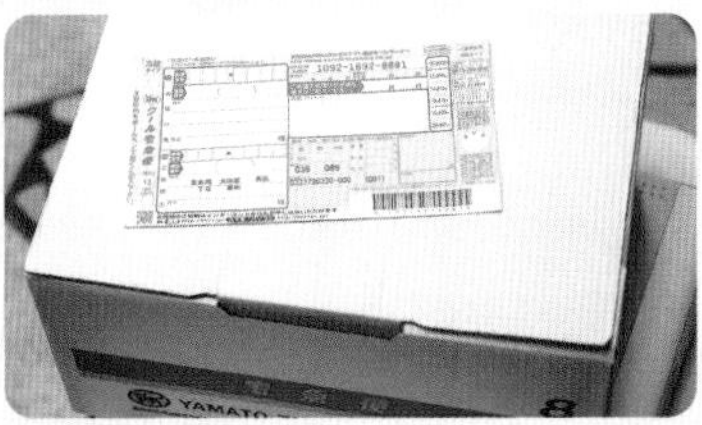

クール便を利用する際は輸送中に中まで冷気が通るようにしておくことが大切だ

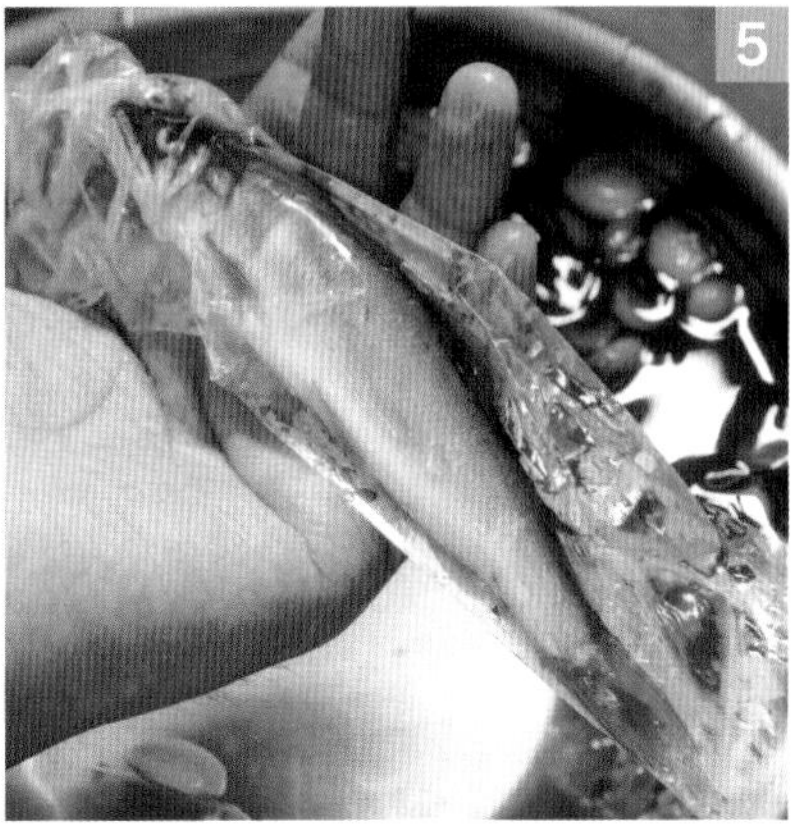

冷凍袋を引き上げると簡易的な真空状態になる

冷凍袋の開け口を片結びにするか輪ゴムで閉じて密閉する

作業を終えたアユを食品用袋に数尾ずつ入れて冷凍する。アユに密着した少量の水が凍ることで冷凍焼けが起きにくくなる。袋には釣った川と年月日を記入しておくとよい

家庭用グリルを使った塩焼き

STEP❶ 解凍から下準備まで

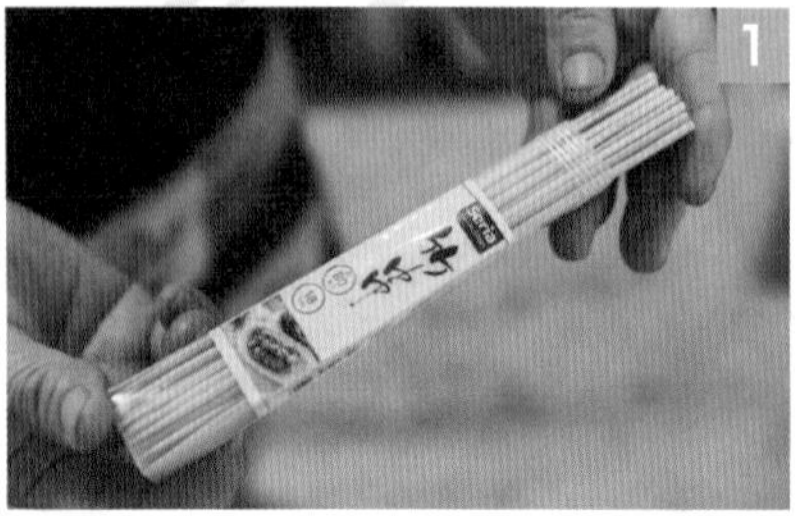

塩焼きには竹串を使う。写真のものは長さ18㎝。竹串を使うとアユが引っ繰り返しやすくなり上手に焼ける。アユは釣りたての新鮮な状態のほうが串を刺しやすいので、塩焼きを前提にアユを冷凍する場合は、冷凍する前に串を刺しておくのがよい。 串の刺し方はP131を参照

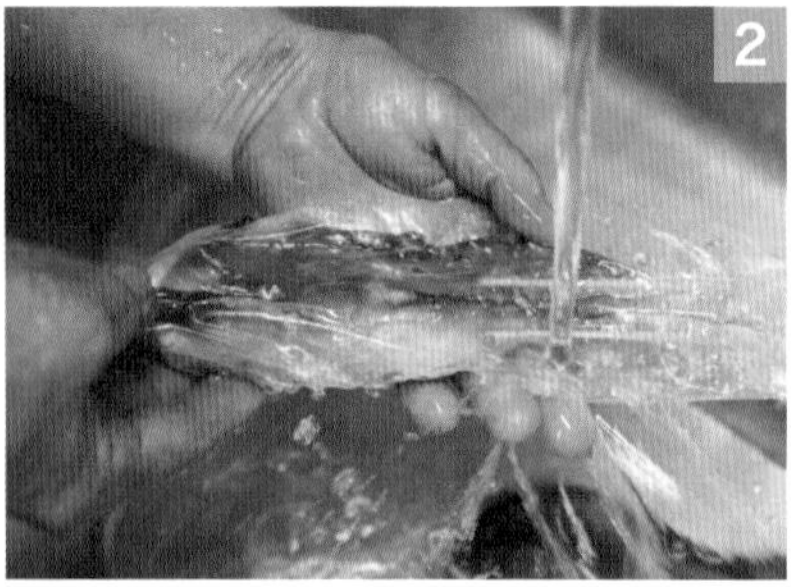

冷凍アユを使う場合は、流水を当ててまず袋から出せる状態にする

奥美濃荘（岐阜県郡上市八幡町五町263-3）の塩焼きは釣り客にも高く評価されている

【アユを美味しく焼く】

釣ったアユはまず塩焼きで味わいたい。炭をおこしてじっくり焼ければ理想的だが、家庭用のグリルでもコツを押さえれば絶品のアユの塩焼きが味わえる。ここではアユ釣りが盛んな岐阜県の長良川沿いにある民宿「奥美濃荘」の方法を紹介。皮はカリッと香ばしく、身はふっくらと焼き上げられたアユは、味にうるさいアユ釣りファンにも高く評価されている。宿の方法に合わせて、冷凍アユを解凍するところからスタートする。

【家庭用のグリルでアユを美味しく焼く手順】

●冷凍アユを流水で解凍する。目安は5分で完全解凍しない。
●準備したアユに塩を振る。
●表にする面を弱火で5～10分焼

袋から出した冷凍アユは、氷でくっついていた２尾が離れるまで水をかける。解凍時間の目安は5分だが、いずれにしても完全解凍はせず、表面の氷が解けるくらいまでにする

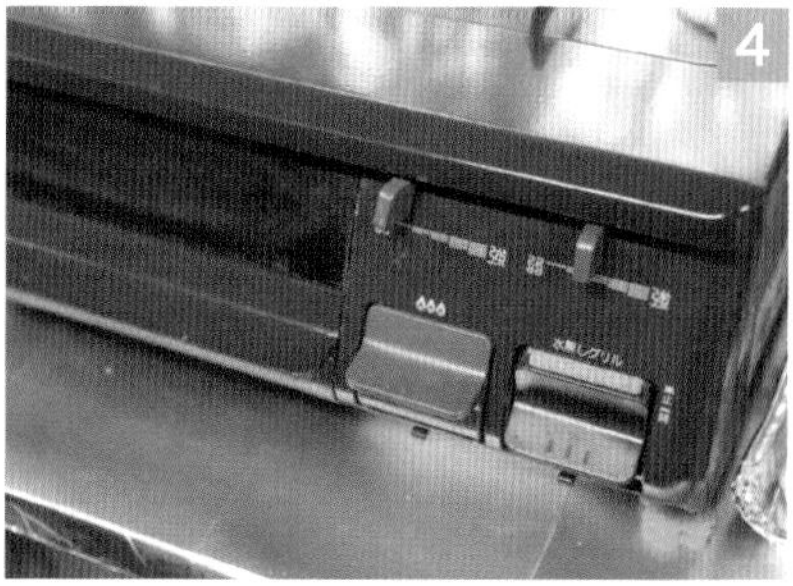

この間にガスコンロに中火で火をかけて内部を温めておく

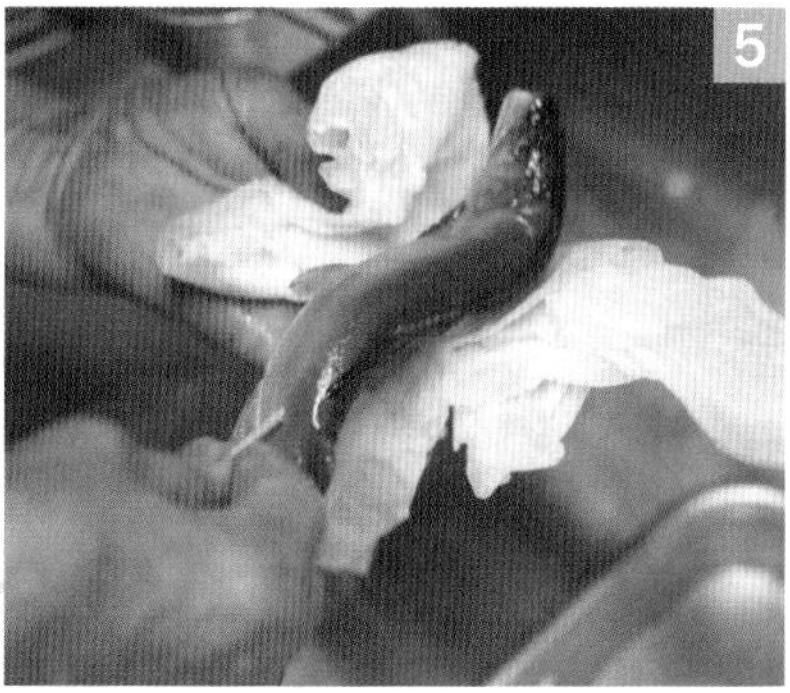

キッチンペーパーで解凍したアユの水分をふき取る

アユから30㎝以上離してパラりと塩を振る

き、キツネ色になるまで身を乾かす。

●同じ面を中火で1～2分焼き、焼き目を付ける。

●引っ繰り返して裏面を弱火で4～6分焼き、キツネ色になるまで身を乾かす。

●そのまま裏面を中火で1～2分焼き、焼き目を付ける。

●もう一度引っ繰り返して表面を1～2分焼き、しみ出て来た水分を飛ばす。

●火を止めてグリルの中で5分ほど蒸らしたら完成。

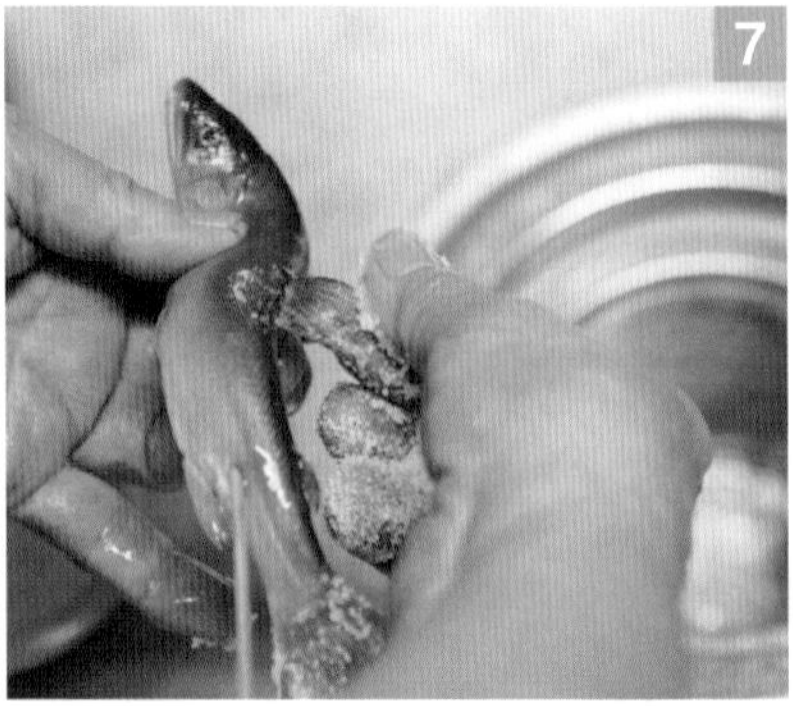

背ビレ、尾ビレに塩を付ける。粗塩はダマになってしょっぱくなるので使わず、食卓塩(精製塩)を使う

塩振りは付けすぎないのがコツ

STEP❷ 表面を焼く／1回目

アユの表面(串を刺したアユの頭が反り返って上に向いた面)を上にして焼き台に乗せる。ガスコンロの大きさに応じて入れるアユの数を決めるが、少ないほうがむらなく焼ける

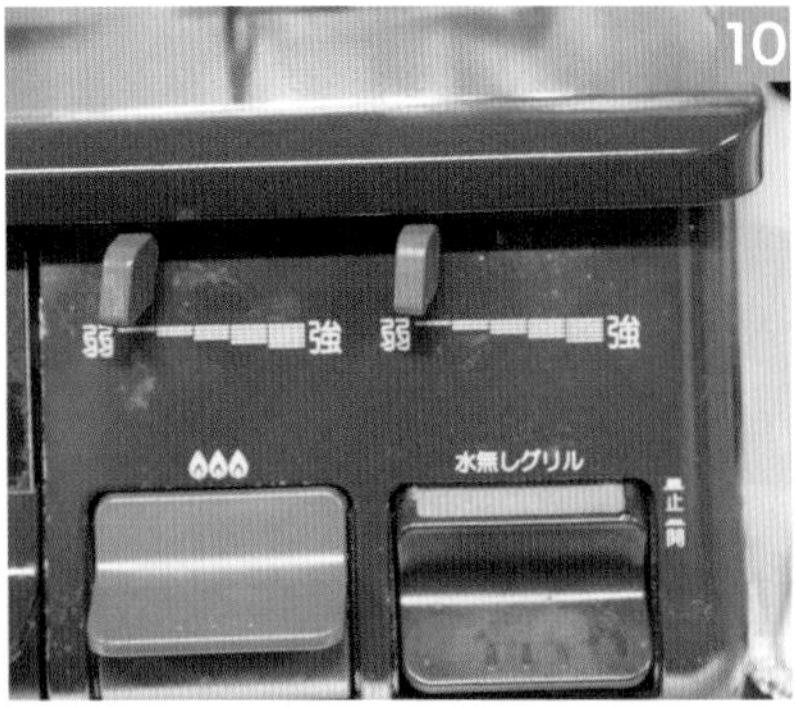

弱火にして5~10分焼く

最初の弱火段階では、身を内部まで乾かすイメージ

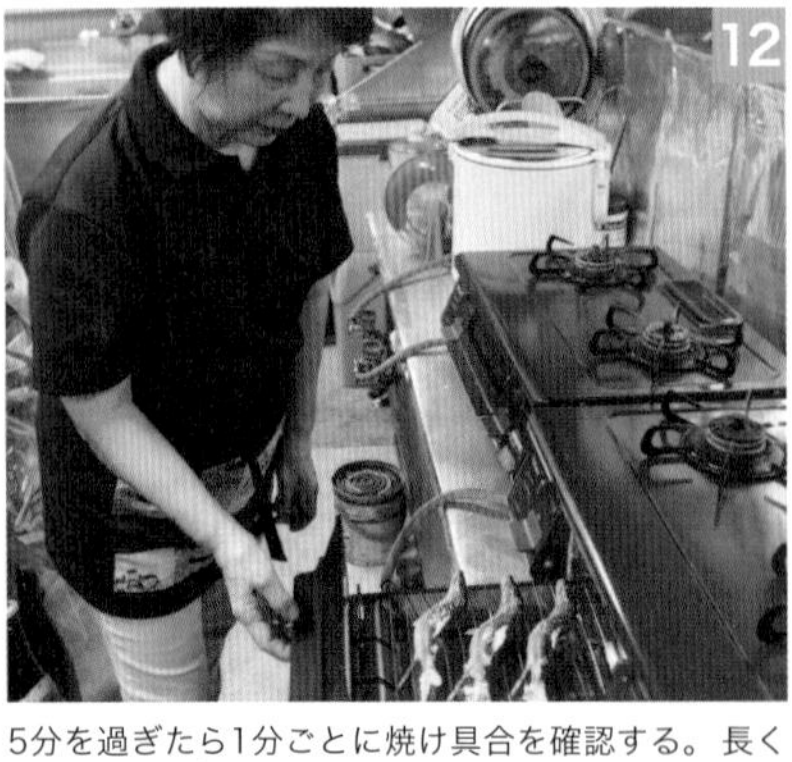

5分を過ぎたら1分ごとに焼け具合を確認する。長くても10分程度

アユ全体がキツネ色になり、振りかけた塩が浮き出たところで……

中火にして1~2分焼き、焼き目を付ける

STEP❸　裏面を焼く

串をつまんでアユを引っ繰り返す

弱火で4分を目安に、裏面の身がキツネ色になるまで焼いたら、さらに中火で1～2分焼き、焼き目を付ける

STEP❹　表面を焼く／2回目

表面に返して弱火で1～2分焼き、表面に出て来た水分を飛ばすイメージで焼き上げる。写真の時は2つのガスコンロで焼いていたアユを1つのコンロにまとめて仕上げの焼きを行なった

水分が飛んだら火を切り、そのまま焼き上げたアユをグリルの余熱で5分ほど蒸し焼きにしたら完成！

炭火を使った塩焼き

STEP❶　炭をおこす

アユに串を打つ前に炭をおこす。炭は国産のナラ炭や備長炭。外国産の安価なものはバーベキュー程度にはよいが、まとまった数のアユの塩焼きにする場合には充分な火力が得にくい

炭の着火はアウトドア用の「トーチ」があるとスムーズ。100円ショップで焼き網を購入し丸めたもので筒を作り、縦に組んだ炭の下部をあぶると煙突効果ですぐに炭がおきる

炭火の力はやはり絶大。専門店に負けない味わいが楽しめる

【失敗なく焼ける遠赤外線の効果】

釣ったアユを川で炭火焼きにすれば、さらにぜいたくなアユの塩焼きが味わえる。炭火焼きは準備の手間こそかかるが、遠赤外線を利用するので焦がしてしまうといった失敗がなく、誰でも最高のアユの塩焼きが味わえる手段。

ここでは専用器具(現在は非売品)を使っているが、「大きな金だらいに砂を詰め、周辺に串が刺せる簡単な炉を作る」「段ボールを利用してその周りを覆う」といった準備で、同じように美味しいアユの炭火焼きができるのでぜひ参考にしてほしい。

【炭火でアユを美味しく焼く手順】

- 炭をおこす。
- 釣ったアユに串を打つ。
- サラサラの焼き塩を用意する。
- 裏面を先に焼き、次に表面を焼く。
- 余分な塩を落とし頭からかぶりつく。

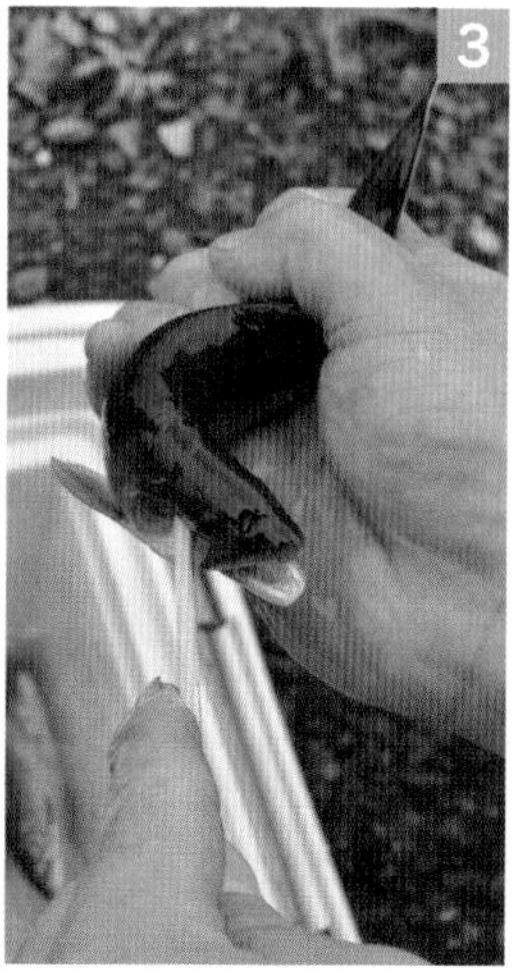

竹串は太いと焼いている最中にアユがずり落ちる場合があるので細いものを使うとよい。ここでは「エラ打ち」を紹介。まず写真のようにアユを持ったら、頭部を折り曲げつつ右頬から串を入れる。串の先は頬の反対側に届かせるイメージだが、実際は突き抜けないようにする

串の先がギリギリ飛び出さないところまで突いたら、そのまま思い切ってアユの身をSの字に折り曲げ、アユの右の側面に向けて串を通していく

同じようにギリギリ串の先が飛び出さないところまで突いたら、さらにアユを反対に折り曲げてアユの左の側面に向けて串を通す。写真はその状態で、串が少し外に出るくらいは問題ない

最後は尾ビレの付け根を持って思い切り手前に曲げ、串の先が尻ビレの後ろあたりから突き出るようにする

尻ビレの後ろに串を通す際は、このように指で角度を調整し、尾が「キュッ」と上を向くようにすると焼き上がりの姿に躍動感が出る

串を通し終わったらアユの腹面を上にして、肛門の前から親指でしごいてフン出しをする（フン出しは最初にしてもよい）

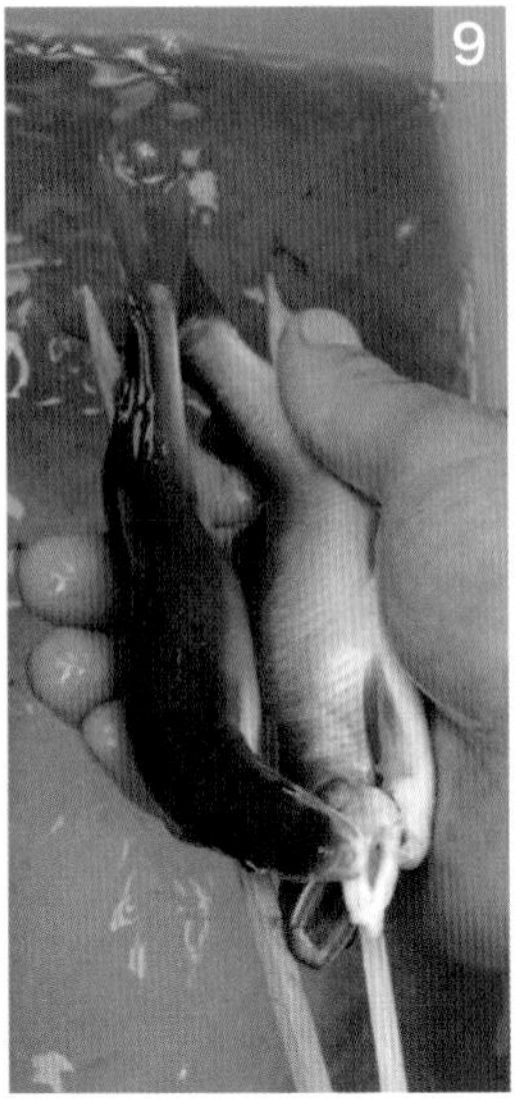

串打ちとフン出しを終えたアユは、最後に氷締めした時の水(ここでは塩水)で体表の汚れをしっかり洗い流す

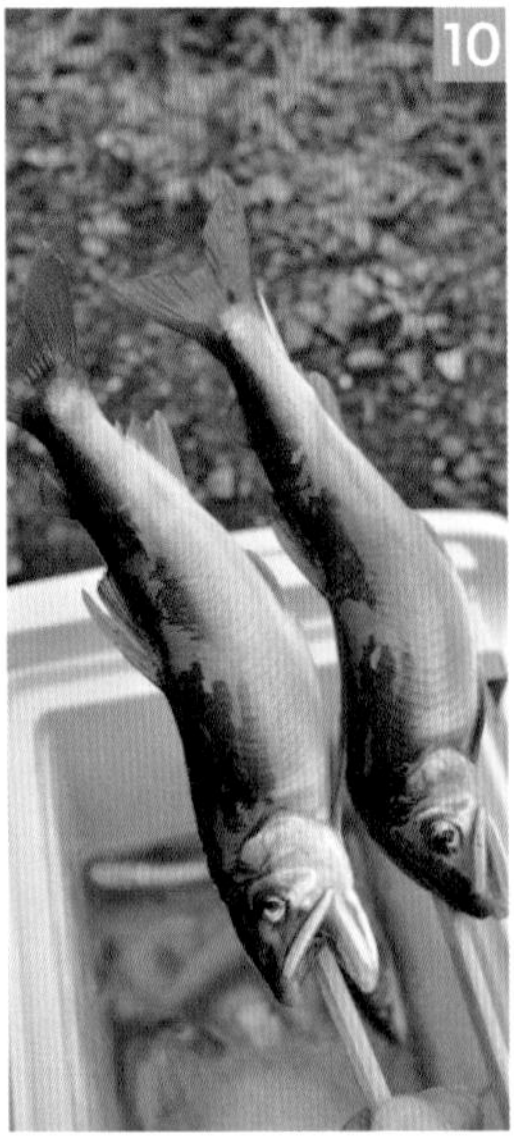

左が口を大きく開く「エラ打ち」にしたもので、最初にエラでなく目に串を通すと右の「目打ち」になる。味は変わらないので好みのほうでやればよい

STEP❷ サラサラの焼き塩を用意する

アユの塩焼きには食卓塩が向いているが、ひと手間かけた「焼き塩」にしておくと、濡れたアユに付いた時にベタつかずさらに美味しく焼ける。まずコッヘルの蓋などに食卓塩を入れる

火にかけて塩を炒る。色が変わるとエグみが出るので、変色しない程度にサラサラの状態にする

焼き塩が出来たら、最初にすべてのアユのヒレにたっぷり塩(化粧塩)をまぶす

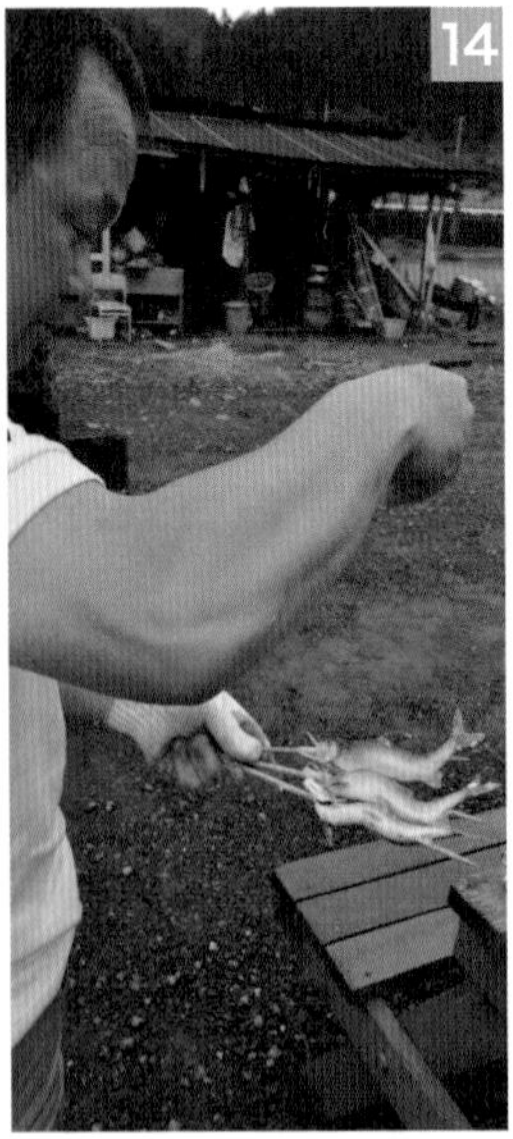

さらに離れた高い位置からアユ全体にまんべんなく焼き塩を振る。身には無理に塩を擦り込まないこと。そのほうがふっくらと焼き上がり味もよくなる

STEP❸ 裏から表の順で片面ずつ焼く

アユは皿に盛る時に頭を左に向けるのが基本。串打ちもその前提で行なっているが、まず裏面になるアユの右側の面を炭火に向けて並べる。この時に輻射熱を利用できるよう周りをカバー（段ボールでよい）で覆ってやるとよい

裏面を20〜30分かけてじっくりと焼く。焼き加減は好みだが、基本的に裏面は多少の焦げ目が付くくらいしっかり焼く。裏面が焼けたらカバーを一度外して表面を炭に向ける

表面もじっくり20〜30分焼く。この時もカバーをセットしてむらなく焼き上げる

焼けたアユを皿に取る。焼き立ては竹串が熱いので注意する

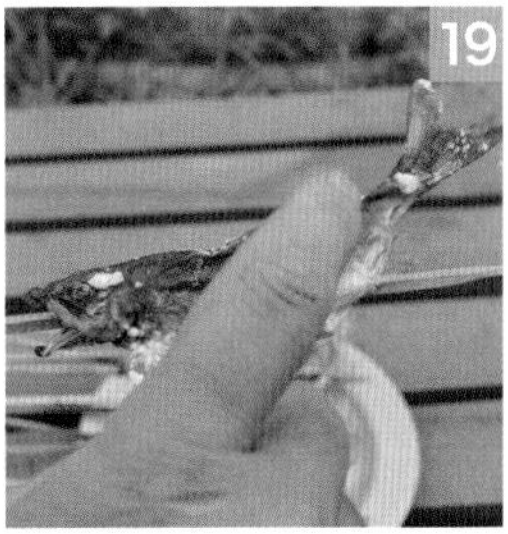

焼き上がったアユは串を回しながら身を軽く指で叩いて余分な塩を落とす

塩が落ちたところで、身が崩れないようにしずかに串を抜くと食べやすい

炭でじっくり焼いたアユは頭から一気にかぶりつくのがおすすめ。頭、ハラワタ、身、皮の旨味が口の中に広がり最高の塩焼きが楽しめる！

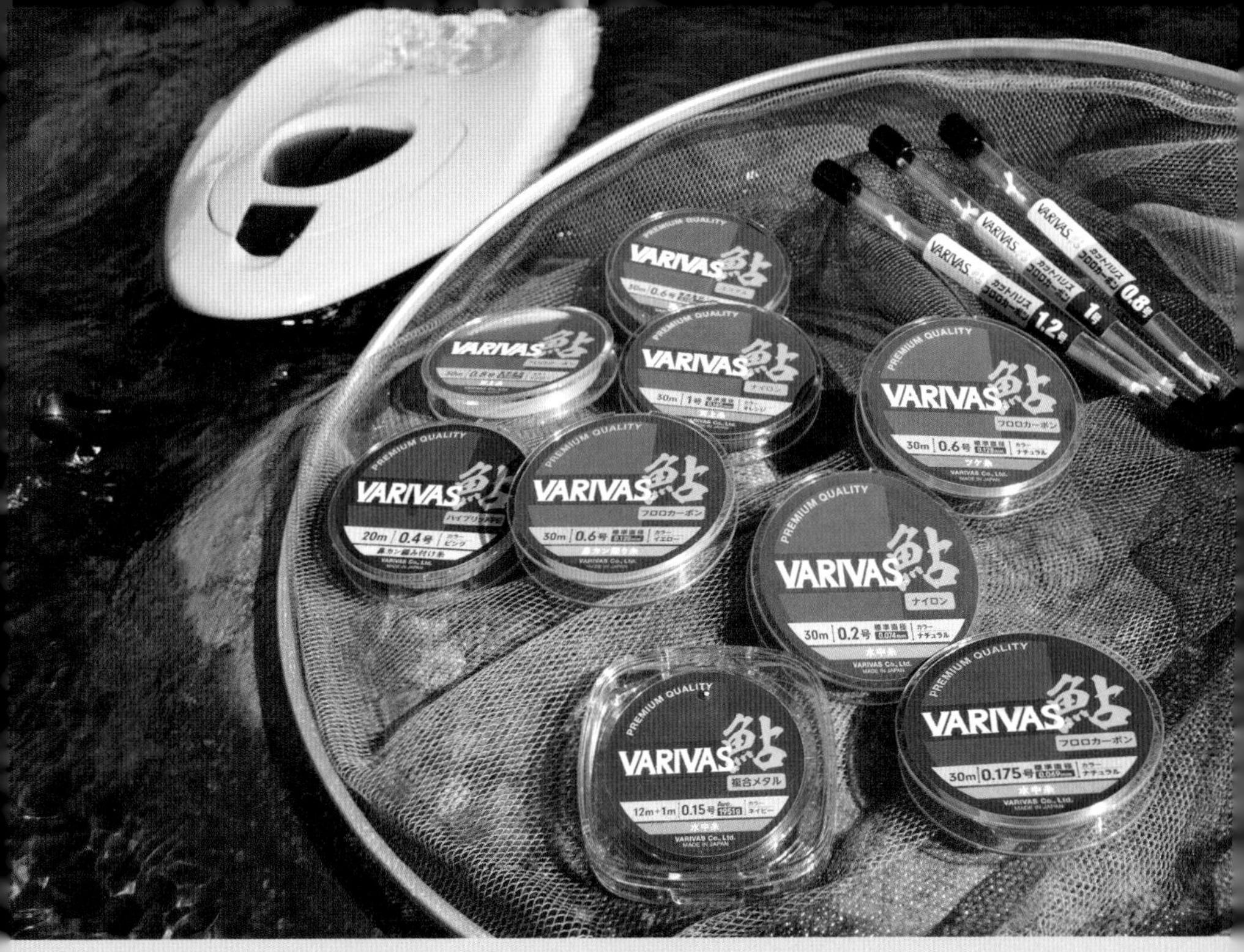

第五章

アユ釣りに役立つ結びと仕掛け作り

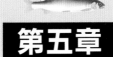

アユ釣りの頻出結び

8の字結び

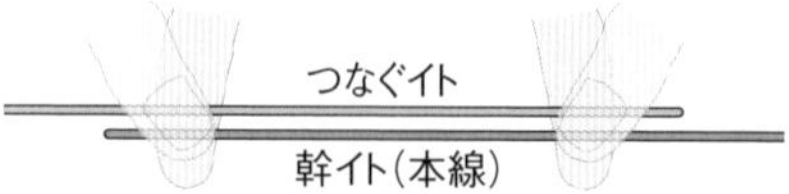

①イト同士の端イトを重ねたら、それぞれの端のある部分を指でつまんで押さえる

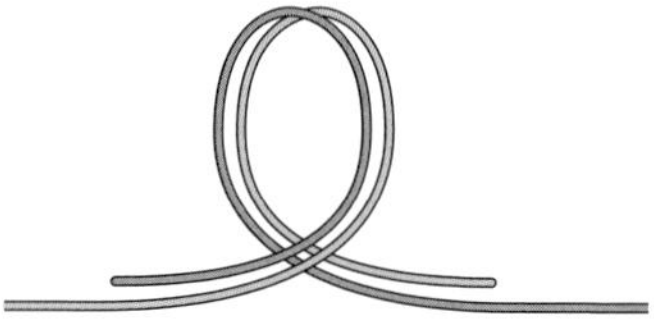

②左右から中央に寄せるようにして図のような輪（指が入るくらいの大きめ）を作る

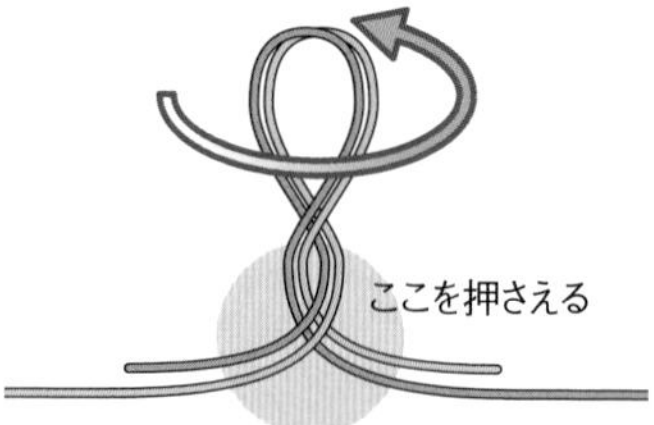

③交差する部分を指で押さえたら、輪の中に指の先を入れて1回ひねる

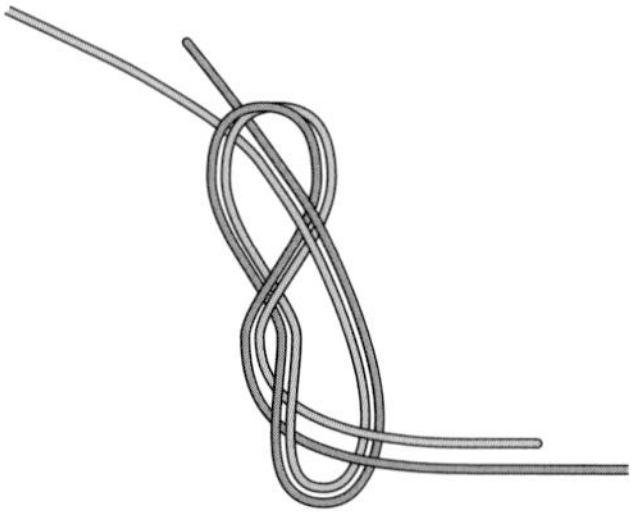

④ひねって出来た輪の中に本線の端イトとつなぐイトの両方を通して抜く

⑤全体をゆっくり引き絞ったら余りをカットする

⑥同じ手順を1本のイトでやると「8の字の結びコブ（締め込んでも切れにくい結びコブ）」を作ることができる

【「結び」と「仕掛け」で釣りが上達する】

どんな釣りをするうえでも、上達に欠かせないのが正しい「結び（フィッシングノット）」だ。アユ釣りも例外ではなく、ここではいろいろな釣り方で役立つおすすめのフィッシングノットを「８の字結び（とその応用）」「ユニノット」「ＦＧノット」の３つに絞って紹介する。正しい結び方を覚えておけば、そもそもトラブルが起きにくいのはもちろん、釣り場での仕掛け補修もスムーズだ。

　また、友釣りの仕掛けは市販の完成仕掛けを利用するのも便利だが、パーツから自作できると経済的なだけでなく、必要なものをそのつど自分で用意できるようになるので、釣りそのものの上達が早まる。そして、チラシバリなどの作り方はルアーフィッシングにもそのまま役立つ。何より仕掛け作りはそれ自体が釣りの大きな楽しみだ。

たわら結び

①〜⑤結びの手順は8の字結びと全く同じで、ひねりを2回入れるものは「ダブル8の字結び」、3回入れたものは「たわら結び」と呼ばれる。ひねる回数を増やすと基本的にはそれだけ強度が増す

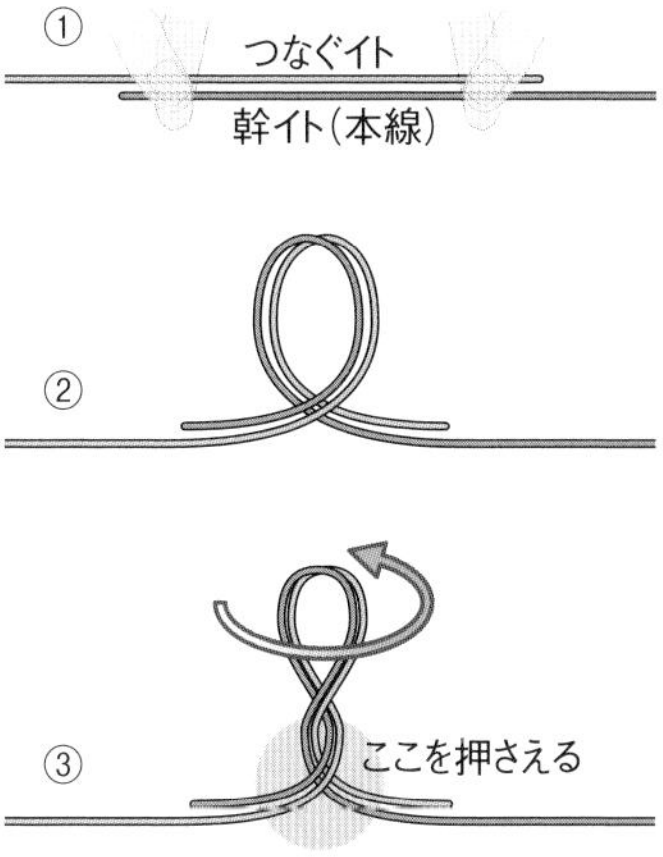

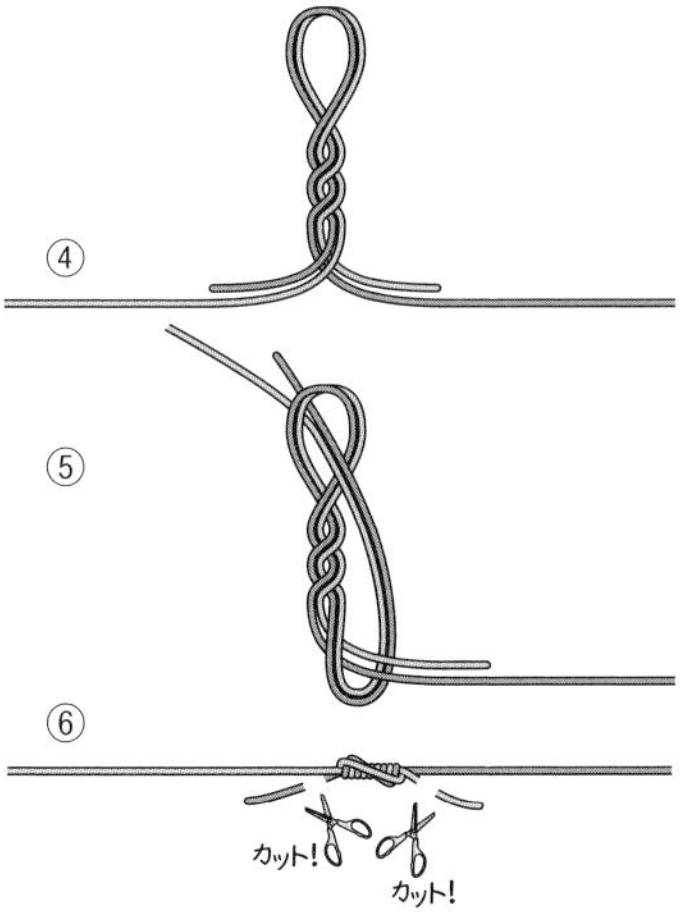

⑥ただし、大きくなる結び目は全体をじっくり均等に締め込む必要がある。なお、投げ縄結び用の8の字の結びコブを作る場合なども、コブが小さいと抜けてしまう場合があるので、ひねる回数を2〜3回に増やし結びコブを大きくしておくとよい

8の字チチワ

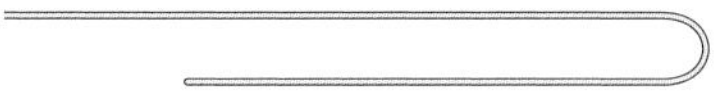

①チチワとはイトの先端に作るループのこと。最初にループを作りたいイトの端を折り返して2重にする(長さは必要なだけ取る)

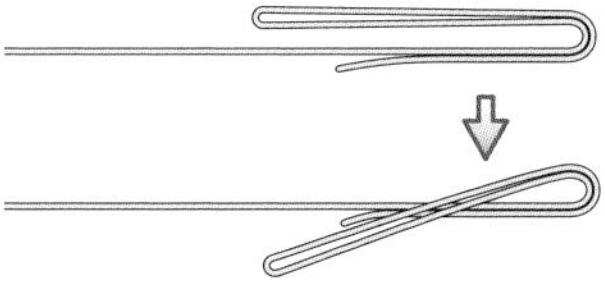

②2重に重ねたイトを図のように交差させたら

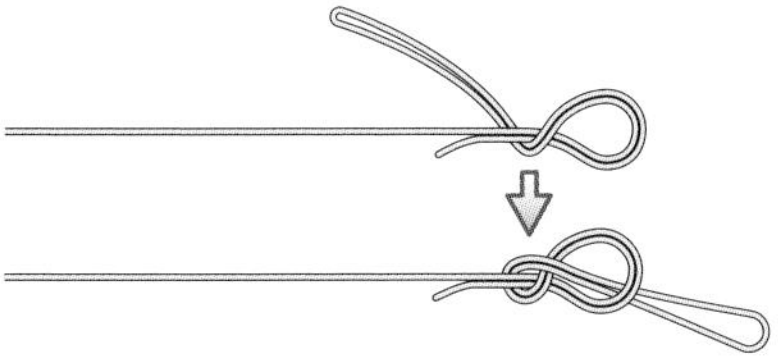

③輪の根元に絡みつくようにループになっている部分を1回転させ、そのまま先端を輪の中に通す。ここではイラストの形で手順を示しているが、2重にした部分で8の字結びを作れば同じ形になるのでやりやすい方法を選べばよい

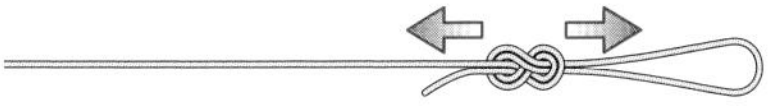

④輪の付け根をゆっくり引き絞れば8の字チチワが出来上がる

⑤チチワぶしょう付け(次ページ)に使う場合は、大きな輪を作ったあと、先端にもう1つ小さな輪を作っておく(小さな輪がほどく時のツマミになる)

チチワぶしょう付け

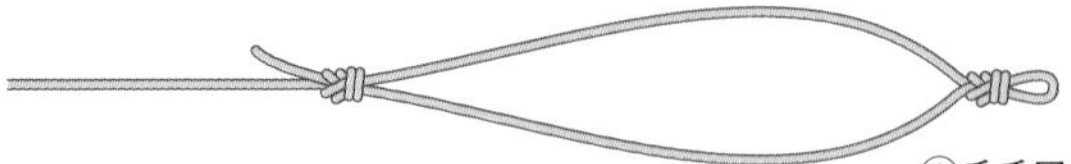

①チチワぶしょう付けをする際はあらかじめ図のような8の字チチワを作っておく

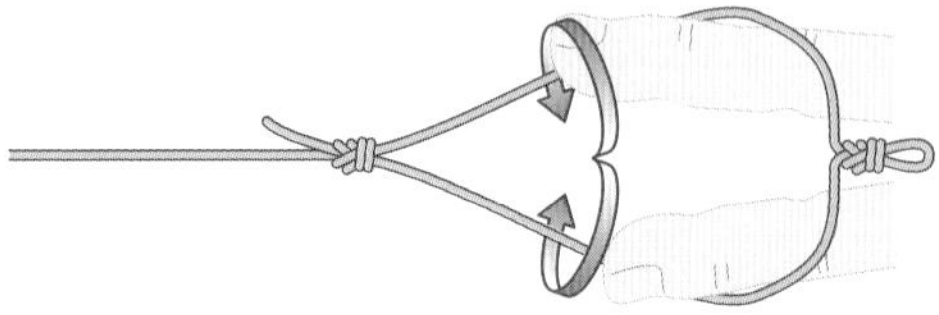

②大きな輪の中に下から指を入れて左右に広げたら、そのまま下のイトをつまんでひっくり返すように動かすと③の形になる

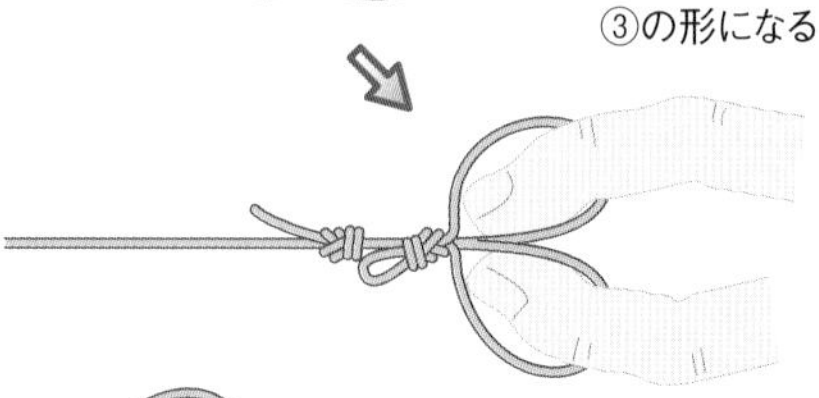

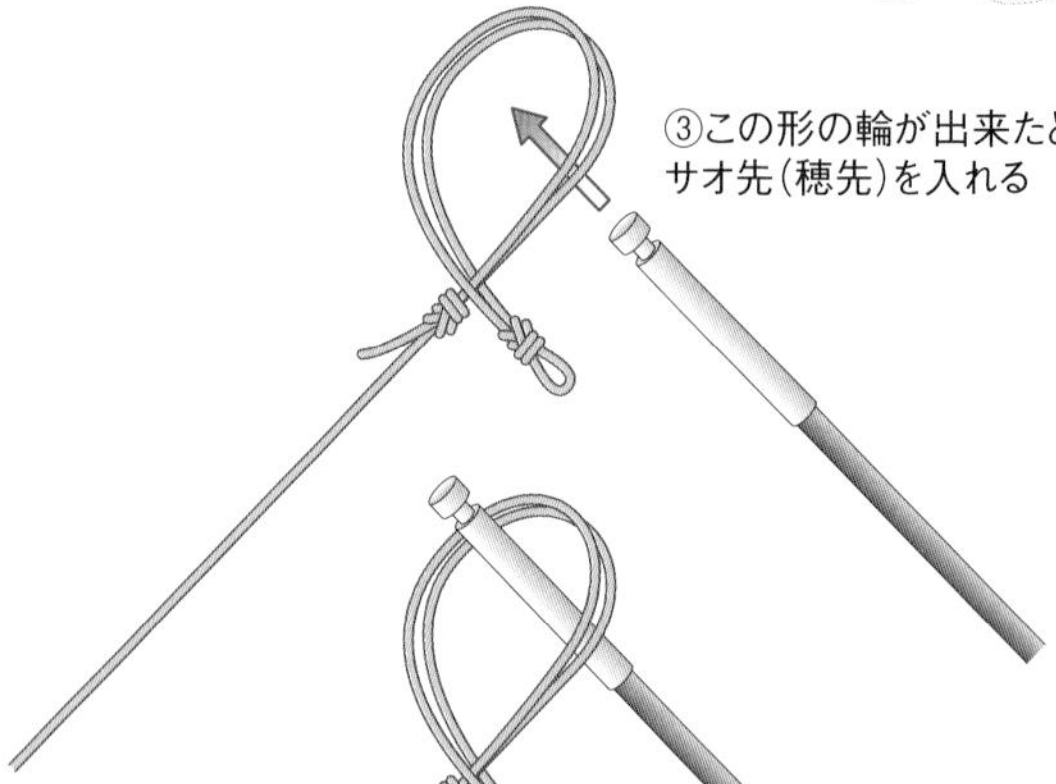

③この形の輪が出来たところにサオ先(穂先)を入れる

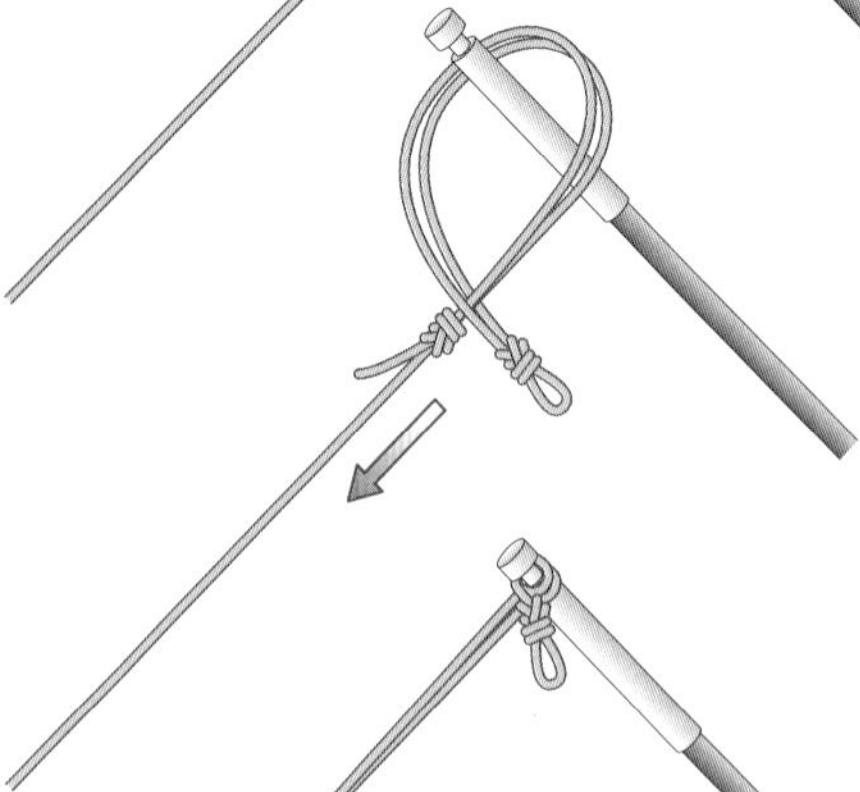

④そのままサオ先が抜けないようにゆっくり引いて輪を引き絞る

⑤サオ先にイトが接続される。ほどきたい時はサオ先を押さえた状態でツマミの部分を引っ張れば輪がゆるんで抜ける(繰り返し着脱できる)

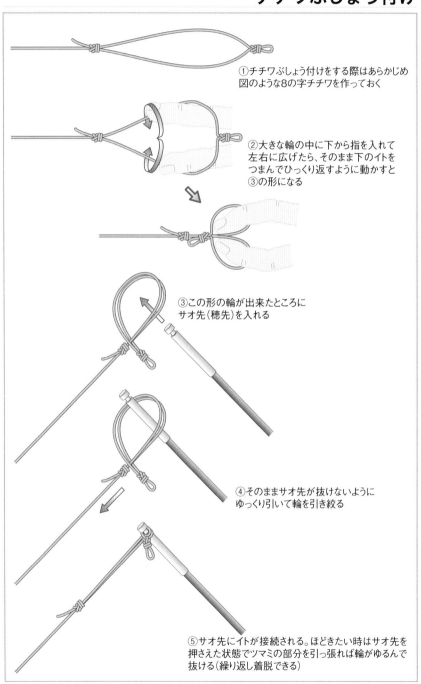

投げ縄結び

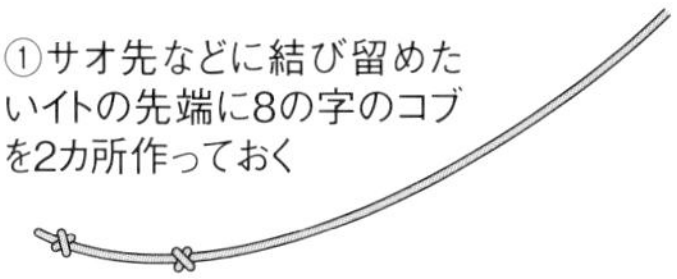

①サオ先などに結び留めたいイトの先端に8の字のコブを2カ所作っておく

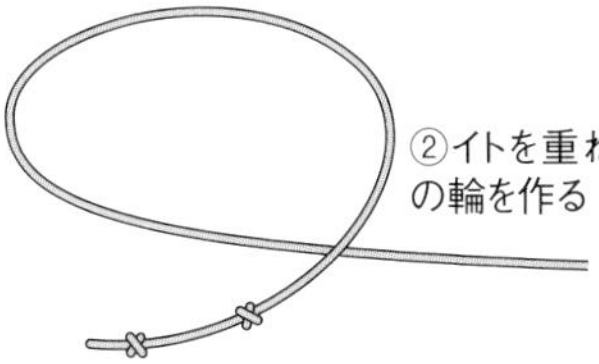

②イトを重ねて大きめの輪を作る

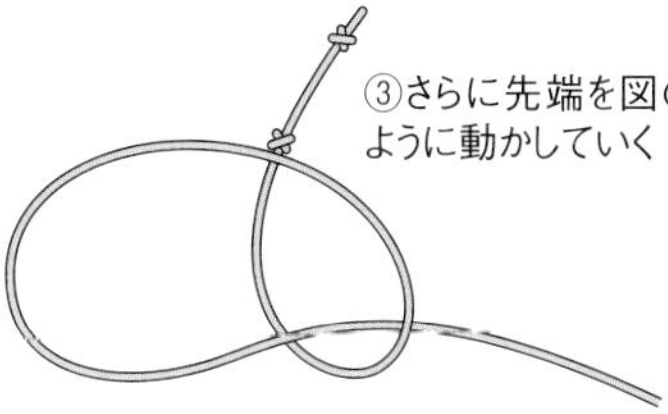

③さらに先端を図のように動かしていく

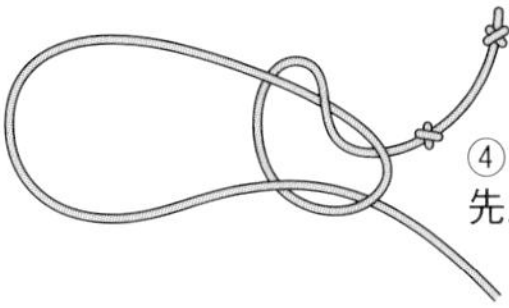

④この形になるように先端を通す

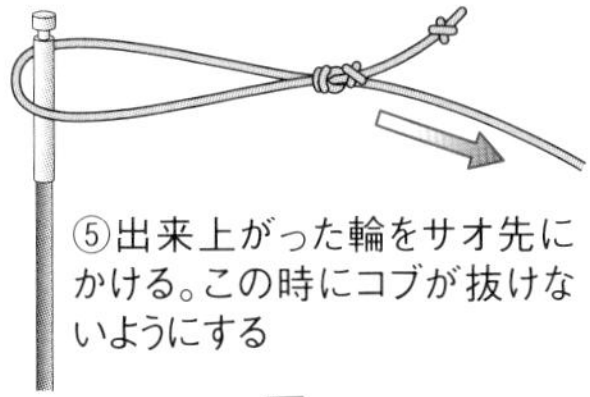

⑤出来上がった輪をサオ先にかける。この時にコブが抜けないようにする

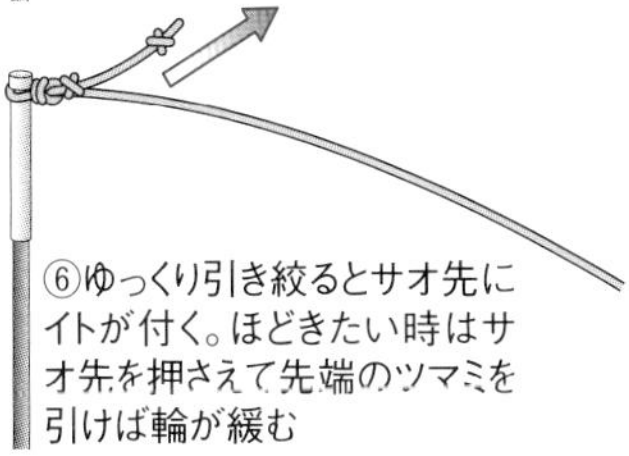

⑥ゆっくり引き絞るとサオ先にイトが付く。ほどきたい時はサオ先を押さえて先端のツマミを引けば輪が緩む

ユニノット

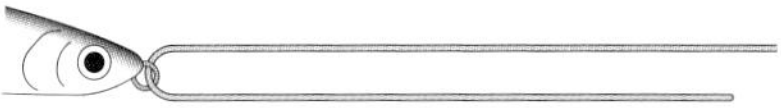

①イトの先を穴（ルアーのアイやスイベルのアイ）に通す。長さが不足するとあとで上手く結べないので多めに通すのがコツ

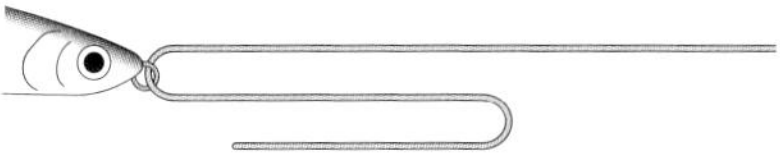

②通したイトを図の形に折り返す

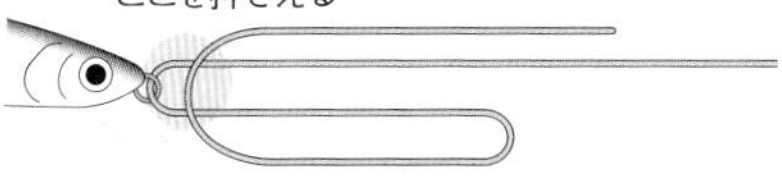

③図の位置を指で押さえて重ねたイトがほどけないようにしたら

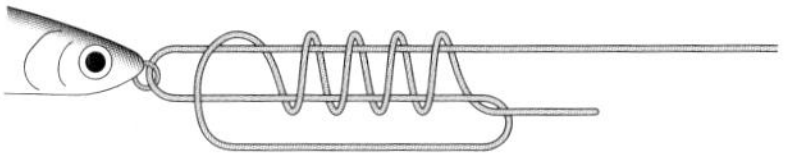

④折り返して2重になった部分を一緒に巻き込みながら、端イトを4回輪の中にくぐらせる

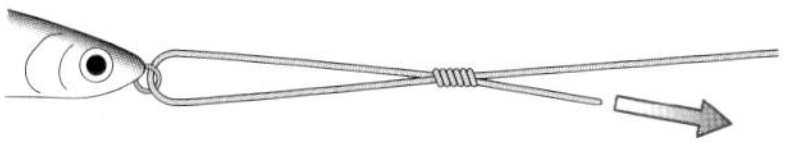

⑤端イトを引いて結び目を小さくする。この段階で大きな輪が出来る

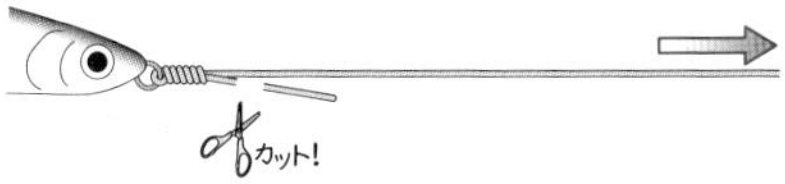

⑥本線を引くと結び目が下がるので、結び目がルアーのアイなどに密着するまで全体をゆっくりかつしっかり締め込む。この時、摩擦熱が発生しないように、締め込みの前に結び目が滑る部分のイトをツバで濡らしておく。最後に余りをカットすれば完成

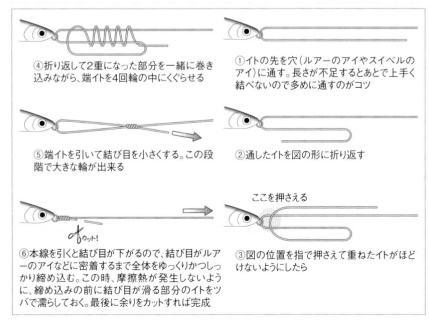

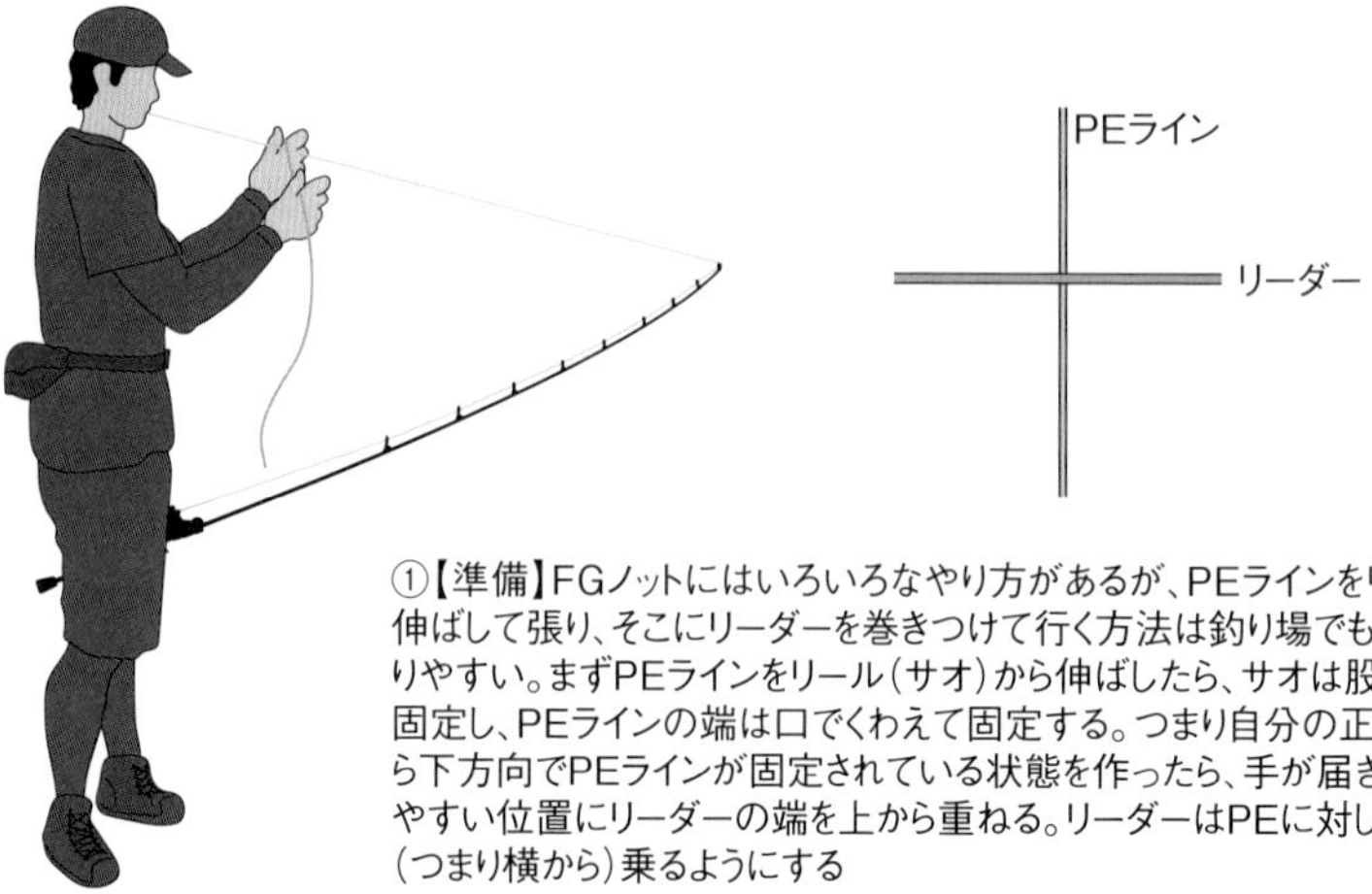

①【準備】FGノットにはいろいろなやり方があるが、PEラインをリールから伸ばして張り、そこにリーダーを巻きつけて行く方法は釣り場でも非常にやりやすい。まずPEラインをリール（サオ）から伸ばしたら、サオは股に挟んで固定し、PEラインの端は口でくわえて固定する。つまり自分の正面に上から下方向でPEラインが固定されている状態を作ったら、手が届き作業がしやすい位置にリーダーの端を上から重ねる。リーダーはPEに対して直角に（つまり横から）乗るようにする

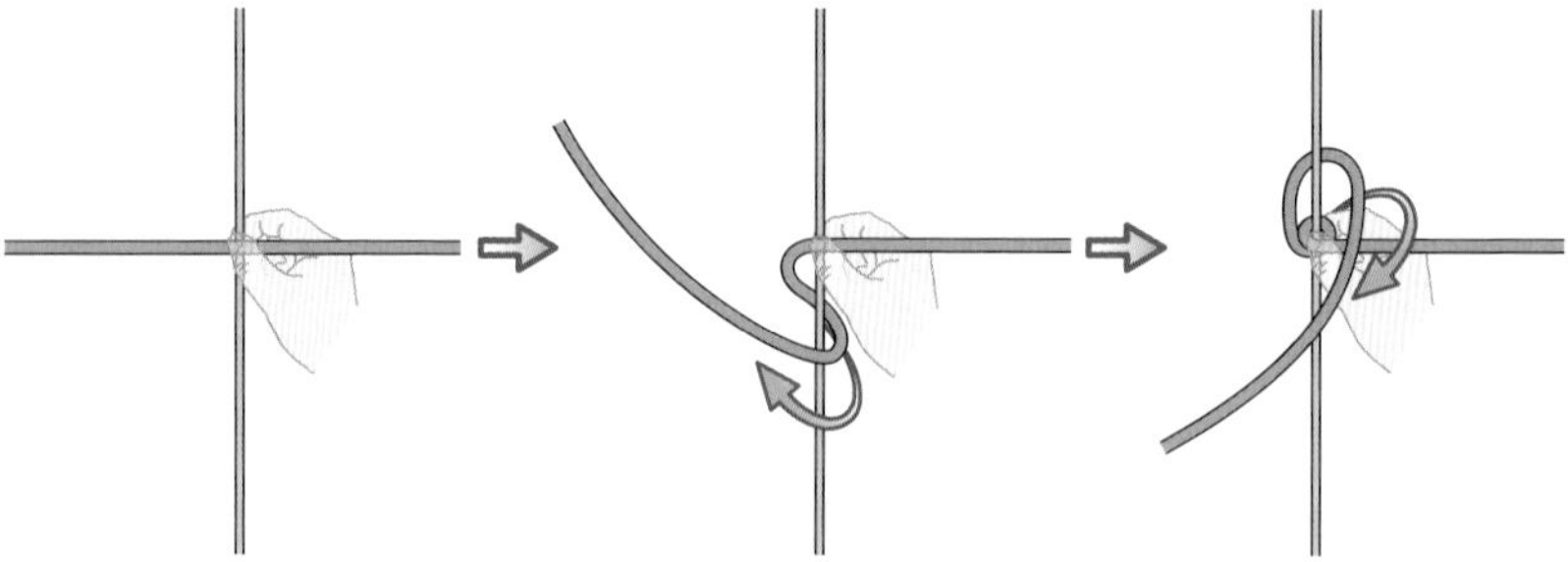

②PEとリーダーを交差させた場所を指で押さえたら、ほどけないように1回ずつ指で押さえつつ、PEラインに対してリーダーを「下、上、下、上」の順に撚り付けていく。この時の作業にコツがあり、PEラインをピンピンに張りすぎているとリーダーを上手く撚り付けにくい。リーダーを撚り付ける動きに対して適度にPEのテンションを緩めてやるのがコツになる

③上下合わせて20回ほど撚り付けると図のような形になる。動かすのはリーダーのほうだが、結果的にはリーダーの周りに細いPEが密に巻き付く形になる。PEが重ならずに1cmほどの幅で密に巻き付いた状態を作れれば成功。PEラインは口から離す。上手く出来ていない場合は失敗なのでやり直す

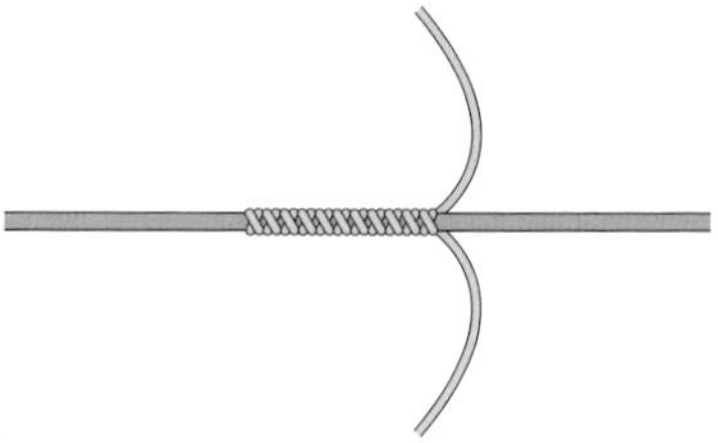

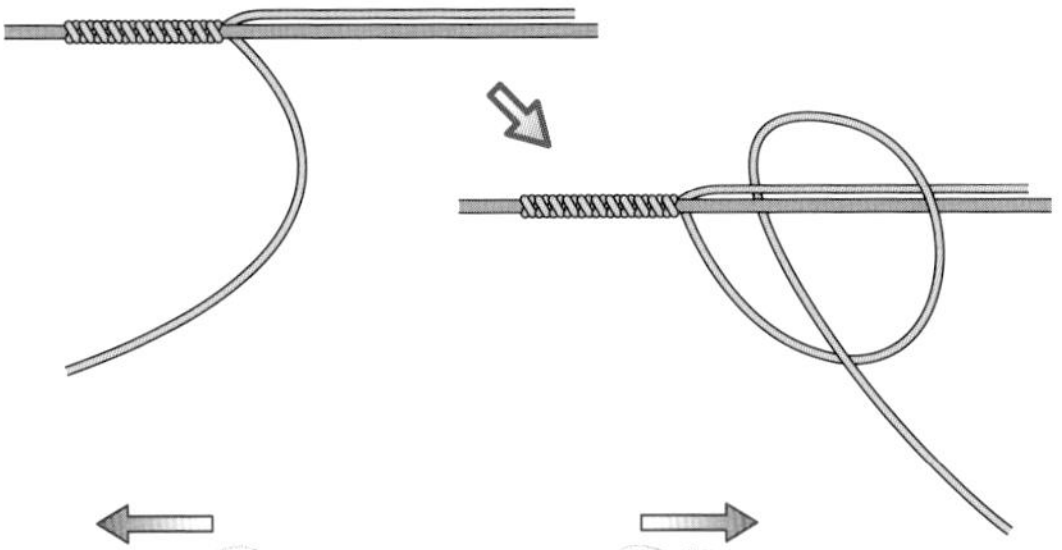

④PEが密に巻き付いた部分がほどけないように指でフォローしながら、PEの端でPEラインとリーダーの本線を一度ハーフヒッチする。ハーフヒッチまでができれば結び目がほどける心配はない

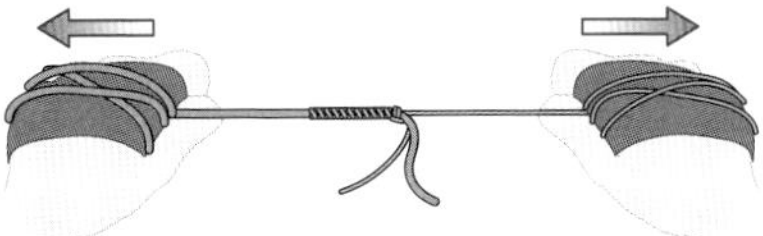

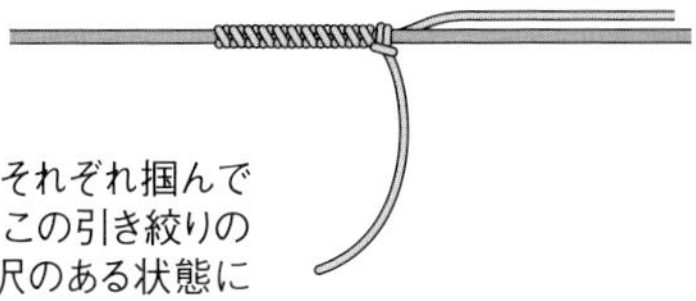

⑤ハーフヒッチが終わったら、PEとリーダーの本線をそれぞれ掴んで左右にゆっくり引き絞る。この作業は非常に重要で、この引き絞りの結果、撚り付けた部分のPEラインの色が透明な光沢のある状態になったらFGノットは成功。本来の強度がある状態になる

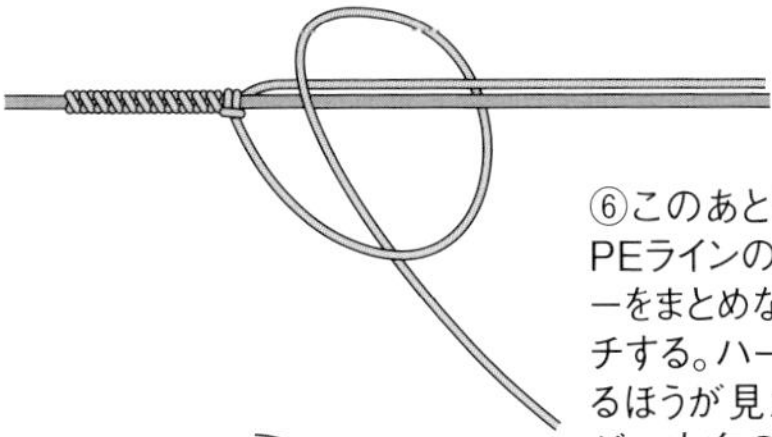

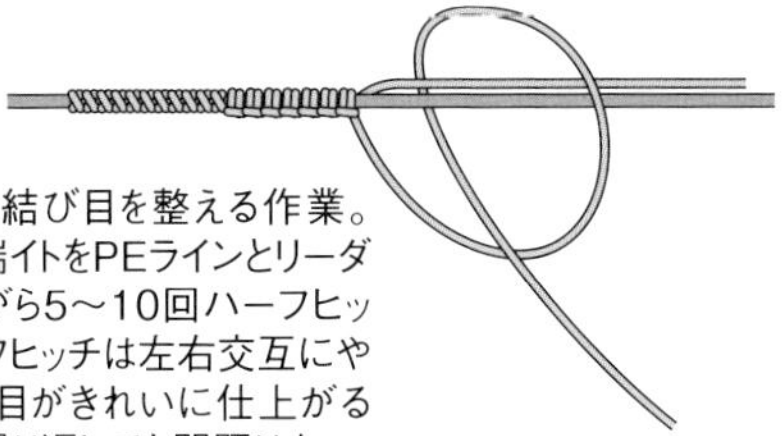

⑥このあとは結び目を整える作業。PEラインの端イトをPEラインとリーダーをまとめながら5〜10回ハーフヒッチする。ハーフヒッチは左右交互にやるほうが見た目がきれいに仕上がるが一方向の繰り返しでも問題はない

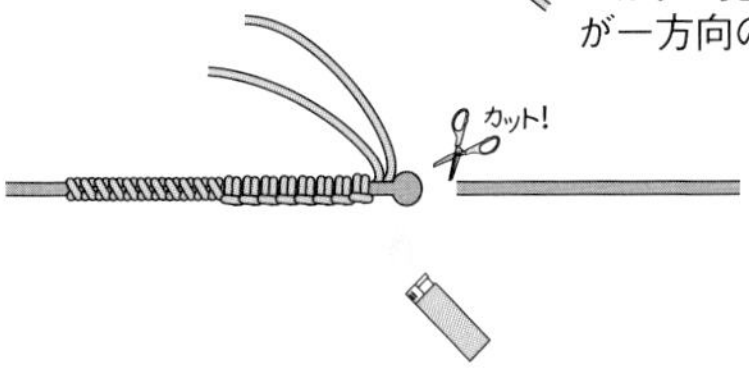

⑦リーダーを2〜3mm残してカットしたらライターの火を近づけてコブを作る(PEラインを熱さないように注意する)

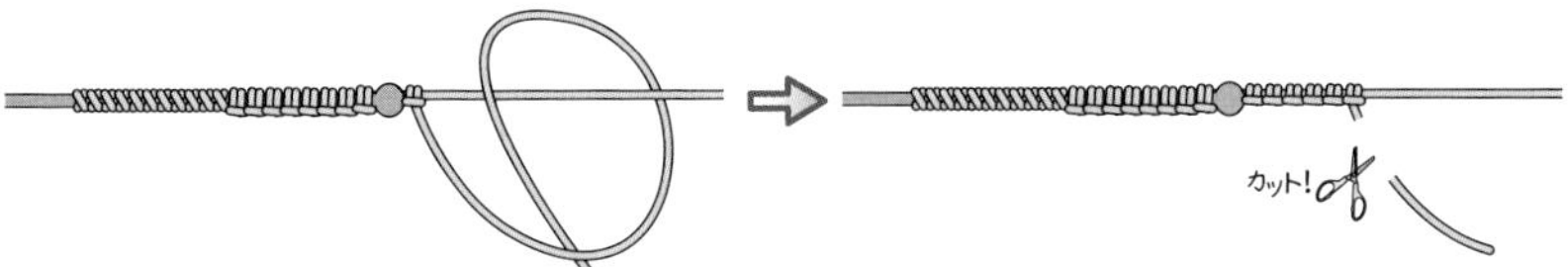

⑧仕上げにPEの端イトでPE本線を5〜6回ハーフヒッチし、そのままエンドノット(輪の中に2回通す)をしたら余りのPEをカットして完成

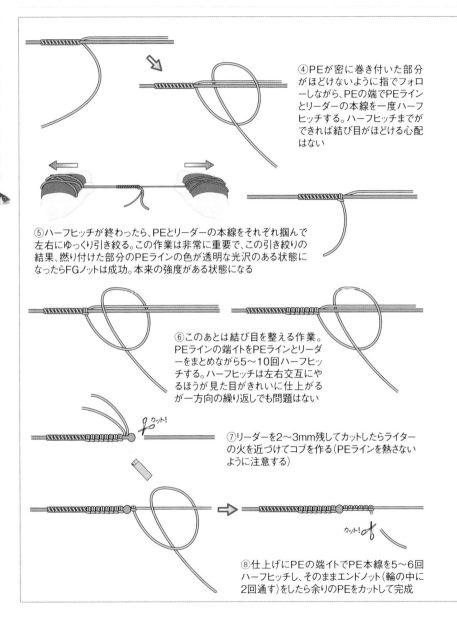

友釣りの仕掛け作り

ここでは「複合メタルライン」を水中イトに使う標準的な仕掛けの作り方を紹介する。編み付けの作業をするには専用の「編み付け器（編み付けホルダー）」が必要になるが、1台持っているとさまざまな仕掛けを作ることができる

仕掛け全体（解禁初期の例）

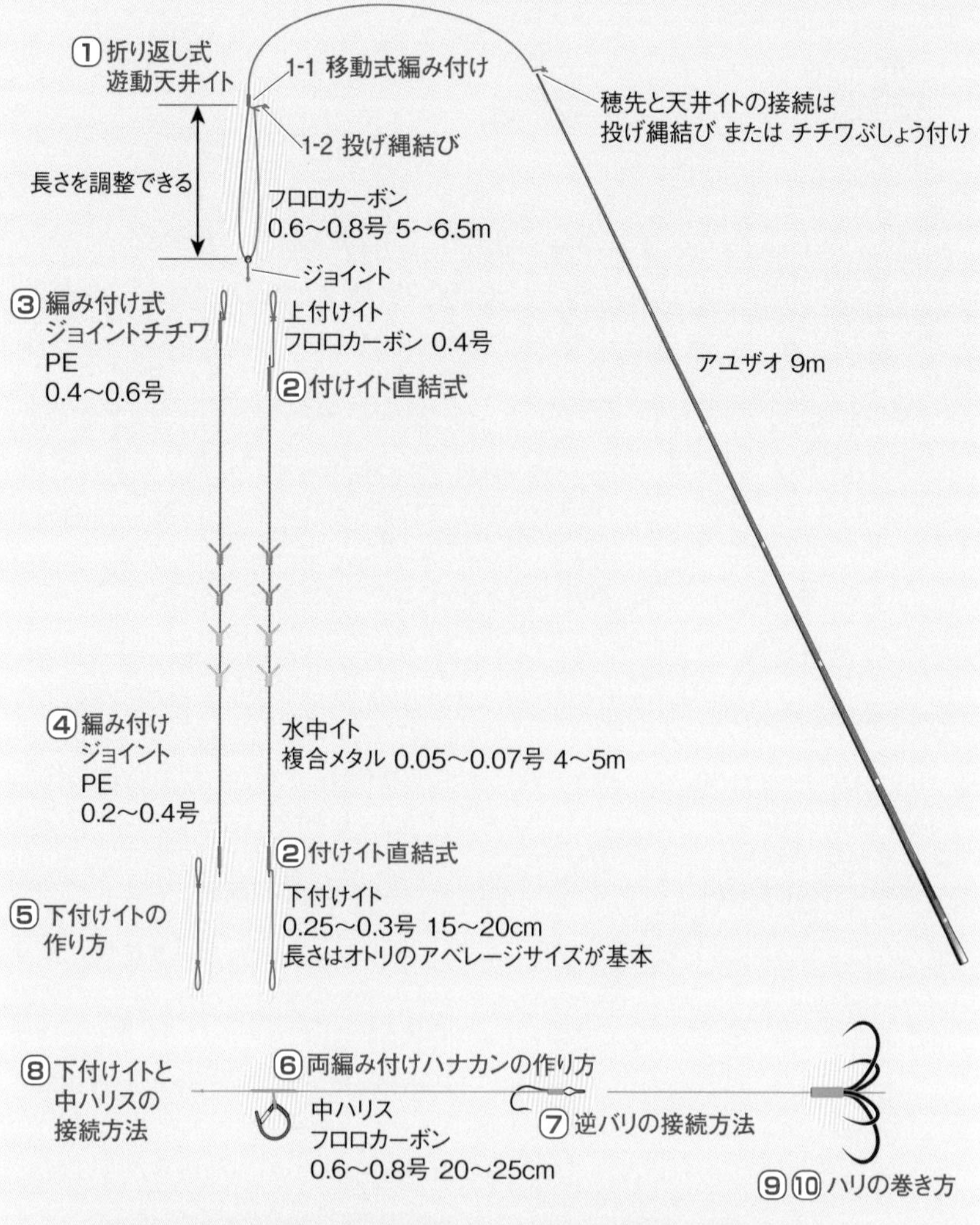

仕掛けの全長はサオ尻にハナカンが合うくらいの長さに調整すると操作しやすい
チャラ瀬などの浅場を釣る際は手尻を少し長くすると使いやすい

用意するイト(23cmクラスまでのアユを想定)

- **天井イト:フロロ0.6〜0.8号(天井糸として色付きのものが売られている)**
- **水中イト:複合メタル0.05〜0.07号**
- **上付けイト:フロロ0.4号**
- **下付けイト:フロロ0.25〜0.4号**
- **編み付けジョイント:(上部)PE0.4〜0.6号(下部)PE0.2〜0.4号**
- **中ハリス(ハナカン周りイト):フロロ0.6〜0.8号**
- **ハナカン編み付けイト:PE0.4号など**
- **ハリス:フロロまたはナイロン0.8〜1号**

用意するパーツ

- **天井イトのジョイント**
- **目印(化繊目印)**
- **ハナカン6.5号**
- **逆バリ2号**
- **ハリ6.5〜7号**

必要な道具類

●編み付け器
友釣りの仕掛け作りに欠かせない「編み付け」を行なうための道具

●ボビンホルダー、ボビン
逆バリやハリを巻く時に使う。テンカラやフライフィッシングのタイイング用のものが販売されていて、ボビンには用途に応じたイトが巻かれたものをセットする

●瞬間接着剤、ハサミ
各部の仕上げには瞬間接着剤を使うことがよくある。ハサミはPEラインがスムーズに切れるものが便利

●縫い針、ライター
縫い針は瞬間接着剤を塗布する時や小さな8の字結びを作る時に使う。ライターは端イトを焼いて固める時などに使うことがある

●仕掛け巻き
作った仕掛けは仕掛け巻きに収納する。1回転の長さを把握しておき、巻き回数で長さを管理する。クセを付けずに長い仕掛けを収納できるスプールタイプがよい

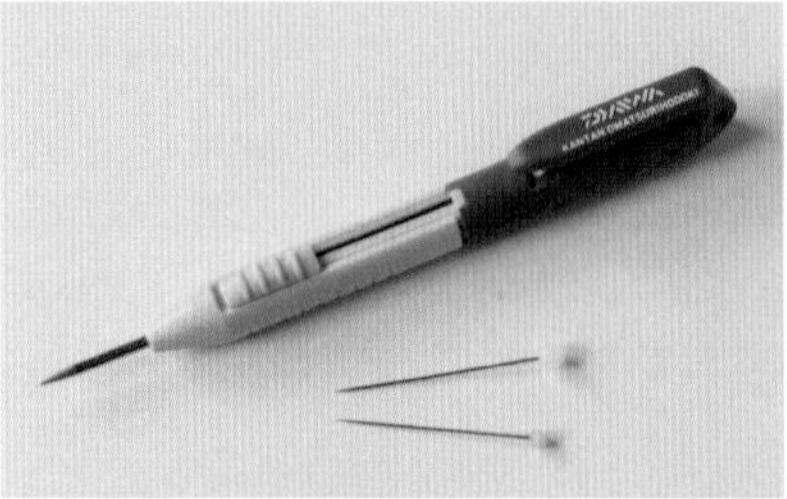

ニードル、針　小さな8の字チチワを作る、瞬間接着剤を点で塗布する、結び目の位置を調整するなど、先端が細い針は何かと必要になる

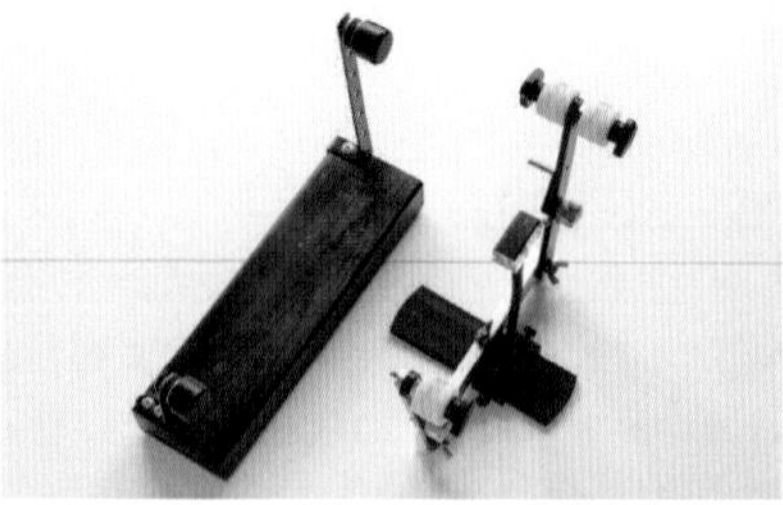

編み付け器　水中イトや中ハリスなどの本線を張って固定し、そこにPEラインや目印などを編み込むための道具。アユ釣り用品として販売されている

水中イト　目的に応じて好みの素材と太さのものを購入する。ナイロンやフロロなどモノフィラ系以外は比較的高価なものが多いので無駄なく使いたい

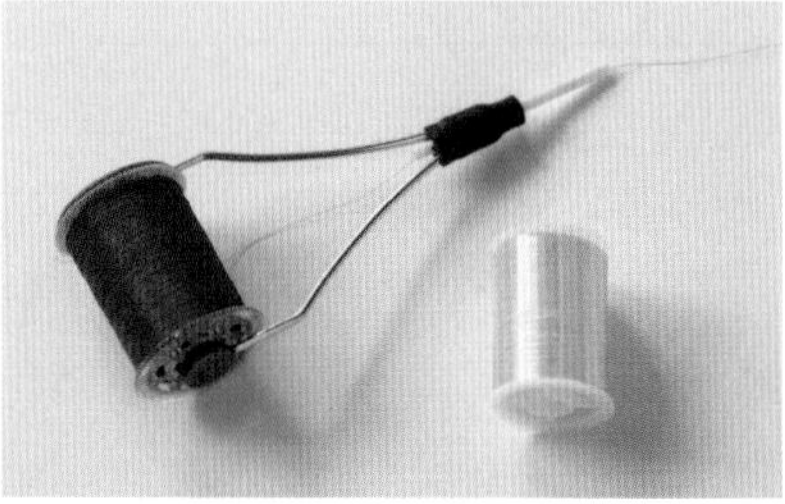

根巻きイト、ボビンホルダー　根巻きイト(毛バリ巻き用などでも代用はできる)はボビンホルダーにセットして逆バリの取り付けやハリ巻きに使う

PEライン　各部の編み付けイトにはPEをよく利用する。アユの仕掛け作り専用をうたったものもあるが、トラブルがなければ一般的なものでも問題ない

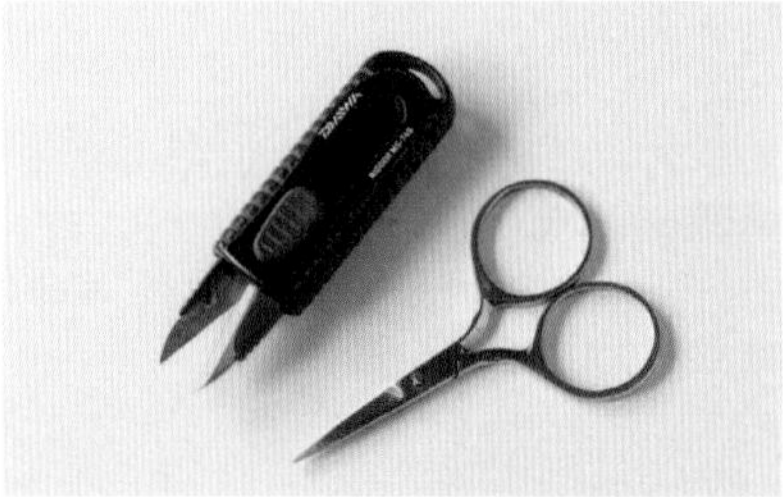

ハサミ　ハサミはどんなタイプのものでもよいが、PEラインをカットすることも多いので、PE対応のものがあると作業がよりスムーズになる

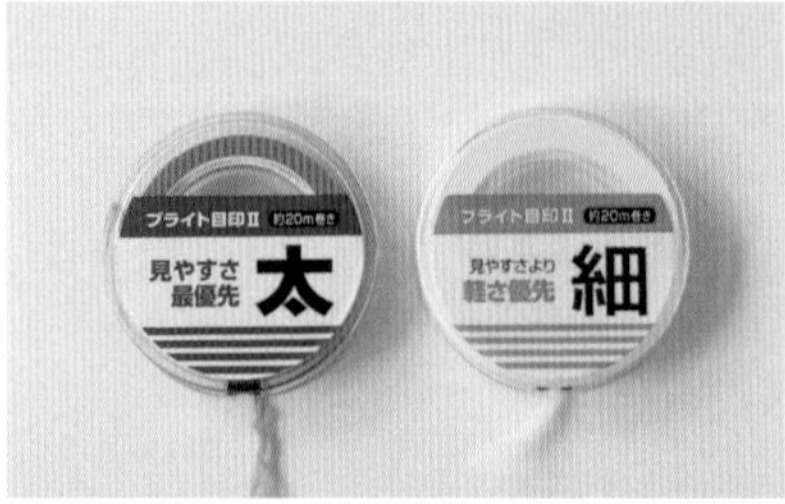

化繊目印　渓流釣りやアユ釣り用の目印。2色以上を組み合わせると見やすい。なお、アユの仕掛け作りでは化繊目印を編み付けイトに使う場合もある

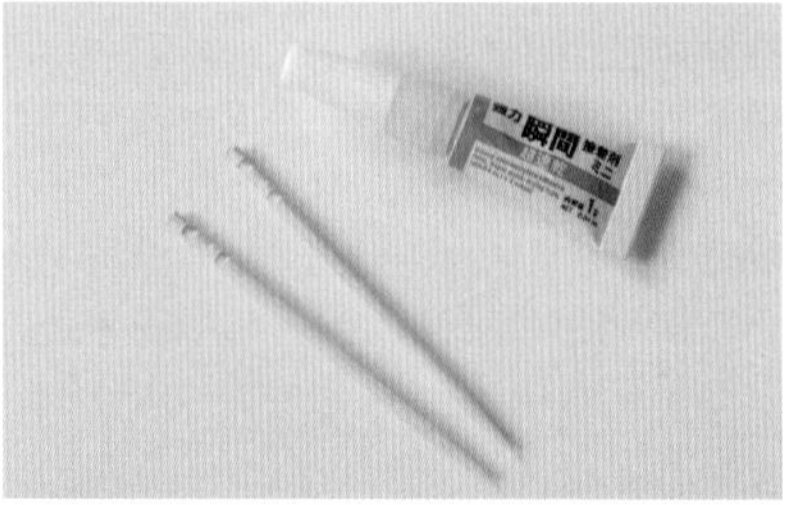

瞬間接着剤、爪楊枝　根巻きイトを巻いた部分は仕上げに瞬間接着剤で補強することが多いが、その際に周囲に余計な液だれがないように爪楊枝を使う

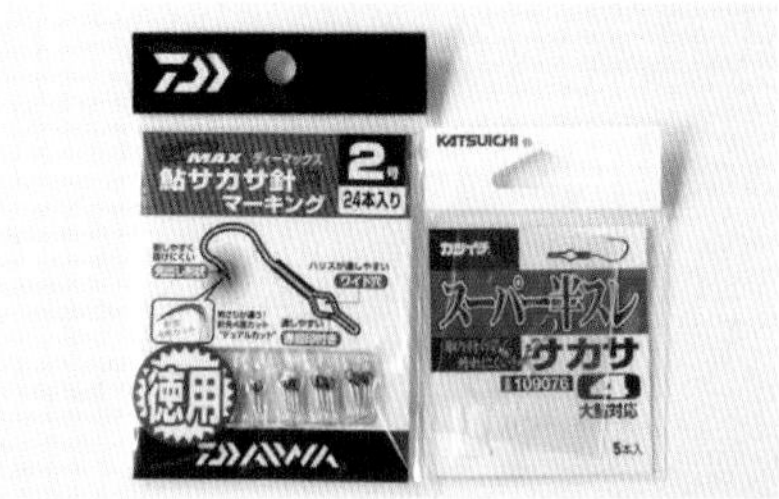

逆バリ　メガネ式（写真）とフック式がありどちらを使ってもよいが、ハナカンと同じようにオトリの大きさに合ったものを選ぶ

天井イト　アユ釣りの仕掛け作り用に色の付いたものが販売されている。素材はフロロ、ナイロン、もしくはPEなど

ハリ　ハリを自分で巻く場合はバラバリを購入する。大きく分けて掛かりやすさを重視したスピードタイプと保持力を重視したキープタイプがある

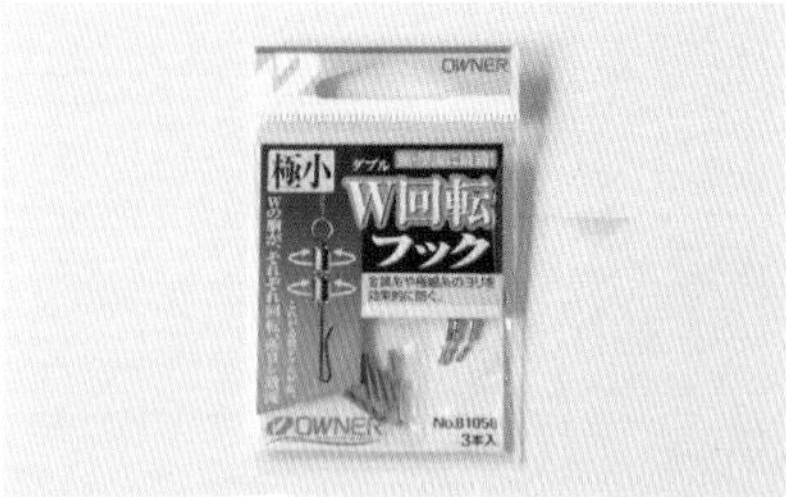

ジョイントフック　天井イトと水中イトを接続するためのパーツ。スイベルが一体になっており水中イトが撚れにくいようになっている

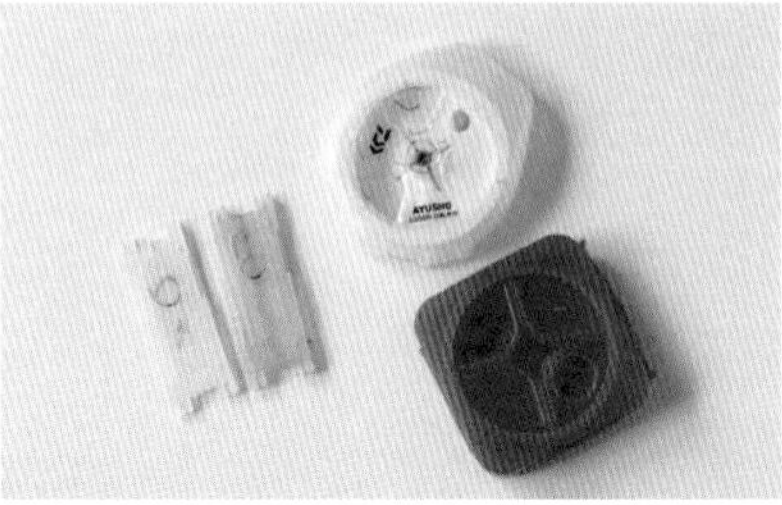

仕掛け巻き　アユの仕掛けは回転式の仕掛け巻き（右）に収納する。予備の中ハリス用にはハナカンと逆バリが入るアユ釣り用のもの（左）が使いやすい

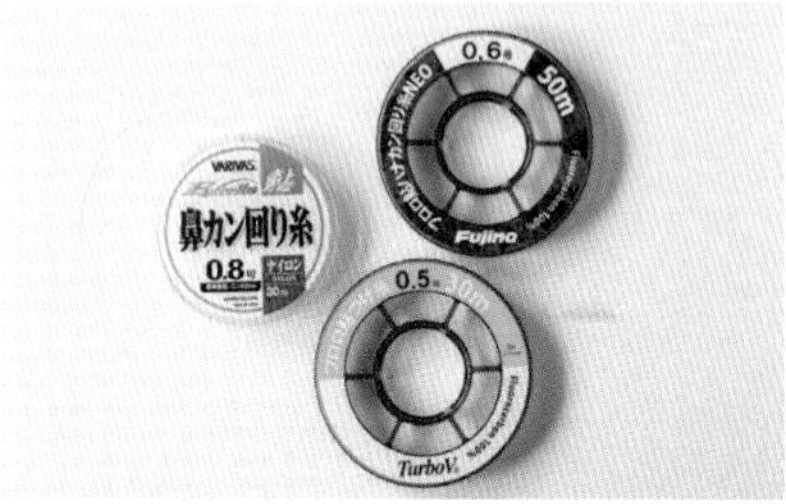

ハナカン周りイト、付けイト　ハナカン周りイト（中ハリス）や付けイト用のイトも友釣りの仕掛け作り用に使いやすいものが販売されている

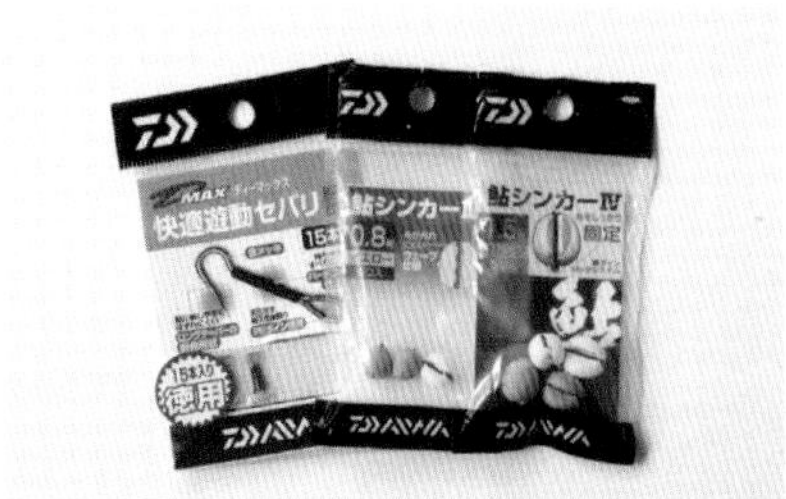

背バリ、シンカー　背バリは既製品があるが自作もできる。常用する場合は最初から仕掛けに取り付けておいてもよい。シンカーは釣り場で付ける

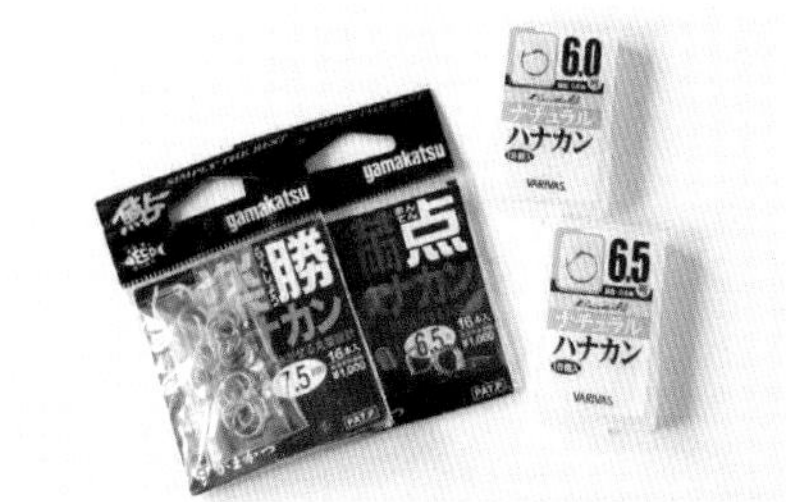

ハナカン　オトリのサイズに合ったものを使う。オトリが大きくなるシーズン後半は小さなハナカンだと鼻に通しきれないことがある

①折り返し式遊動天井イトの作り方

①-1 天井イトの移動式編み付けの作り方

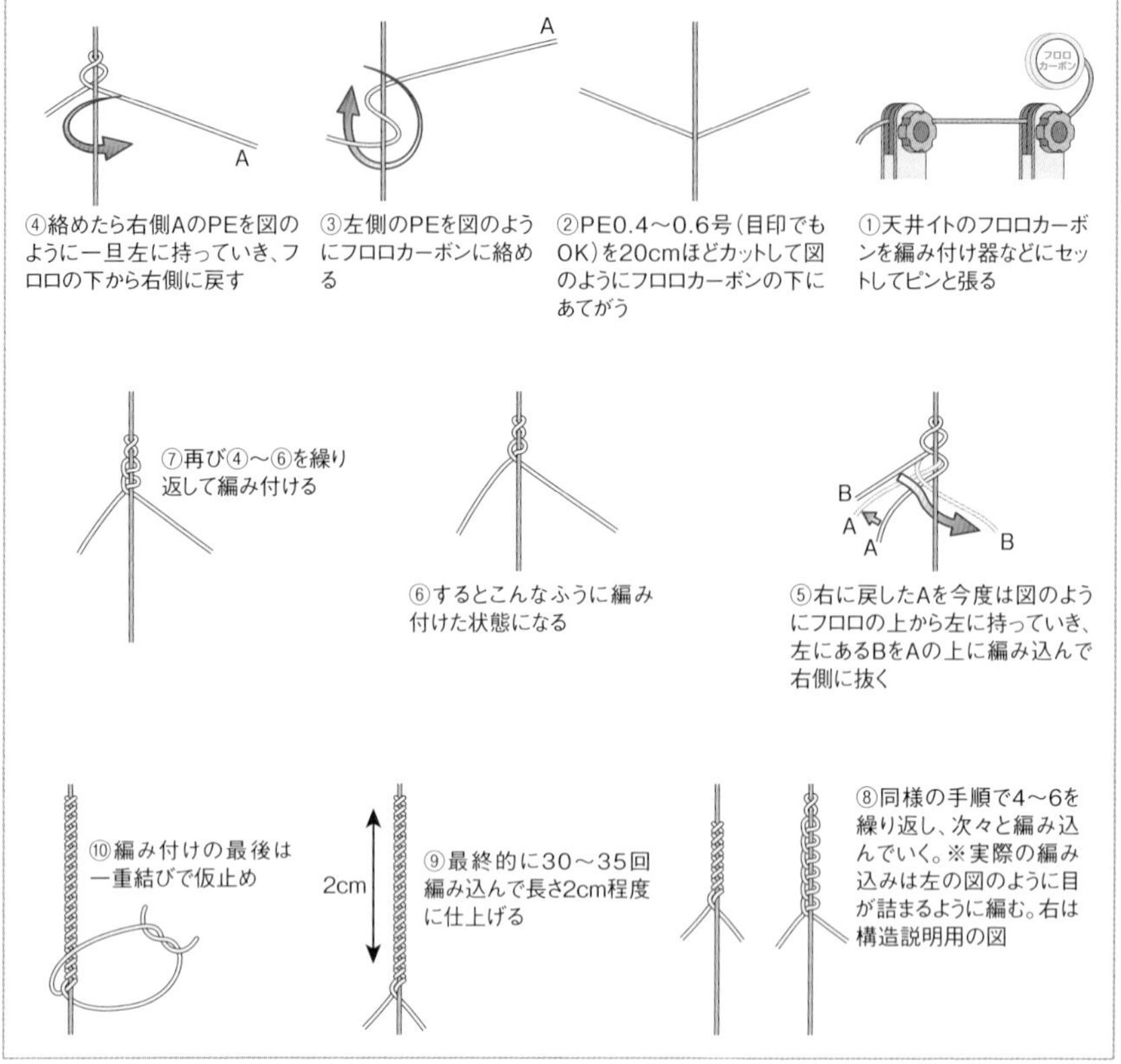

①天井イトのフロロカーボンを編み付け器などにセットしてピンと張る

②PE0.4〜0.6号（目印でもOK）を20cmほどカットして図のようにフロロカーボンの下にあてがう

③左側のPEを図のようにフロロカーボンに絡める

④絡めたら右側AのPEを図のようにー旦左に持っていき、フロロの下から右側に戻す

⑤右に戻したAを今度は図のようにフロロの上から左に持っていき、左にあるBをAの上に編み込んで右側に抜く

⑥するとこんなふうに編み付けた状態になる

⑦再び④〜⑥を繰り返して編み付ける

⑧同様の手順で4〜6を繰り返し、次々と編み込んでいく。※実際の編み込みは左の図のように目が詰まるように編む。右は構造説明用の図

⑨最終的に30〜35回編み込んで長さ2cm程度に仕上げる

⑩編み付けの最後は一重結びで仮止め

【仕掛け作りの手順について】

ここではわかりやすく各パーツの作り方を上部から順に紹介しているが、実際に仕掛けを作る時は全長が長い（9m）ので、下から順に適宜仕掛け巻きに巻き取りながら作っていく。やり方は人それぞれだが、たとえば1つの完成仕掛けを作るのであれば、「中ハリス（ハナカン周り）を作る」→「水中イトの下部を作って中ハリスと接続したら仕掛け巻きに少し巻き取る」→「目印を取り付けてまた巻く。この時に仕掛け巻きの回転数で水中イトの長さを把握する」→「天井イトとの接続部を作る」→「天井イトの下部を作る」→「水中イトと天井イトの下部を接続したら仕掛け巻きに巻き、必要な全長になったところで天井イトをカットしてサオとの接続部を作る」といった具合だ。

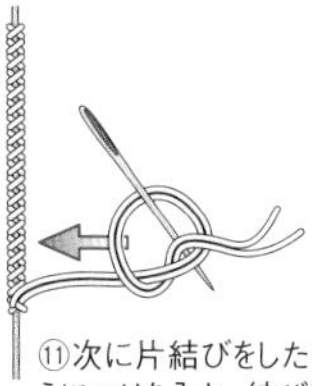

⑪次に片結びをしたら図のようにハリを入れ、結び目を移動させ編み込み部に寄せる

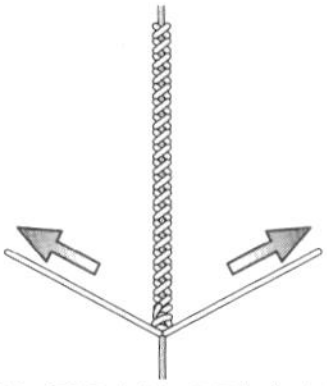

⑫さらに図のようにPEを左右に引っ張り、結び目を編み込み部にピッタリと密着させる。この一工程を入れることでフィニッシュがより確実なものになる

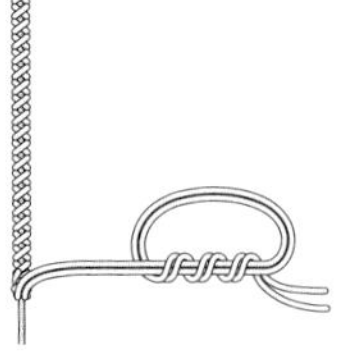

⑬PEで輪をくくり3回くぐらせる

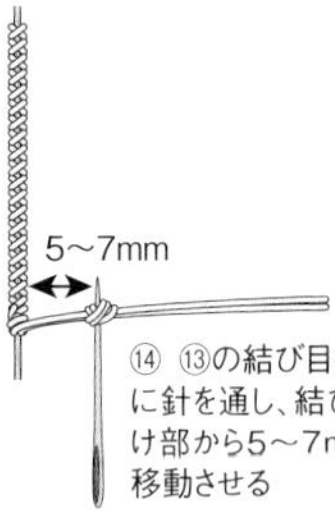

⑭ ⑬の結び目を締め込む前に針を通し、結び目を編み付け部から5～7mmの位置に移動させる

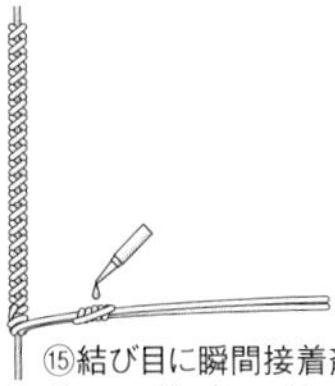

⑮結び目に瞬間接着剤をごく少量付ける。結び目以外に付かないように注意。編み込み部まで大量に接着剤が回ると移動できなくなるので注意しよう

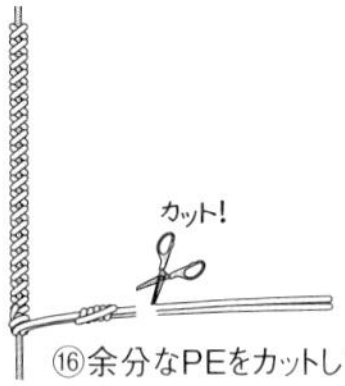

⑯余分なPEをカットして完成

①-2 折り返した天井イトを投げ縄結びで接続

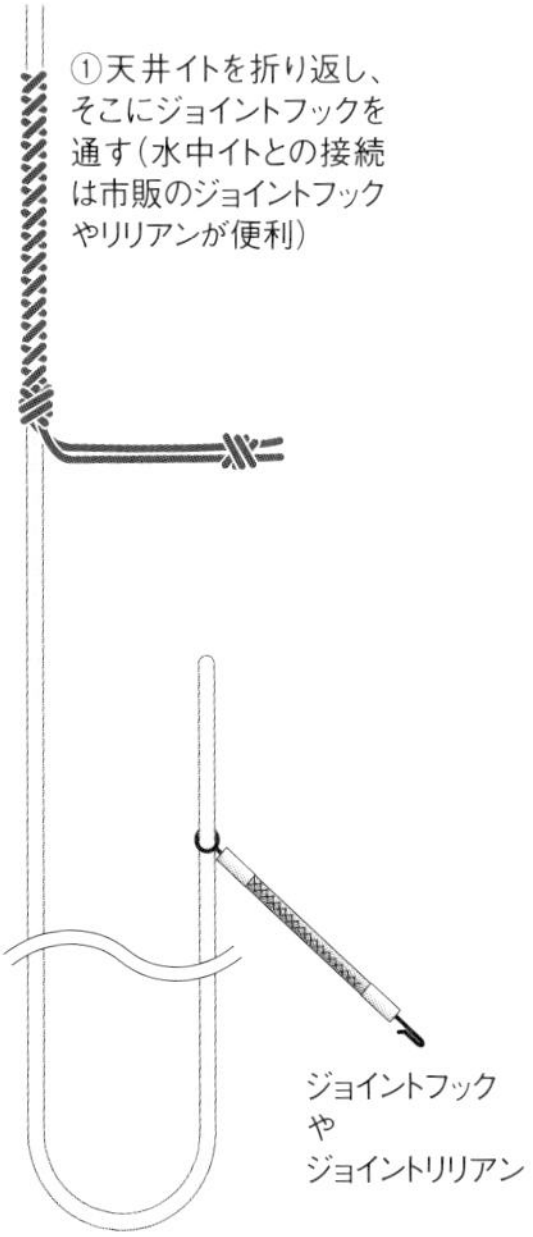

①天井イトを折り返し、そこにジョイントフックを通す（水中イトとの接続は市販のジョイントフックやリリアンが便利）

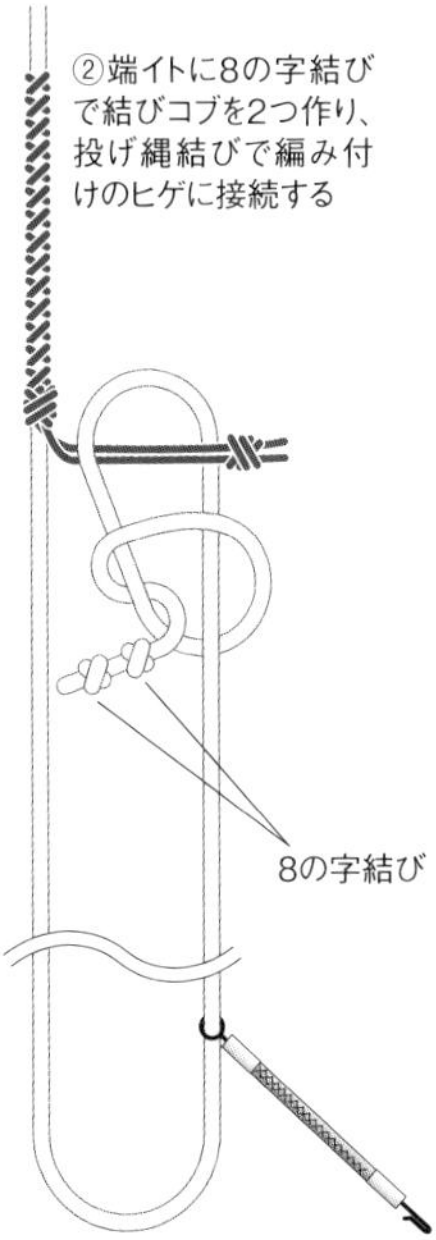

②端イトに8の字結びで結びコブを2つ作り、投げ縄結びで編み付けのヒゲに接続する

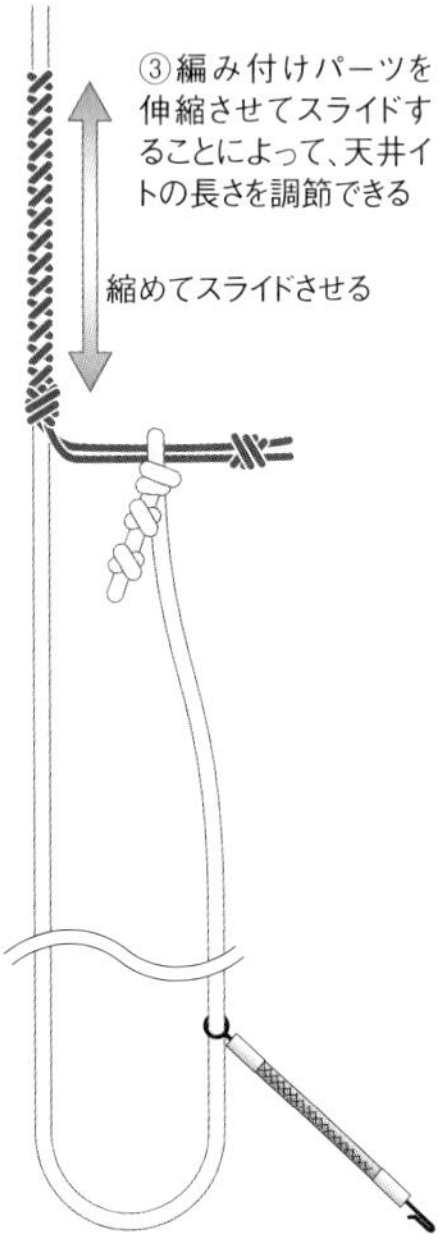

③編み付けパーツを伸縮させてスライドすることによって、天井イトの長さを調節できる

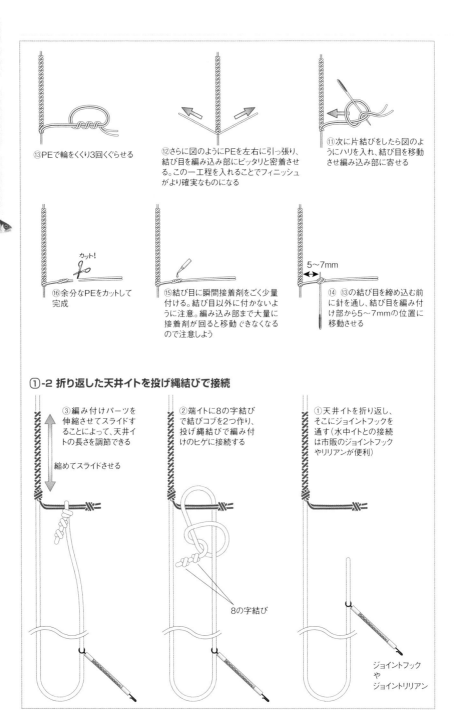

②③水中イトの接続部の作り方

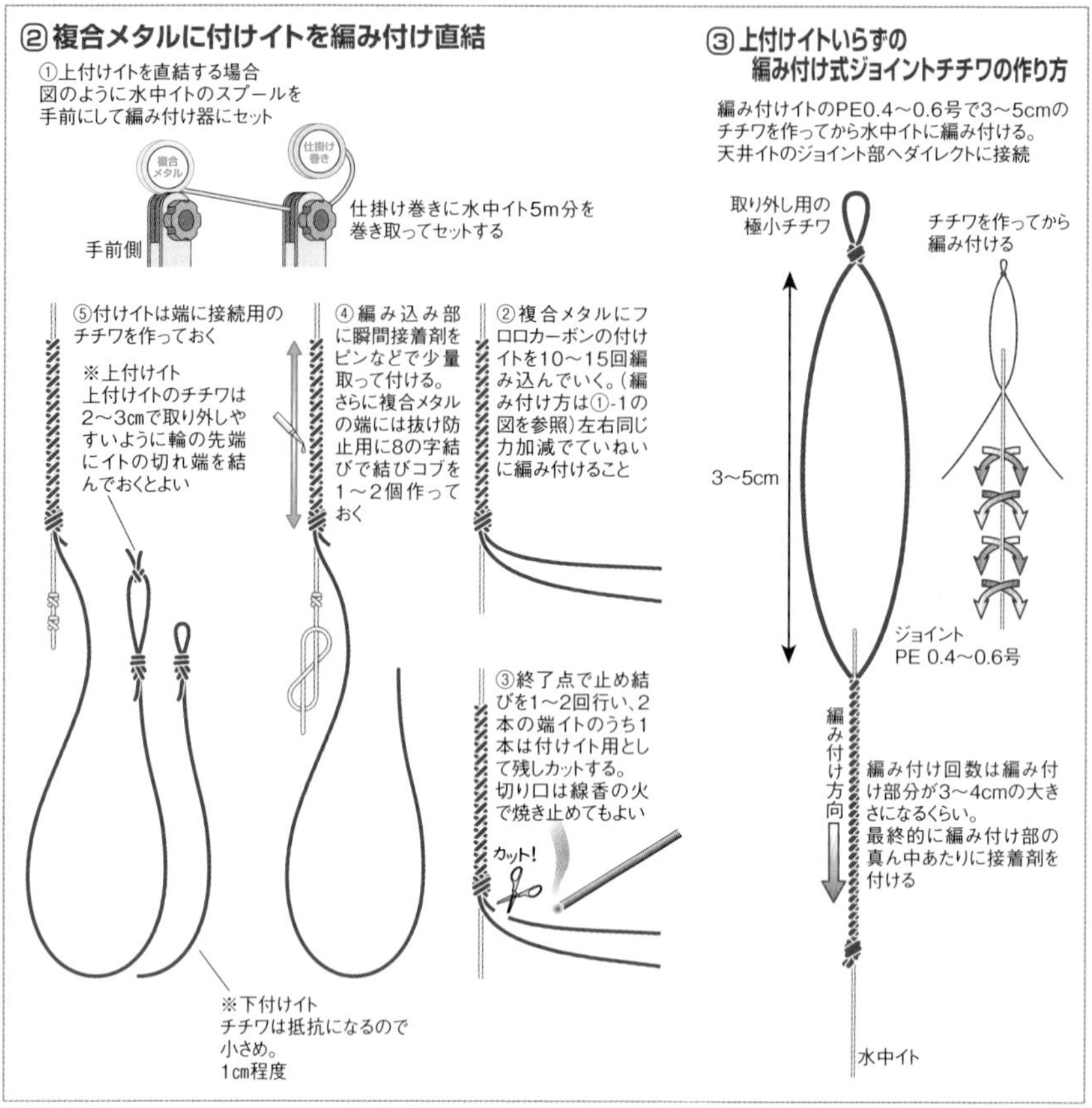
②複合メタルに付けイトを編み付け直結
①上付けイトを直結する場合
図のように水中イトのスプールを
手前にして編み付け器にセット
複合メタル
仕掛け巻き
仕掛け巻きに水中イト5m分を
巻き取ってセットする
手前側
⑤付けイトは端に接続用のチチワを作っておく
※上付けイト
上付けイトのチチワは2〜3㎝で取り外しやすいように輪の先端にイトの切れ端を結んでおくとよい
④編み込み部に瞬間接着剤をピンなどで少量取って付ける。さらに複合メタルの端には抜け防止用に8の字結びで結びコブを1〜2個作っておく
②複合メタルにフロロカーボンの付けイトを10〜15回編み込んでいく。(編み付け方は①-1の図を参照)左右同じ力加減でていねいに編み付けること
③終了点で止め結びを1〜2回行い、2本の端イトのうち1本は付けイト用として残しカットする。切り口は線香の火で焼き止めてもよい
カット!
※下付けイト
チチワは抵抗になるので小さめ。
1㎝程度
③上付けイトいらずの
編み付け式ジョイントチチワの作り方
編み付けイトのPE0.4〜0.6号で3〜5cmのチチワを作ってから水中イトに編み付ける。
天井イトのジョイント部へダイレクトに接続
取り外し用の
極小チチワ
チチワを作ってから
編み付ける
3〜5cm
ジョイント
PE 0.4〜0.6号
編み付け方向
編み付け回数は編み付け部分が3〜4cmの大きさになるくらい。
最終的に編み付け部の真ん中あたりに接着剤を付ける
水中イト

【編み付けのテンションは慣れる】

なお、編み付けはテンションを気にせず編み付けをして、固定してしまって問題がない場合と、あとで移動させられるように適度な力加減で編み付けをすることが必要な場合がある。後者の場合は、「広げると密着して固定され」「縮めると隙間が出来て動かすことができる」という機能を果たす必要があり、きつく編み付けすぎて固着してもダメであり、逆に編み付けが緩すぎたり、編み付け回数が少なすぎて引っ張るとずれてしまう状態も失敗となる。この編み付けの加減にはある程度の慣れも必要だが、自分なりの力加減や量(回数)がわかってくると失敗がなくなるので練習して身に付ける。

④下付けイトの取り付け部の作り方

④下付けイトを接続する編み付けジョイントの作り方

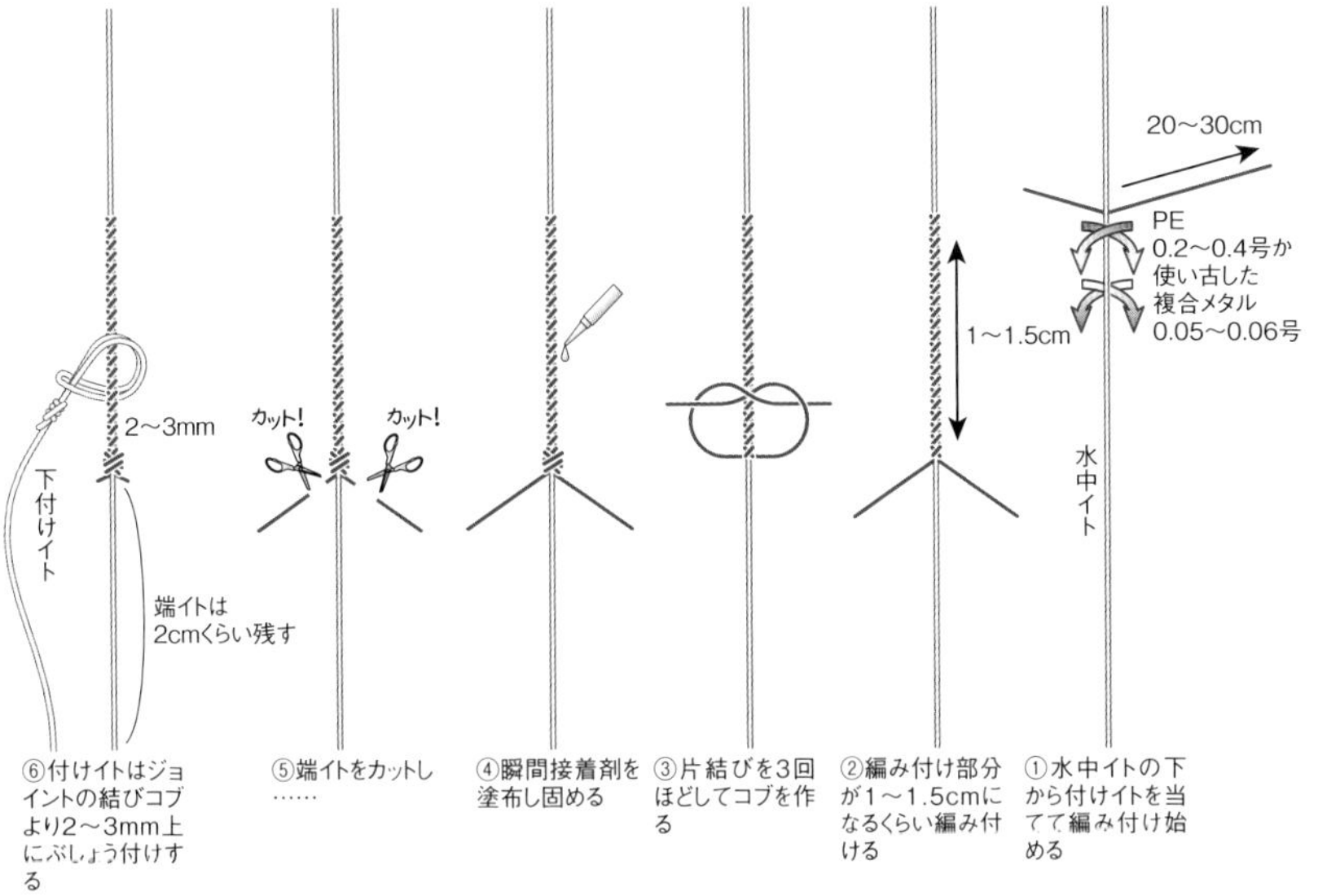

①水中イトの下から付けイトを当てて編み付け始める
②編み付け部分が1〜1.5cmになるくらい編み付ける
③片結びを3回ほどしてコブを作る
④瞬間接着剤を塗布し固める
⑤端イトをカットし……
⑥付けイトはジョイントの結びコブより2〜3mm上にぶしょう付けする

⑤下付けイトの作り方

⑤下付けイト（水中イトジョイント式の場合）の作り方

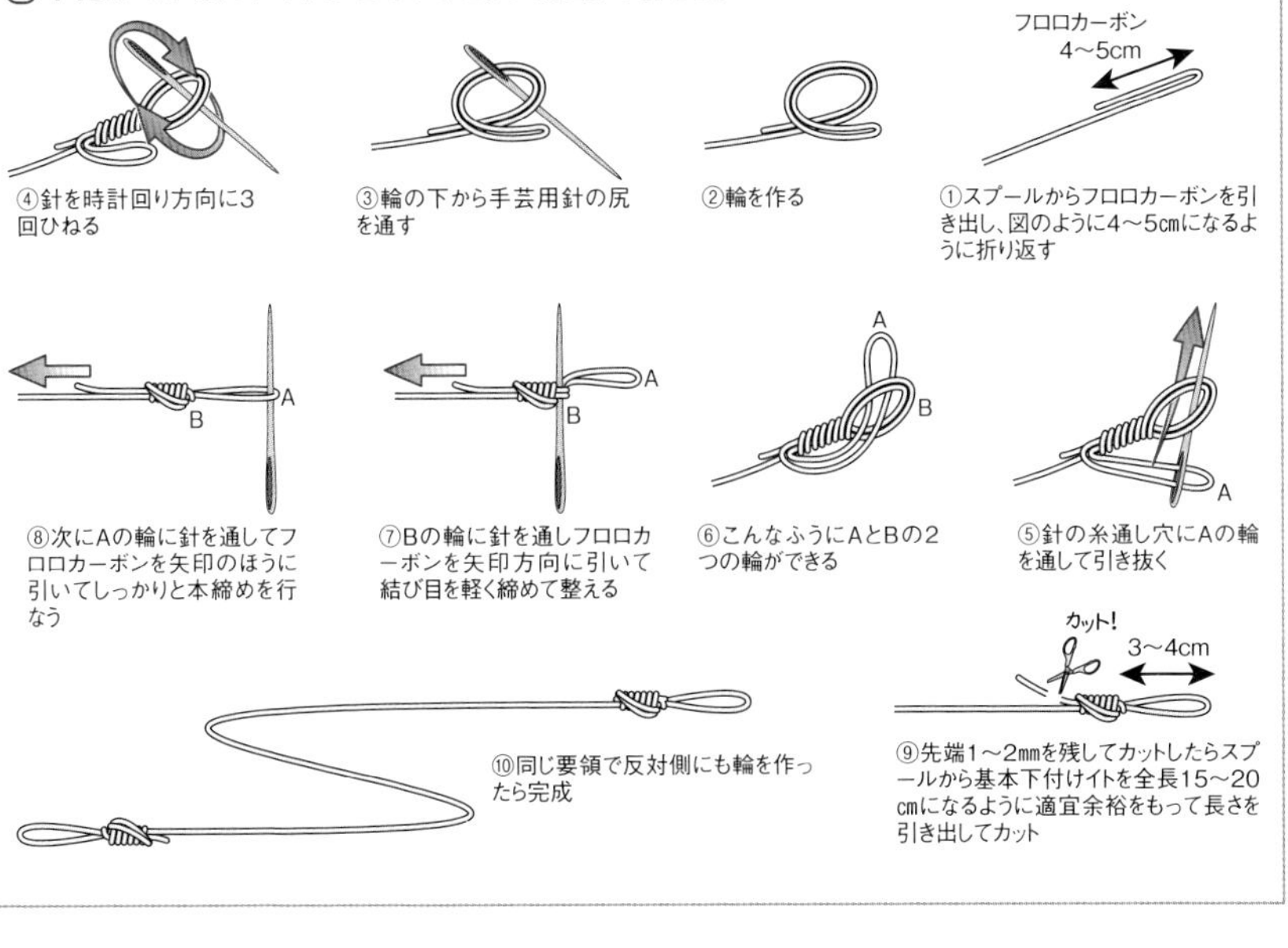

①スプールからフロロカーボンを引き出し、図のように4〜5cmになるように折り返す
②輪を作る
③輪の下から手芸用針の尻を通す
④針を時計回り方向に3回ひねる

⑤針の糸通し穴にAの輪を通して引き抜く

⑥こんなふうにAとBの2つの輪ができる

⑦Bの輪に針を通しフロロカーボンを矢印方向に引いて結び目を軽く締めて整える

⑧次にAの輪に針を通してフロロカーボンを矢印のほうに引いてしっかりと本締めを行なう

⑨先端1〜2mmを残してカットしたらスプールから基本下付けイトを全長15〜20cmになるように適宜余裕をもって長さを引き出してカット
⑩同じ要領で反対側にも輪を作ったら完成

⑥両編み付けハナカンの作り方

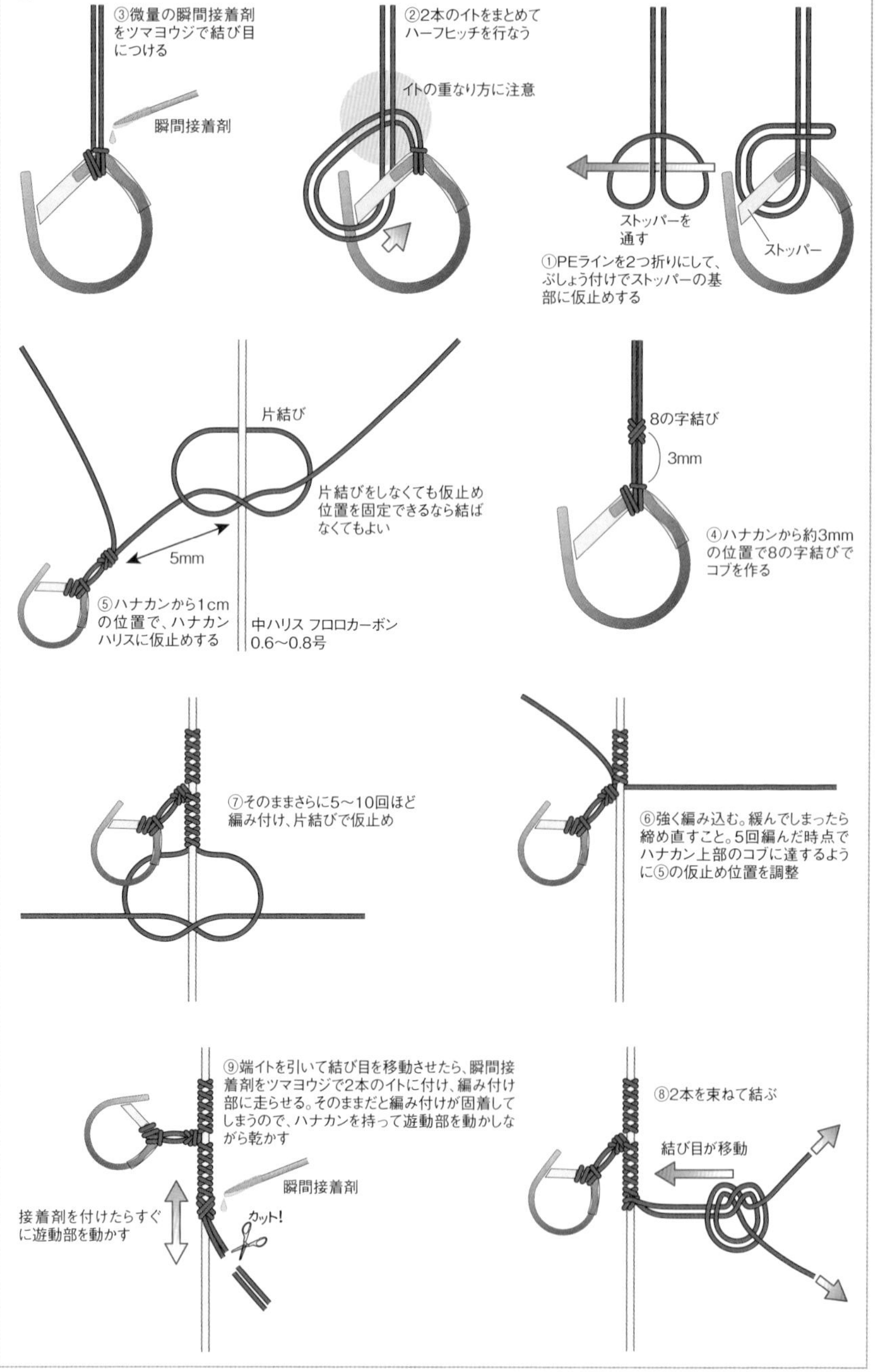
③微量の瞬間接着剤をツマヨウジで結び目につける
瞬間接着剤
②2本のイトをまとめてハーフヒッチを行なう
イトの重なり方に注意
ストッパーを通す
ストッパー
①PEラインを2つ折りにして、ぶしょう付けでストッパーの基部に仮止めする
片結び
片結びをしなくても仮止め位置を固定できるなら結ばなくてもよい
5mm
⑤ハナカンから1cmの位置で、ハナカンハリスに仮止めする
中ハリス フロロカーボン0.6～0.8号
8の字結び
3mm
④ハナカンから約3mmの位置で8の字結びでコブを作る
⑦そのままさらに5～10回ほど編み付け、片結びで仮止め
⑥強く編み込む。緩んでしまったら締め直すこと。5回編んだ時点でハナカン上部のコブに達するように⑤の仮止め位置を調整
⑨端イトを引いて結び目を移動させたら、瞬間接着剤をツマヨウジで2本のイトに付け、編み付け部に走らせる。そのままだと編み付けが固着してしまうので、ハナカンを持って遊動部を動かしながら乾かす
瞬間接着剤
カット!
接着剤を付けたらすぐに遊動部を動かす
⑧2本を束ねて結ぶ
結び目が移動

⑦逆バリの取り付け方法

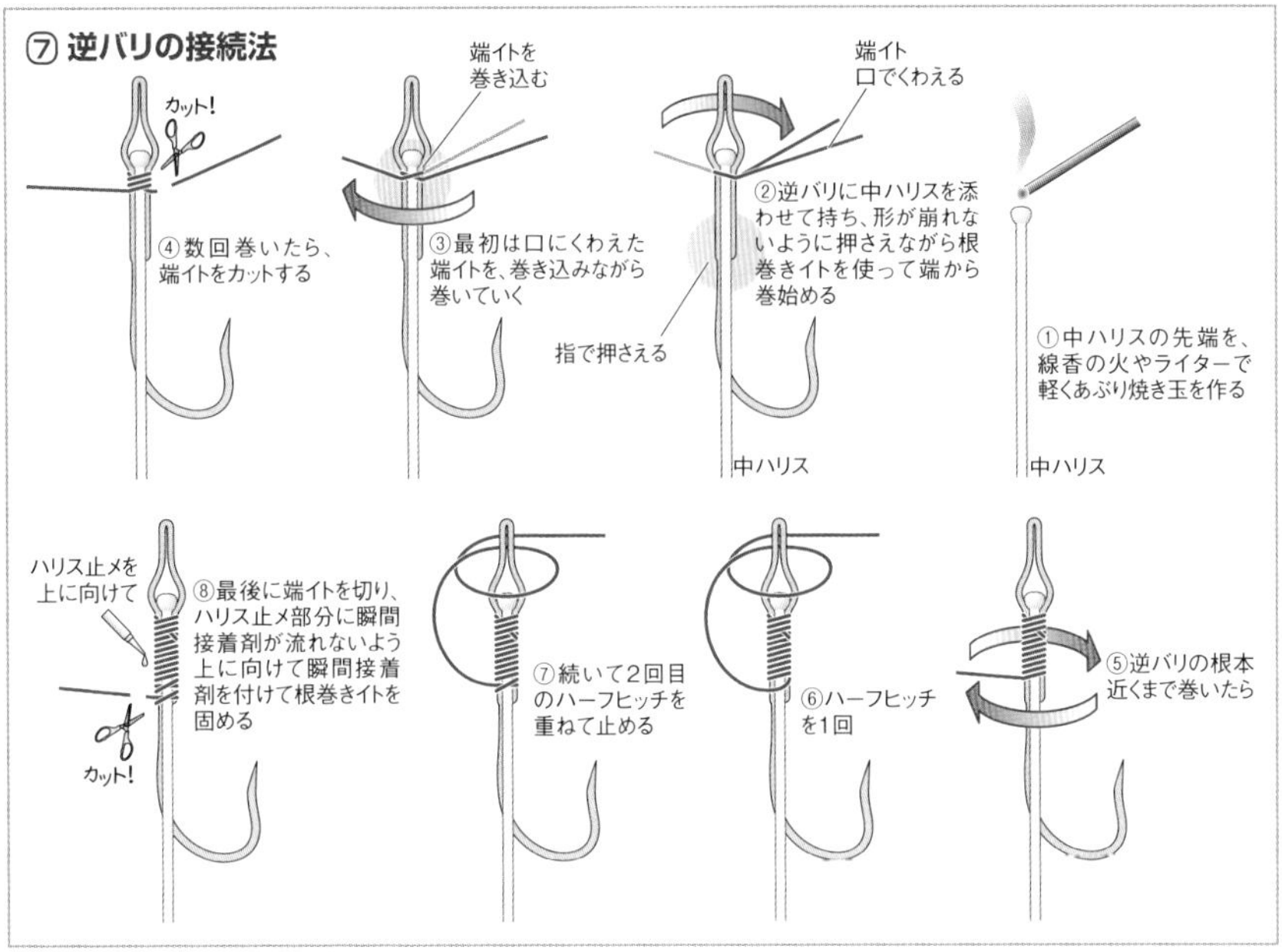
⑦逆バリの接続法
①中ハリスの先端を、線香の火やライターで軽くあぶり焼き玉を作る
中ハリス
端イト
口でくわえる
②逆バリに中ハリスを添わせて持ち、形が崩れないように押さえながら根巻きイトを使って端から巻始める
指で押さえる
中ハリス
端イトを
巻き込む
③最初は口にくわえた端イトを、巻き込みながら巻いていく
カット!
④数回巻いたら、端イトをカットする
⑤逆バリの根本近くまで巻いたら
⑥ハーフヒッチを1回
⑦続いて2回目のハーフヒッチを重ねて止める
ハリス止メを上に向けて
⑧最後に端イトを切り、ハリス止メ部分に瞬間接着剤が流れないよう上に向けて瞬間接着剤を付けて根巻きイトを固める
カット!

⑧下付けイトと中ハリスの接続方法

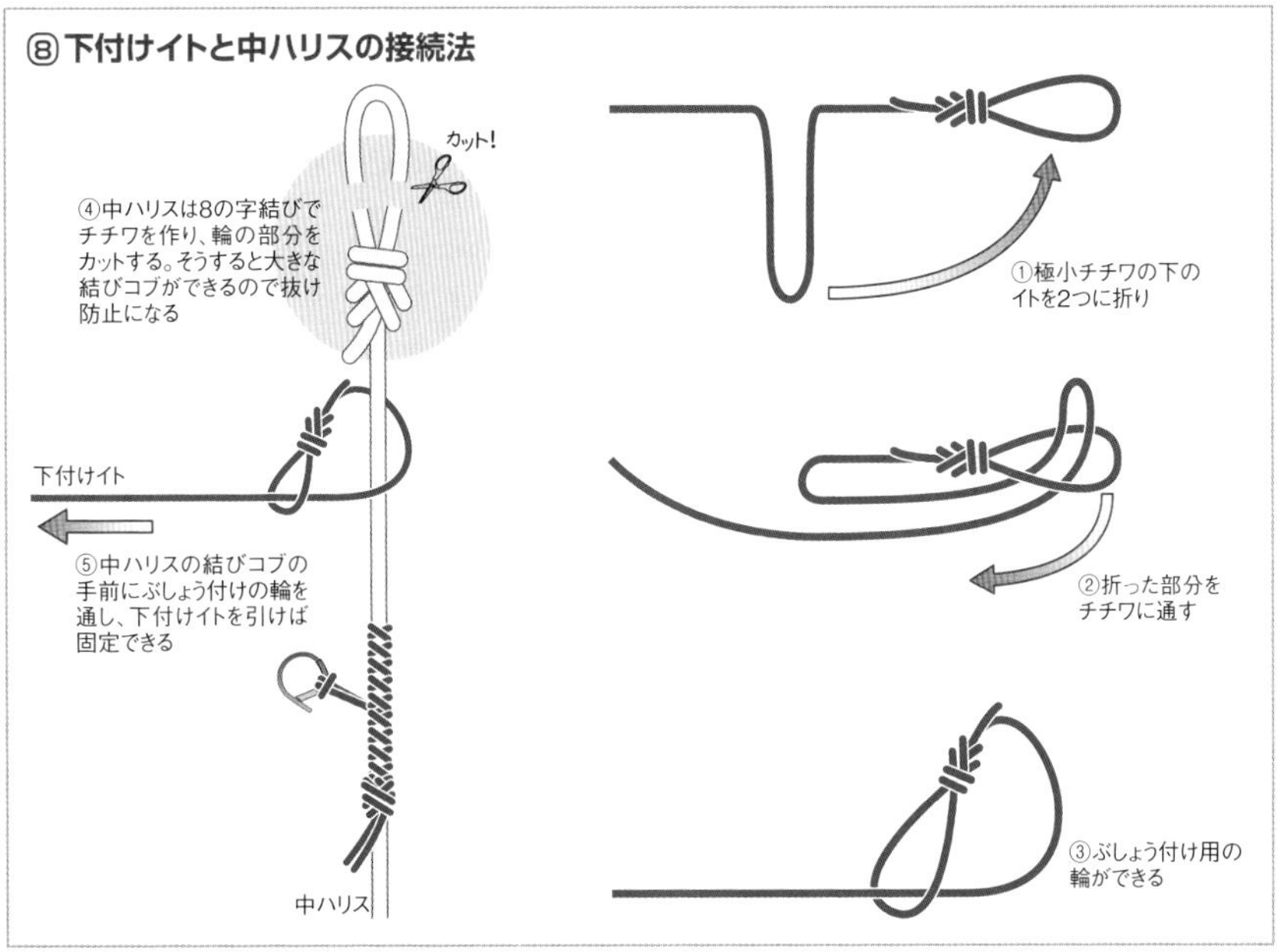
⑧下付けイトと中ハリスの接続法
①極小チチワの下のイトを2つに折り
②折った部分をチチワに通す
③ぶしょう付け用の輪ができる
カット!
④中ハリスは8の字結びでチチワを作り、輪の部分をカットする。そうすると大きな結びコブができるので抜け防止になる
下付けイト
⑤中ハリスの結びコブの手前にぶしょう付けの輪を通し、下付けイトを引けば固定できる
中ハリス

⑨イカリバリの巻き方

⑨4本イカリの作り方

①ハリを2本並べて中心にハリスを置き、根巻きイトを添える

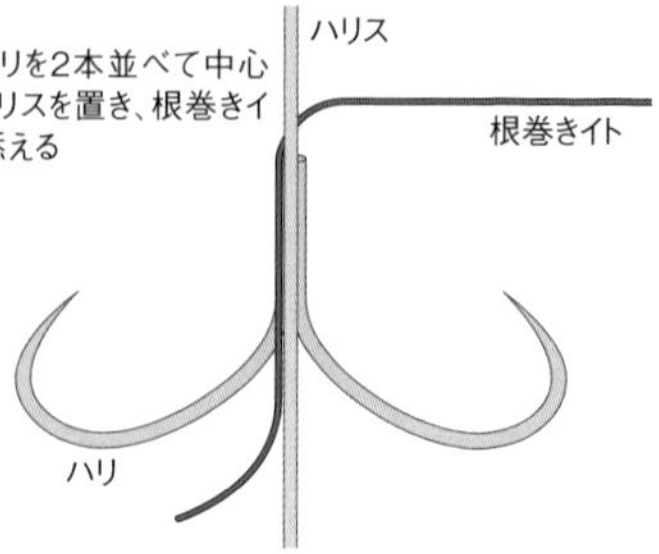

②根巻きイトを上から下に向けて4～5回巻き、ハリの間に食い込ませて仮留めする

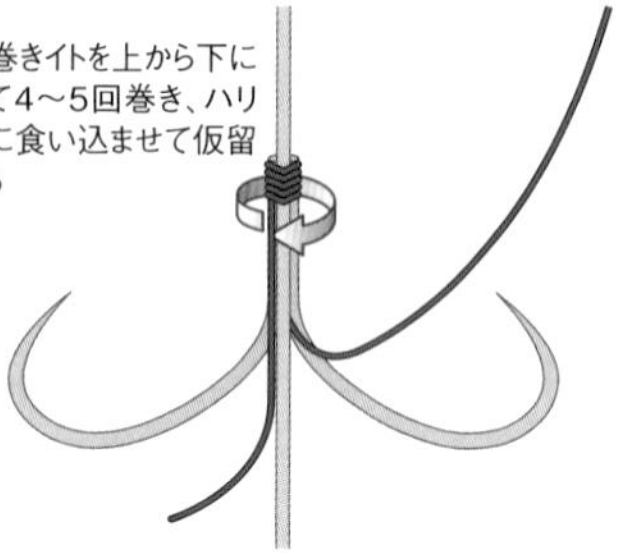

③さらに上に2本のハリを重ねたら軸をそろえる

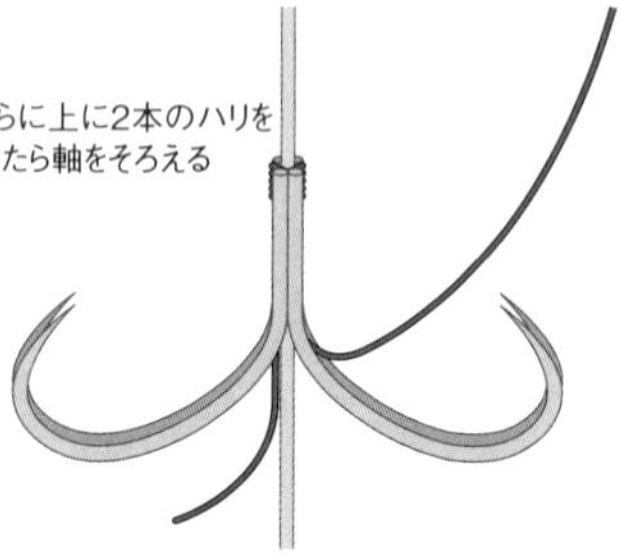

④4本のハリを合わせたまま、根巻きイトを上から下へ17～18回巻く

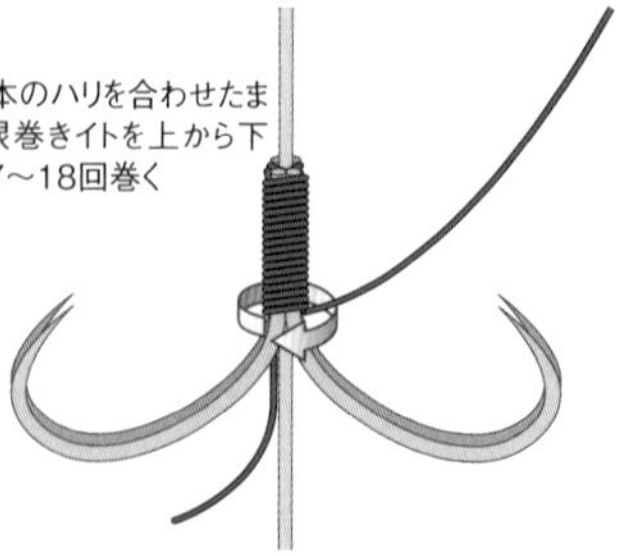

⑤ハリの間に巻き込んで仮留めする

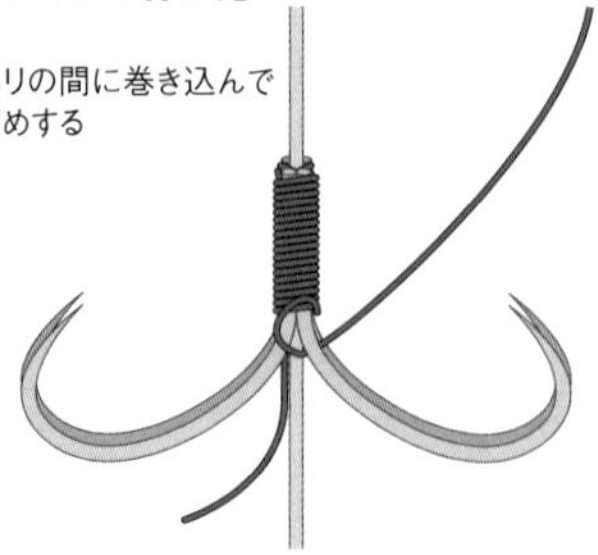

⑥4本をイカリに開く。上から見た時に角度が均等（4本イカリの場合は90度）になるようにする

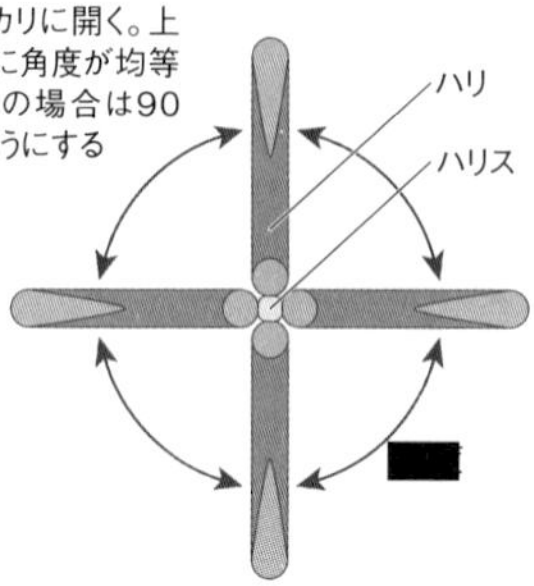

⑦各ハリにハーフヒッチを2回ずつ行ない、根巻きイト部分に瞬間接着剤を多めに付ける

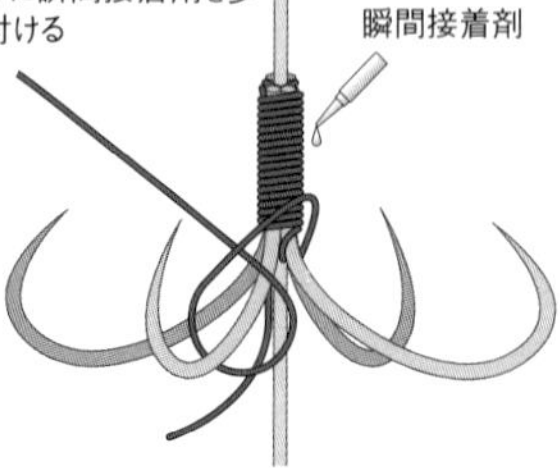

⑧接着剤が乾いたら根巻きイトをカット。末端をライターで焼いてスッポ抜け防止の玉を作れば完成

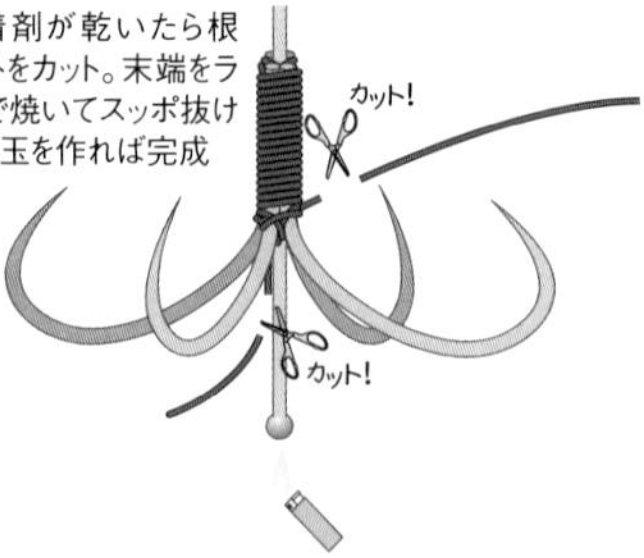

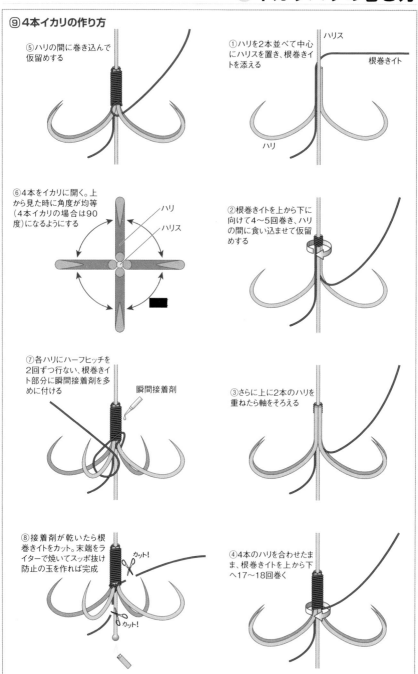

⑩ヤナギバリの巻き方

⑩ヤナギの作り方

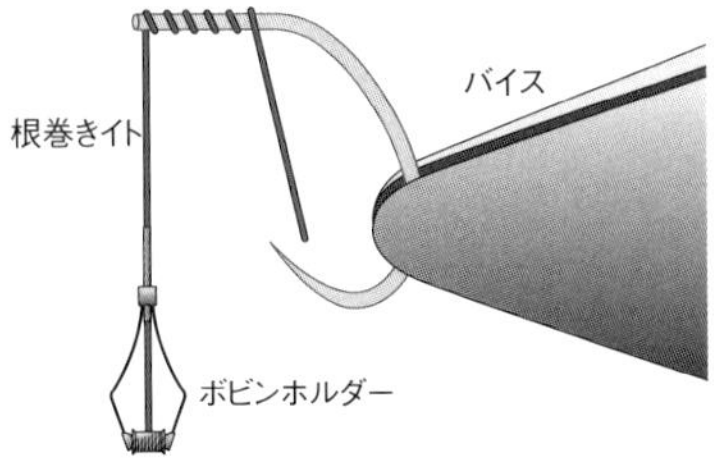

①バイスに固定した掛けバリの軸に、根巻きイトを4～5回粗巻きする。これでハリスが滑りにくくなる

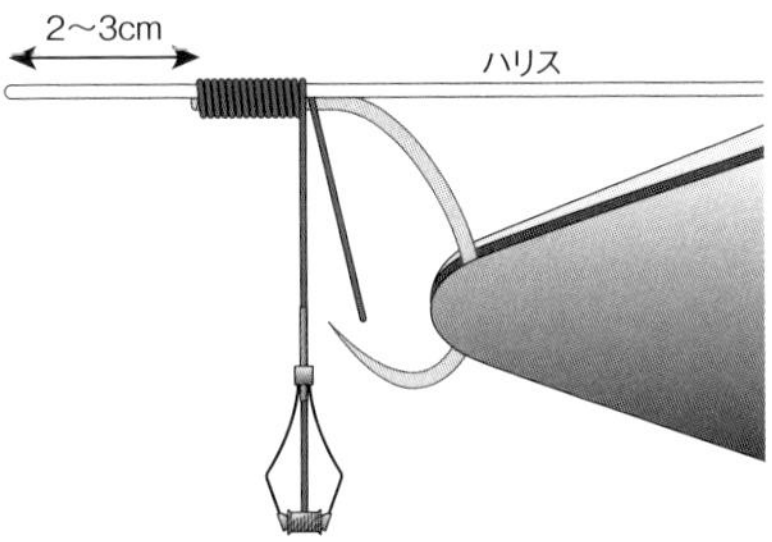

②ハリスを添えてさらに15～16回巻く。次のハーフヒッチが行ないやすいよう、チモトからハリスの端までを短くする

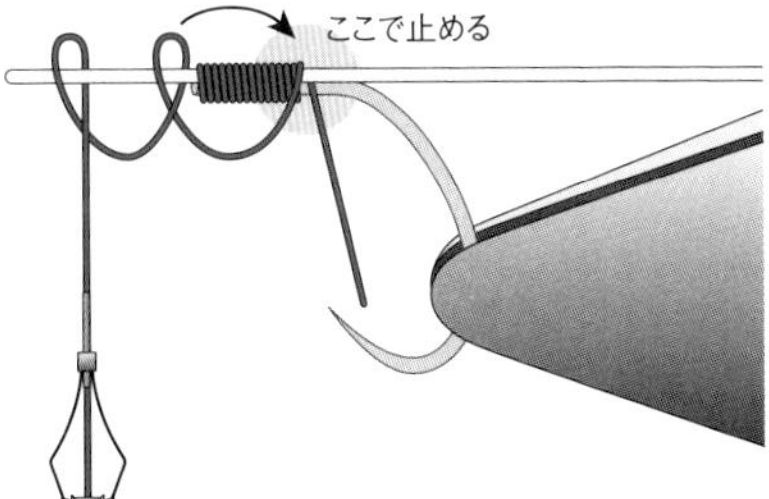

③ハーフヒッチを2回行なって仮留めしたら、ボビン側のイトを適当な位置でカットする

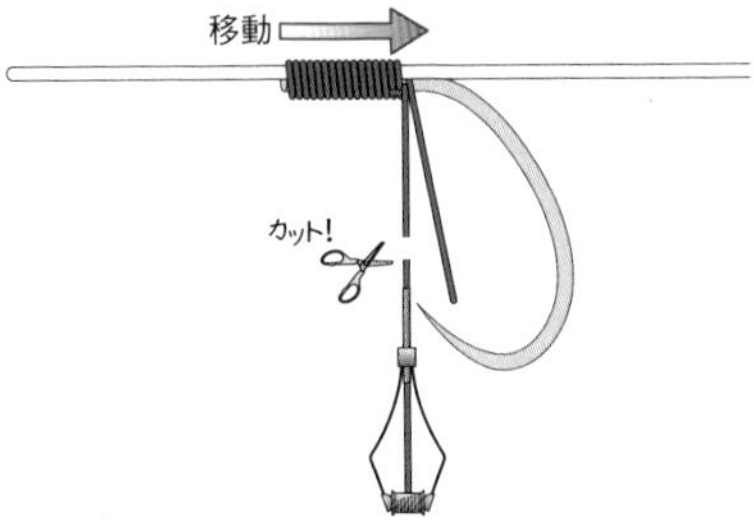

④掛けバリをバイスから外し、後方にずらす

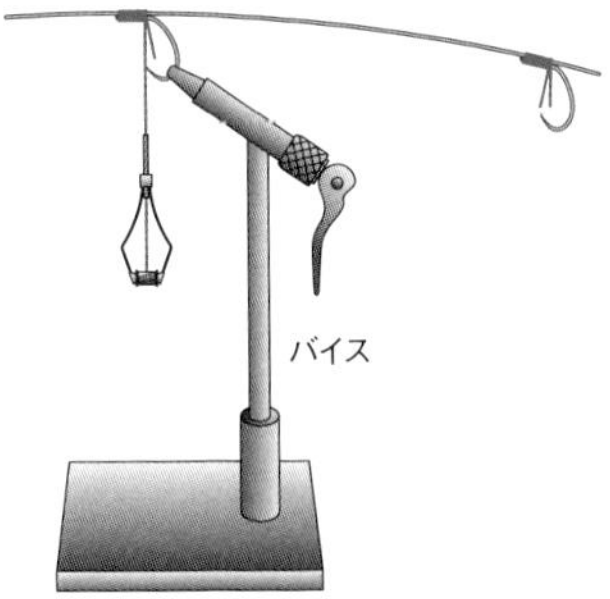

⑤2本目以降も同様に結ぶ

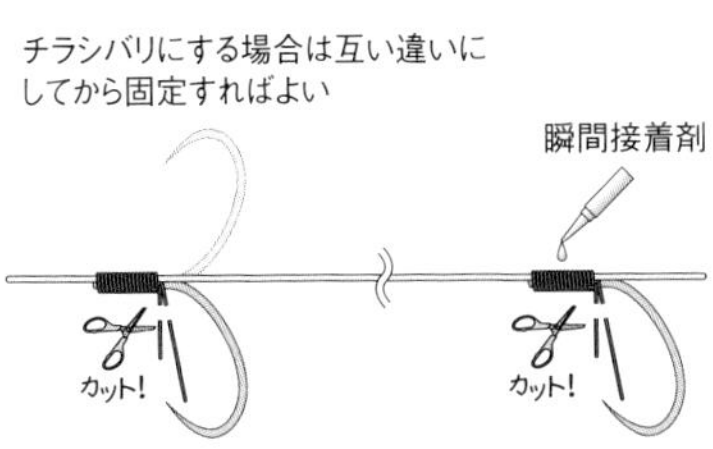

⑥ハリの間隔と向きを調整し、瞬間接着剤で固定。乾いたら根巻きイトをきれいにカットする

第六章

地域別
アユ釣り河川事情

短い夏に急速に育つ体高のあるアユが釣れる朱太川

東北屈指の天然遡上河川である米代川

【多彩な顔触れがそろう】

日本にはおよそ3万本の川がある。アユは太平洋側の河川にも、日本海側の河川にも分布しており、アユ釣り河川は主なものだけでも枚挙にいとまがない。ここではその概況を紹介するので、釣法などの事前の確認は充分に行なったうえでぜひ出かけてみてほしい。

◎北海道

北海道でアユが釣れるのは道南地域。大きな川では**後志利別川(しりべしとしべつがわ)**が人気で、**厚沢部川(あっさぶがわ)**、**朱太川(しゅぶとがわ)**といった小規模な釣り場も知られる。なかでも放流をやめた朱太川は道内でも屈指のコンディションのよいアユが釣れ、全国のアユの味比べをする「清流めぐり利き鮎会」でもグランプリを受賞している。いずれにしても国内最北の釣り場になるためシーズンは短く、アユ釣りができるのは7月1日からだが、お盆の頃にはうっすらとサビ(成熟したアユに出る濃い体色)が見られる。

◎東北

天然遡上河川が多く、青森県は「金アユ」で知られる**赤石川(あかいしがわ)**、「銀アユ」で知られる**追良瀬川(おいらせがわ)**が有名。秋田県は**米代川(よねしろがわ)**が全国に知られる天然アユ釣り場で、支流の**阿仁川(あにがわ)**も人気があり、さらに**桧木内川(ひのきないがわ)**や**雄物川(おものがわ)**といった大河川も天然アユが多い。山形県は最上川水系がアユ釣り場になり、**最上小国川(もがみおぐにがわ)**は全国的にも有名な河川。

全国的に見てもアユ釣りが非常に盛んな長良川

流域には今なお川漁文化が残る那珂川

新潟県との県境付近の**温海川(あつみがわ)**、**庄内小国川(しょうないおぐにがわ)**、**鼠ヶ関川(ねずがせきがわ)**の温海三川など味わい深い小河川の釣り場もある。

太平洋側の岩手県は**閉伊川(へいがわ)**が天然遡上のアユ釣り場。盛岡市周辺では北上川支流の**雫石川(しずくいしがわ)**が放流アユだが人が多い。宮城県は**広瀬川(ひろせがわ)**や**成瀬川(なるせがわ)**があるが県外からの釣り人は少ない。福島県は内陸部の**只見川(ただみがわ)**や**阿武隈川(あぶくまがわ)**の水系に放流河川が点々とある。なかでも**伊南川(いながわ)**は年により生育のよしあしがあるが、昔からアユ釣りファンが多い。

◎関東甲信越

栃木県は**那珂川(なかがわ)**が天然遡上アユが釣れる一大釣り場。また利根川の支流にあたる**鬼怒川(きぬがわ/P154写真)**も、大アユがねらえることを含めて人気がある。群馬県は**利根川(とねがわ)**が昔からのアユ釣り場。近年はアユルアーの釣り場(前橋市の群馬漁協管内)としても注目を集めている。ほかには下流を南甘漁協、上流を上野村漁協が管轄している**神流川(かんながわ)**もアユ釣りに力を入れている。

南関東は神奈川県に釣り場が多い。アユルアーが大人気の**相模川(さがみがわ)**を筆頭に、**酒匂川(さかわがわ)**など都心から至近の天然アユ釣り場がある。また相模川の上流部にあたる山梨県の**桂川(かつらがわ)**は下流にダムがあるため完全な放流河川となるが、毎年魚が多く川相も変化に富んでいるため人気が高い。東京都は多摩川上流の**秋川(あきかわ)**が主要なアユ釣り場で穏やかな川相のため年配のファンも多く解禁当初は大混雑する。

長野県はかつて**千曲川(ちくまがわ)**や**天竜川(てんりゅうがわ)**の上流部が人気を博

強く広い流れが釣り人を魅了する九頭竜川

毎年多数の天然アユ遡上に沸く神通川

したが、現在はアユ釣りに力を入れているとは言い難い状況になっている。

新潟県は北越地方に**府屋大川(ふやおおかわ)**や**三面川(みおもてがわ)**といった天然アユ釣り場があるが、近年は豪雨水害の影響で遡上にもムラがある。信濃川の最上流域にあたり越後湯沢から流れ出る**魚野川(うおのがわ)**は、調子のよい年は関東から釣り人が押し寄せる。上越地方では白馬連山から流れ出る**姫川(ひめかわ)**があるが、水況が安定しにくく釣りができるタイミングが少ない。その周辺には**早川(はやかわ)**、**海川(うみかわ)**、**能生川(のうがわ)**といった天然遡上のよい年は多くの釣り人がやってくる独立小河川がある。

◎東海中部

岐阜県は釣り場が多くアユ釣りが非常に盛ん。**長良川(ながらがわ)**には多くの天然アユが遡上する。内陸部の河川は放流アユが主体となるが、**馬瀬川(まぜがわ)**、**和良川(わらがわ)**、**白川(しらかわ)**、**益田川(ましたがわ)**、**宮川(みやがわ)下流**、**高原川(たかはらがわ)**などはいずれも人気の河川。大石底の変化に富んだ川相で景色もよい。

静岡県は近代友釣り発祥の地とされる伊豆半島の**狩野川(かのがわ)**が有名。ほかにも多数のアユ釣り河川があるが、近年は豪雨水害により釣り人が少なくなっている。

愛知県はアユの友釣りの名手を多数輩出しており、全国的に見てもアユ釣りの技術向上に熱心なファンが多いエリアとなっている。県内の釣り場としては豊川水系の**寒狭川(かんさがわ)**と独立一級河川の**矢作川(やはぎがわ)**が代表格になる。

三重県は南部の**宮川(みやがわ)**や**大内山川(おおうちやまがわ)**、和歌山県との県境にある**熊野川(くまのがわ)**水系が主要な釣り場になる。

本流にダムのない清流にアユが泳ぐ高津川

天然の湖産アユが遡る安曇川

◎北陸

北陸地方には、富山県の**神通川（じんづうがわ）**と福井県の**九頭竜川（くずりゅうがわ）**という、どちらも圧倒的な水量を誇り、全国から多数のファンが集まる天然遡上のアユ釣り河川がある。

このほかにも富山県なら**庄川（しょうがわ）**や**小川（おがわ）**といった釣り場があり、富山県の河川では毛バリ釣りも盛んに行なわれている。石川県の**手取川（てどりがわ）**は神通川と九頭竜川の中間に位置し、天然遡上も豊富だが穴場的な釣り場となっている。

◎近畿

和歌山県は**有田川（ありだがわ）**、**日高川（ひだかがわ）**、**日置川（ひきがわ）**、**古座川（こざがわ）**、**熊野川（くまのがわ）**など、天然アユが遡上するアユ釣り河川が多数ある。ただし7、8月の高水温期は釣りが難しくなり、水温が下がり天然アユが大きく育つ9月以降からが盛期という場所が多い。

滋賀県は琵琶湖の流入河川が幾筋もあるが、その中でも**安曇川（あどがわ）**には無数の湖産アユが遡上して例年数釣りに沸く。京都府は職漁師が古くからしのぎを削ってきた**上桂川（かみかつらがわ）**や**美山川（みやまがわ）**が主要なアユ釣り場。兵庫県は関西を代表するアユ釣り河川の1つである**揖保川（いぼがわ）**が流れているが、近年は釣れぐあいが低調気味で復活が期待されている。奈良県は**吉野川（よしのがわ）**にアユの釣り人が多い。

大アユファンが今も多く集まる球磨川

青く澄んだ水が流れる仁淀川

◎中国

鳥取県には**日野川(ひのがわ)**、島根県には**高津川(たかつがわ)**という、日本海に注ぐ天然遡上河川がある。高津川は全国の一級河川の中で希少な本流にダムがない川で、支流の**匹見川(ひきみがわ)**も含めて人気が高い。瀬戸内海側では広島県の**太田川(おおたがわ)**が年によっては好釣果に沸く。山口県には錦帯橋で知られる**錦川(にしきがわ)**があり、こちらも天然遡上がよい年は数釣りが楽しめる。

◎四国

四国は全体的に天然アユの遡上するアユ釣り河川が多い。徳島県には**吉野川(よしのがわ)**、愛媛県には**肘川(ひじかわ)**という大きな川があるが、特に釣り場が多いのは高知県で、仁淀ブルーで知られる**仁淀川(によどがわ)**、山間部を蛇行して流れる**四万十川(しまんとがわ)**といった規模の大きな川のほか、**安田川(やすだがわ)**、**奈半利川(なはりがわ)**といった味のある小河川もある。いずれにしても天然アユの魚影の多さでは全国でも屈指のエリアといえる。

◎九州

九州はその気候からアユが急成長する。このため大きなアユが釣れ、その筆頭は熊本県の**球磨川(くまがわ)**になる。水は太く落差は大きく、岩盤と大岩が目立つダイナミックな川相が魅力だが、現在は2020年7月の大水害からの復興途上にある。宮崎県の**五ヶ瀬川(ごかせがわ)**もよく知られた大アユ釣り場。ほかには大分県の**大野川(おおのがわ)**や**三隈川(みくまがわ)**も昔から人気の高いアユ釣り場といえる。

「ルアー」「友釣り」「毛バリ」「エサ」
ぜんぶわかる！アユ釣り超入門

2024年7月1日発行
編　集　　月刊つり人編集部
発行者　　山根和明
発行所　　株式会社つり人社
〒101-8408 東京都千代田区神田神保町1-30-13
TEL 03-3294-0781（営業部）
TEL 03-3294-0782（編集部）
印刷・製本　港北メディアサービス株式会社
乱丁・落丁などありましたらお取り替えいたします。

ISBN978-4-86447-735-2 C2075

つり人社ホームページ　https://tsuribito.co.jp/
つり人オンライン　https://web.tsuribito.co.jp/
JAPAN ANGLERS STORE　https://japananglersstore.com/
つり人チャンネル（YouTube）　https://www.youtube.com/@tsuribito-channel